本书受到西南交通大学马克思主义学院学术著作出版专项经费资助

胡平 ◎ 著

海德格尔
共同体思想研究

中国社会科学出版社

图书在版编目（CIP）数据

海德格尔共同体思想研究 / 胡平著. -- 北京：中国社会科学出版社，2024. 10. -- ISBN 978-7-5227-3764-5

Ⅰ. B516.54

中国国家版本馆 CIP 数据核字第 2024WG8123 号

出 版 人	赵剑英
责任编辑	刘　艳
责任校对	陈　晨
责任印制	郝美娜

出　　版	中国社会科学出版社
社　　址	北京鼓楼西大街甲 158 号
邮　　编	100720
网　　址	http://www.csspw.cn
发 行 部	010-84083685
门 市 部	010-84029450
经　　销	新华书店及其他书店
印　　刷	北京君升印刷有限公司
装　　订	廊坊市广阳区广增装订厂
版　　次	2024 年 10 月第 1 版
印　　次	2024 年 10 月第 1 次印刷
开　　本	710×1000　1/16
印　　张	14.5
字　　数	186 千字
定　　价	88.00 元

凡购买中国社会科学出版社图书，如有质量问题请与本社营销中心联系调换
电话：010-84083683
版权所有　侵权必究

谨以此书献给我的爷爷胡恭初先生

目　录

绪　论 …………………………………………………………（1）
　第一节　海德格尔共同体思想的地位 ……………………（3）
　第二节　海德格尔共同体思想的缘起 ……………………（5）
　第三节　海德格尔共同体思想的概述 ……………………（17）

第一章　现代性批判、重建与转向 ………………………（23）
　第一节　主体形而上学批判 ………………………………（24）
　　一　传统形而上学 …………………………………………（26）
　　二　主体 ……………………………………………………（28）
　　三　自我和他者的分离 ……………………………………（30）
　第二节　此在形而上学重建 ………………………………（31）
　　一　新的形而上学 …………………………………………（32）
　　二　此在 ……………………………………………………（36）
　　三　自我和他者的弥合 ……………………………………（38）
　第三节　当代实践哲学转向 ………………………………（40）
　　一　后形而上学 ……………………………………………（41）

二　他者哲学 …………………………………………… (47)
　　三　关系理性 …………………………………………… (51)

第二章　共同体思想的传承、反思与定位 ………………… (57)
　第一节　理论传承中的海德格尔 ……………………………… (57)
　　一　莱布尼茨的单子与共同体 ………………………… (59)
　　二　胡塞尔的交互主体与共同体 ……………………… (66)
　第二节　政治实践中的海德格尔 ……………………………… (70)
　　一　政治参与的海德格尔 ……………………………… (72)
　　二　政治反思的海德格尔 ……………………………… (81)
　第三节　共同体思想历程中的海德格尔 ……………………… (90)
　　一　传统社群 …………………………………………… (90)
　　二　现代社群 …………………………………………… (94)

第三章　前期共同体思想：劳动共同体 ………………………… (100)
　第一节　劳动共同体的"现实结构"根基 ………………… (102)
　　一　共在 ………………………………………………… (102)
　　二　历史性 ……………………………………………… (106)
　第二节　劳动共同体 …………………………………………… (112)
　　一　作为"非本真共同体"的"常人" ……………… (113)
　　二　对"常人"的评论 ………………………………… (116)
　　三　作为"本真共同体"的"劳动共同体" ………… (118)
　　四　对"劳动共同体"的评论 ………………………… (124)

第四章　中期共同体思想：城邦共同体 ………………………… (129)
　第一节　城邦的"形而上学"根基 ………………………… (130)

一　斗争 ·· (131)
　　二　场所 ·· (135)
　第二节　城邦 ·· (138)
　　一　作为"历史共同体"的"民族共同体" ······················· (139)
　　二　对"民族共同体"的评论 ··· (144)
　　三　作为"开端共同体"的"城邦" ································ (145)
　　四　对"城邦"的评论 ··· (150)

第五章　后期共同体思想：家园共同体 ································ (155)
　第一节　家园共同体的"存在论"根基 ··································· (156)
　　一　共属 ·· (157)
　　二　语言 ·· (160)
　第二节　家园共同体 ·· (165)
　　一　作为"存在者共同体"的"等待与无用的民族
　　　　共同体" ··· (166)
　　二　对"等待与无用的民族共同体"的评论 ······················· (170)
　　三　作为"存在论共同体"的"家园共同体" ····················· (172)
　　四　对"家园共同体"的评论 ··· (177)

第六章　海德格尔共同体思想的贡献及不足 ······················· (181)
　第一节　海德格尔的共同体思想 ·· (183)
　　一　海德格尔共同体思想的总体概括 ······························· (184)
　　二　海德格尔共同体思想的限度 ···································· (190)
　第二节　海德格尔共同体思想的现实贡献及其理论不足 ········· (193)
　　一　海德格尔对自由主义、社群主义的批判 ···················· (194)
　　二　海德格尔对于自由主义、社群主义批判的不足 ········· (198)

三　海德格尔共同体思想的贡献 …………………………（201）
　四　海德格尔共同体思想的不足 …………………………（205）

参考文献 ………………………………………………………（208）

后　记 …………………………………………………………（223）

绪 论

随着世界经济与技术的高速发展，市民社会的不断深入，社会开始表现出原子化趋势。由传统氏族血缘关系建立起的"共同体意识"逐渐被瓦解，取而代之的是个体独立"自主意识"的繁荣。"自主意识"关注私人利益，而"共同体意识"更侧重公共利益。在市场经济的大旗之下，关注私人利益的市民社会被发展起来，私人利益逐渐入侵公共领域，亲密、团结、稳定的德性传统社会被疏松、独立、偶然的功利市场社会所取代，这导致了人类公共生活的衰弱。[1] 此时，人们开始不再关注公共问题，不再能理解他人，不再相信共同体中有着共同善的存在，每个人的生活陷入一种领域私人化、生活碎片化、价值虚无化的境地，这使我们的生活陷入一种只有"功利性"的价值扁平状态。于是，为应对现代性的价值危机，哲学家海德格尔提出人应该回归"存在"的"源始伦理学"路径，试图让"无根之人"重返人类"生存家园"。

哲学源于生活，但高于生活。在海德格尔的"存在论哲学"与

---

[1] 参见［德］哈贝马斯《公共领域的结构转型》，曹卫东、王晓珏、刘北城、宋伟杰译，学林出版社1999年版，第222页。

"共同体生活"之间,我们可以寻找到二者之间的关联,它为我们解决个体时代之价值难题提供了一条哲学的源始路径。一方面,他指出,哲学不应该是一种生活之中的世界观,而应该是"对生命本身的绝对的专心沉潜"。① 世界观哲学作为一种理性哲学,是以逻辑态度对待人的生活处境,把我们的生活"处境"变成周围"环境",从而让人的生活"处境中止"。② 然而,人不只具有理性计算能力,而且还有可"感知体验"世界的生命能力。在海德格尔看来,理性算计给人以科学世界,而感知体验使人回归生活世界。科学世界作为环境是封闭的,而生活世界作为处境是敞开的。人一旦进入这个敞开域就必然敞开自身,本真"在世存在",以面向他者,与他者"共在",这样才使得公共领域成为可能。这时候,我们不但承担了自身的生存责任,而且使得共在的公共领域成为可能。因而,我们应审慎运用"理性",转以"沉潜"方式感知我们的生活世界,才能真正明白人之为人的"共在"生存结构。

另一方面,在《哲学论稿》中,海德格尔认为,哲学作为一种"自身沉思",必然指向的"是一个民族的哲学"。③ 它需要去追问共同体的"自身性",回答"我们是谁"的必要性问题。在海德格尔看来,对"我们是谁"的追问并不同于传统哲学对"人的本质"的解答。传统"主体主义"哲学习惯从生物学的角度将人看成是"身体—灵魂—精神"的统一体,以期一劳永逸地解决人的本质问题。但是,海德格尔则认为,传统哲学不过是从表面上理解人,简单把共同体当作自我的扩大化,进而忽视了"'我们是谁'的问题中包含着我们是

---

① [德]马丁·海德格尔:《形式显示的现象学——海德格尔早期弗莱堡著作选》,孙周兴编译,陕西人民教育出版社2016年版,第21页。
② [德]马丁·海德格尔:《形式显示的现象学——海德格尔早期弗莱堡著作选》,孙周兴编译,陕西人民教育出版社2016年版,第21页。
③ [德]马丁·海德格尔:《哲学论稿》,孙周兴译,商务印书馆2016年版,第52页。

否存在的问题"。① 因而，在他看来，"存在"问题才是哲学的基本问题，是理解"我们是谁？"的共同体问题的根本视域。

综上所述，个体化时代，共同体问题需要在哲学层面上被重新思考。故作为哲学家的海德格尔在洞悉时代之生存难题时，依据其存在论的哲学视域，试图构建一类不同于传统的"存在论共同体"。传统共同体在形而上学视域下，关涉"存在者"，而海德格尔的共同体与"存在"关联。存在论共同体作为一种"反现代性"理论，指向的是人的源始处境，显示出的是"人生在世，无论你是否察觉，是否愿意，从一开始，就已经是与他人、与世界万物的共在"的状况。② 它被海德格尔描述为："存在之家"或"天地人神四重世界"。他认为，正是在"存在论共同体"中，人才成为本真意义上的人（"此在"），"归属于存在之本质，为存在所需要，去把存在之本质守护于它的真理中"。③

第一节 海德格尔共同体思想的地位

在海德格尔的视野下，无论是古典"德性""政治共同体"还是现代的"理性""手段型共同体"都是传统形而上学的产物，它们误置了共同体的基础。共同体的基础归根结底不应是抽象的"形而上学"层面的理论学习，而应该是具体的"存在论"意义上的生存实践。海德格尔站在现代性批判的角度，将共同体问题从传统"形而上学"的理论领域拉回后形而上学的实践领域，让"存在"作为人的生存意义，去反思现代人的理论化、表象化、个体化的生存方式，以

---

① ［德］马丁·海德格尔：《哲学论稿》，孙周兴译，商务印书馆 2016 年版，第 63 页。
② 倪梁康等编著：《现象学与社会理论，第四辑，中国现象学与哲学评论》，上海译文出版社 2001 年版，第 48 页。
③ ［德］马丁·海德格尔：《同一与差异》，孙周兴、陈小文、余明锋译，商务印书馆 2011 年版，第 112 页。

此弥补现代人所缺失的实践性、深度性、共同体纬度。特别是，伴随着海德格尔对"存在论"阐释的深入，其"存在论共同体"思想的独特性逐渐通过哲学史与政治问题凸显出来，这也成为了海德格尔共同体观念所能提供给我们最有价值的东西，值得我们深入学习思考。

一方面，在哲学的历程中，海德格尔身处传统形而上学和后形而上学的"过渡阶段"。这个"过渡阶段"在《哲学论稿》中被描述为"开端性"。海德格尔说道，"开端性"的意义在于，它不但和第一开端（传统形而上学）争辩，重演第一开端，而且是对另一开端（后形而上学）的"启思"，能为另一开端（后形而上学）做好准备。① 因为，他认为"开端性"作为沉思，归根结底是对人的自身沉思，人在沉思中成为"此—在"（本真状态的人），超越传统科学世界，回归源始生活世界。

另一方面，在政治的发展中，海德格尔处于现代"经验性政治"和后现代"哲学性政治"的中间位置。他的哲学，既不同于现代社群主义的"建构"思路，也不同于后现代差异政治的"解构"思路，而是处于不断"建构—解构"之"道路"。② 在现代社群主义（桑德尔、麦金太尔、泰勒、沃尔泽）的视野下，人们总是赞同启蒙的经验性政治，在制度层面上以"认同"、"德性"理论去建立"现实的共同体"。而在后现代（德里达、巴耶塔、南希、阿甘本）差异政治中，人们总是批判现代性，用纯哲学的态度否认"现实共同体"的可能性。③

---

① 参见［德］马丁·海德格尔《哲学论稿》，孙周兴译，商务印书馆2016年版，第70页。

② 按照夏莹的说法，以柏拉图为代表的理想主义的政治哲学传统，用哲学规划现实政治制度；以亚里士多德为代表的经验主义的政治学传统，基于社会现实的具体演进设计制度，建立规范。如果说后者为英美政治学研究者所继承，那么前者则成为生命政治的隐形支点。于是，我们把前者称为"哲学性政治"，把后者称为"经验性政治"（参见夏莹《哲学对政治的僭越：当代生命政治的隐形支点》，《南京社会科学》2017年第7期）。

③ 他们所认为的共同体只是如乔治·巴耶塔所说的"无共通性者的共通体"，这种共同体是存在论层面的共同体，而非存在者层面的东西（参见［法］莫里斯·布朗肖（Maurice Blanchot）《不可言明的共通体》，夏可君、蔚光吉译，重庆大学出版社2016年版，第3页）。

然而，海德格尔所采取的思路是，他在批判现代性的基础之上，在纯哲学层面去构建的"现实共同体"。在他基于"建构与解构之间"的视域下，当代社群主义中所残留的传统形而上学思维以及携带的"同一性"宰制被其所透视。因为，当代社群主义的"共同体理念对文化的差异毫不宽容"，总是企图将他人或"其他类型的共同体"的"异质性"降格为"同一性"，导致了共同体理论出现困境。①所以，海德格尔试图超越传统共同体理论的"同一性"原则，建立一种差异性的共同体理论。正是在海德格尔的启发中，以差异性原则为后现代差异政治才能对启蒙政治中的"个人主义和共同体主义进行批判"，建立起自身的共同体理论。② 如南希的"无用的共通体"、阿甘本的"来临的共同体"和布朗肖的"不可言明的共同体"。

第二节 海德格尔共同体思想的缘起

面对个体化时代，思想家们提出的不同类型的共同体理念，我们有必要对共同体概念进行词源学考察，以厘清海德格尔共同体思想的独到之处，从而为当代共同体主义的发展提供思想资源。首先，从词源学角度出发，共同体的英译为"Community"，"古法文 Comuneté，拉丁文 Communitatem"③，希腊文 Koinonia，德文 Gemeinschaft，本"意指具有关系与情感所组成的共同体"④，"译为社区、

---

① 参见［新西兰］迈克尔·彼得斯《后结构主义、政治与教育》，邵燕楠译，北京师范大学出版社2018年版，第288页。
② 参见［新西兰］迈克尔·彼得斯《后结构主义、政治与教育》，邵燕楠译，北京师范大学出版社2018年版，第288页。
③ ［英］雷蒙·威廉斯：《关键词：文化与社会的词汇》，刘建基译，生活·读书·新知三联书店2005年版，第79页。
④ ［英］雷蒙·威廉斯：《关键词：文化与社会的词汇》，刘建基译，生活·读书·新知三联书店2005年版，第79页。

社团或社群"。① 这个词在现代社会是一个社会学词汇，最初由社会学家滕尼斯所提出，然而这并不意味着古早时期对"共同体"的理解是缺乏的。因为，早在古希腊时期亚里士多德就提出一种"政治共同体"叫城邦，到了中世纪时期则更多地指称教会与僧人的宗教团体，进入现代社会则指任何具有共同特征和利益的社团群体，如各类线上或线下的社区。所以，共同体概念在人类历史的发展中是丰富的、多样的，我们不能固守一种认知看待共同体理念，而需要从逻辑与历史的角度去分析透视这个概念的变化与发展，才能真正地理解它。

共同体（community）最早词源可追溯到拉丁文"communis"，这个词来自拉丁语"com"和古代意大利西部的埃特鲁斯坎语的"munis"，两个词合在一起所代表的意思是"共同负责或共同义务"，其在古罗马时期被人们用于指称一些"共同拥有的东西"，如共有的土地或者共同财产。从古希腊语的词源学角度看，共同体概念源于Koinonia，其词根Koinos代表共同，也表示公共（相对于私人而言），它指人们联合在一起形成的政治团体、宗教团体，甚至文化共同体。从法语的角度看，古法文是Comuneté，意思是"一群因居住在同一地区而结合在一起的普通人民"②。从德语角度看，共同体是Gemeinschaft，"此词并不强调'地域'，而注重内在的联系"。③ 然而，按照《牛津简明英语词典（英语版）》（外语教学与研究出版社2004年5月第1版）的观点，Community具有四种含义："一群住在一起共事的人（如农村共同体）、一群有共同信仰，共同种族或职业的人（如科学共同体）、一群共有观点和兴趣的人（如共同所有权或共同责任）、

---

① 周穗明：《当代西方政治哲学》，江苏人民出版社2016年版，第221页。
② 来自Community的词源学考查：https://www.etymonline.com/word/community，2023年11月9日。
③ 蒋永康：《德语文献中的Gemeinschaft》，《社会》1984年第4期。

一群生态学上共同生成或生存的植物或动物。"①

综上所述，无论从词源学还是词典中都能发现，"共同体"含义虽然非常丰富，但是它们都含有"共同"的意思，无论是"共同"的精神还是"共同"的经验，抑或是"共同"的制度，都体现了"共同体"概念在不同领域的多样性含义，在1955年社会学家希勒里就总结出了多达94种的共同体定义。于是我们有必要从各个领域对共同体的理论渊源做一番考察。

1. 从哲学的角度看，最早提出共同体概念的哲学家是亚里士多德。在《政治学》中，亚里士多德对共同体有着翔实的描述。他延续了柏拉图在《理想国》中对城邦共同体的理解，认为每个共同体的目的都是追求某种共同的善，且"个体的善"与"共同体的善"并不冲突。亚里士多德解释道，人在本质上是"政治动物"，"人类自然是趋向于城邦生活的动物"。② 城邦是最高的共同体，被亚里士多德称为"至善的社会团体"，它区别于家庭共同体、村落共同体和经济共同体，那些类型的共同体追求的是一种满足于"日常生活"需要的"次级善"（次级善：家庭共同体中的财产、村落共同体中的习惯、经济共同体中的交易），而城邦共同体所追求的是一种能够自给自足的"优良的生活"的"至善"。③ 因而，一方面，个人作为城邦的一部分，他不能独立的存在，人只有在城邦共同体之中，才能自足地生活，因为"人只有在城邦中才能够实现他们的潜能"④。另一方面，城邦作为最高的共同体，人只有在遵循城邦正义原则中，才能实现自

---

① ［英］皮尔索尔（Pearsall）编：《牛津简明英语词典（英语版）》，外语教学与研究出版社2004年版，第289页。
② ［古希腊］亚里士多德：《政治学》，吴寿彭译，商务印书馆1997年版，第7页。
③ ［古希腊］亚里士多德：《政治学》，吴寿彭译，商务印书馆1997年版，第7页。
④ 田道敏：《亚里士多德"城邦优先于个体论"的共同体主义阐释》，《江西社会科学》2015年第5期。

身"优良生活","成为最优良的动物"①。只有这样,他才能区分于动物,实现人之为人的道德品质。否则,就如亚里士多德所说,个体就处于城邦之外,不是野兽就是诸神。

2. 从社会学的角度看,最先对共同体概念进行系统性界定的是德国社会学家滕尼斯。在 1887 年出版的《共同体与社会》一书中,滕尼斯把共同体本质定位为:由"本质(自然)意志"(表现为本能、习惯和记忆)推动的,以统一和团结为特征的社会联系和组织方式,以血缘(家庭)、地缘(村庄)和精神共同体(城市生活=宗教)为基本形式的共同体。② 在滕尼斯看来,"共同体"概念与"社会"概念对立,共同体是现实的、紧密的、有机的以家庭为基础的小规模的共同体,而社会则是思想的、松散的、人工的以大城市为基础的大规模的社会。滕尼斯说的这类社会概念实际上其"原型是资本主义社会",他认为随着农业社会向资本社会的发展,共同体逐渐被社会所取代。③ 按照梅因《自然法》中的理解,这个过程其实就是"习惯法"向"理性法"(法律)的一种过渡,这让小规模共同体的影响在现代社会不断削弱,而使得资本社会的影响逐渐增强,在这个过程中人与人之间的和睦状态被打破。滕尼斯则基于对自然的、和谐的、普遍社会的关注,使得他在"言辞中时而表露出对'共同体'微含乡愁的缅怀"。他的这种乡愁表达了自身对于古代共同体的期望,以及对现代社会的不适应。④

涂尔干(Durkheim)和滕尼斯的观点正好相反。他认为,滕尼斯

---

① [古希腊]亚里士多德:《政治学》,吴寿彭译,商务印书馆 1997 年版,第 9 页。
② [德]斐迪南·滕尼斯:《共同体与社会》,林荣远译,商务印书馆 1999 年版,第 65 页。
③ 参见王小章《从"自由或共同体"到"自由的共同体":马克思的现代性批判与重构》,中国人民大学出版社 2014 年版,第 11 页。
④ 王小章:《从"自由或共同体"到"自由的共同体":马克思的现代性批判与重构》,中国人民大学出版社 2014 年版,第 12 页。

对于古典共同体的乡愁情怀是不可取的。因为，社会与共同体的分化是必然的、积极的，它有助于社会团结的真正产生。涂尔干在1893年的《社会分工论》里说道，古典共同体的"凝聚力之所以能够存在，是因为所有个人意识具有着某种一致性"，达成一种机械型的团结。① 在这种团结中人的个性消失了，集体意识覆盖了个人意识。个体因失去自由的人格而被社会的"共同情感和共同信仰"所支配。② 然而，我们知道，个体的自由独立人格是如此重要，正是因为每个人独特的人格，自我才能和他人相区别。也正是由于我们每个人的自由行为才能产生道德责任问题，否则"我们与我们的群体完全是共同的"，"我们根本没有自己"。③ 这样的人在海德格尔那可以称为"常人"（Dasman），只是乌合之众的一员，无法承担真正的道德责任。

在涂尔干眼中，现代社会不同于古代社会，它是一个由劳动分工所导致的有机的团结社会，它以"个人的相互差别为基础"来构成社会。④ 在这种劳动分工中，社会的集体意识为个体意识保留了自由的领域，使得我们每个人都有自己的人格。这样我们就不再承担来自古典共同体的整个社会的压力，转而在接受集体传统的同时，也为自己人格发展做出必要的努力。此时，个人与共同体产生了同时性的发展，二者如同一个有机体的发展，不但让个别器官能自由发展，而且使得有机整体也能与个别器官产生一致性的发展，这类同时性发展被涂尔干隐喻性地称为"有机团结"。⑤ 在他看来，在这种有机团结所

---

① ［法］埃米尔·涂尔干：《社会分工论》，渠东译，生活·读书·新知三联书店2000年版，第67页。
② ［法］埃米尔·涂尔干：《社会分工论》，渠东译，生活·读书·新知三联书店2000年版，第89页。
③ ［法］埃米尔·涂尔干：《社会分工论》，渠东译，生活·读书·新知三联书店2000年版，第90页。
④ ［法］埃米尔·涂尔干：《社会分工论》，渠东译，生活·读书·新知三联书店2000年版，第91页。
⑤ ［法］埃米尔·涂尔干：《社会分工论》，渠东译，生活·读书·新知三联书店2000年版，第92页。

组成的劳动分工型社会中，社会凝聚力以及社会团结会比机械团结组成的古典共同体更加稳固。

当代英国社会学家鲍曼则对以上两位社会学家的争论持怀疑态度。他在著作《共同体》中，对共同体概念进行了经验性的陈述。他认为由于当代自由主义大行其道，使得个体自由与整体安全（共同体）之间的关系失衡。因为，人们若想拥有安全，就必须在共同体之中，失去个人的自由。你若想拥有个人自由，那就必须失去共同体，失去安全感。所以，在鲍曼看来"共同体与个人之间的争执，永远也不可能解决"。①虽然每个人都渴望身处共同体之中，从而能够拥有一个能给予人安全感的世界，但是在鲍曼看来，这类安全共同体只存在于想象当中，是一种如安德森所说的"想象的共同体"。因为，如若这个"共同体是一个温馨的地方"，是"我们能够相互依靠对方"的栖息家园。②那么，身处现代化的个体时代，它便是一个属于过去的"失去了的天堂"。③所以，无论是鲍曼的"安全共同体"还是滕尼斯的"有机共同体"，都是海德格尔那种"内在于本体而存在的"传统共同体理论。④它们的产生是不言而喻的、自然而然的产物，是一种不需要思考计算就可以达成共识的共同理解状态。虽然它们长久且稳定，但是，在个体追求自由、理性、正义的现时代，它的存在已不合时宜，只能充当一种心理失衡的良药。因而，鲍曼认为，当代社群主义关于身份认同的热衷，以及回归古典共同体的迫切需求，都只是人们对于现代虚无主义价值观的反馈，以及古典德性价值观崩溃的

---

① [英]齐格蒙特·鲍曼：《共同体》，欧阳景根译，江苏人民出版社2003年版，（序）第7页。
② [英]齐格蒙特·鲍曼：《共同体》，欧阳景根译，江苏人民出版社2003年版，（序）第2—4页。
③ [英]齐格蒙特·鲍曼：《共同体》，欧阳景根译，江苏人民出版社2003年版，（序）第5页。
④ [英]齐格蒙特·鲍曼：《共同体》，欧阳景根译，江苏人民出版社2003年版，第7页。

"返乡的情节"。于是,鲍曼认为,自由主义与社群主义的对立无法调和,社群主义关于"善、义务、认同价值"与自由主义的"正义、权利、自由价值"是两类相反的价值体系,任何一方的胜利都无法满足现实生活中人们对于"自由和安全的双重需求",而以上这些在政治哲学中体现为共同体与个人之间的矛盾。①

3. 从政治哲学的角度看,"共同体与个人之间的矛盾"问题,在社群主义与自由主义视野下,显示为"共同体的善与个人的正义孰优先"。自由主义认为,个人优先于共同体,正义优先于善。社群主义认为,共同体优先于个人,善优先于正义。在二者对立的观点之中,双方都发展出了各自的共同体理论。在自由主义者罗尔斯看来,共同体是一种"社会联合",这种社会联合指的是各种各样的组织、团体、联合体。它们没有固定的大小,没有等级性的价值区分,"也没有时空上的限制",泛指家庭共同体、友谊共同体、社团共同体、国家共同体。②

首先,罗尔斯依据德国语言学家威廉·冯·洪堡对于"社会联合"的论述,认为"正是通过建立社会成员们的需要和潜在性基础上的社会联合,每一个人才能分享其他人表现出来的天赋才能的总和"③。这种社会联合表现为一种"个人对社会合作的内在需求"④。在这种合作型共同体的基础之中,才能够激发人的美德、个性以及潜能,使得每个人都承认每个人的善的行为都可以给整个共同体系里的人带来快乐。为了对"社会联合"进行进一步的说明,罗尔斯在

---

① 郭台辉:《共同体:一种想象出来的安全感——鲍曼对共同体主义的批评》,《现代哲学》2007年第5期。
② [美]约翰·罗尔斯:《正义论》(修订版),何怀宏、何包钢、廖申白译,中国社会科学出版社2016年版,第530页。
③ [美]约翰·罗尔斯:《正义论》(修订版),何怀宏、何包钢、廖申白译,中国社会科学出版社2016年版,第526页。
④ 杨晓畅:《罗尔斯后期正义理论研究》,上海世纪出版社2014年版,第239页。

《政治自由主义》一书中就举出一个管弦乐团的例子来说明"社会联合"的内在合作性。他说:"试想一个拥有相同天赋的音乐人组成的乐团,每个人通过长时间的练习和实践都能精通一个乐器,他们意识到个人的有限性,他们不可能同时演奏多种乐器。"① 他们可以通过协调合作产生的优美乐曲。在这种与他人合作的社会联合体之中,每个人不但实现了自身的才华,而且完善了自己。

其次,"社会联合"并不是一种"私人社会"。因为在罗尔斯看来,"私人社会"总是关注个人私利。它总是相互冲突着且没有任何关联或补充。这样,"私人社会"的社会结构只能成为一种浅薄的谋算和算计。它的"制度本身被看的没有任何价值",没有那种类似于"正义"与"善"的理念型社会结构所支撑。② 可是,实际社会的艺术、科学、宗教、政治中的"人类事实上分享着最终的目的"③。这种最终的共同目的不是欲望,而是由一定传统(历史)原则指引的,一致同意的行为系统中能相互补充着的"共同价值"。于是,罗尔斯以游戏为例子,说游戏包含了四种目的:游戏规则规定的目的、参与人的动机、游戏的社会目的、参与者共有的目的,而只有在游戏以公开、公正的方式进行运作,"参加者们都感到他们做的很好时,共有目的才能实现"④。

再次,罗尔斯"为了区分作为共同体的'社会联合'与作为国家或者社会的'社会联合'"。⑤ 他提出了"组织良好的社会"概念来表

---

① 参见 [美] 约翰·罗尔斯《正义论》(修订版),何怀宏、何包钢、廖申白译,中国社会科学出版社 2016 年版,第 527 页。
② [美] 约翰·罗尔斯:《正义论》(修订版),何怀宏、何包钢、廖申白译,中国社会科学出版社 2016 年版,第 524 页。
③ [美] 约翰·罗尔斯:《正义论》(修订版),何怀宏、何包钢、廖申白译,中国社会科学出版社 2016 年版,第 525 页。
④ [美] 约翰·罗尔斯:《正义论》(修订版),何怀宏、何包钢、廖申白译,中国社会科学出版社 2016 年版,第 528 页。
⑤ 姚大志:《正义与罗尔斯的共同体》,《思想战线》2010 年第 4 期。

示国家或社会的"社会联合"。在罗尔斯看来,"组织良好的社会"就是"诸种社会联合的社会联合"①,这种社会联合的社会联合其实就是"政治共同体"。这种"政治共同体"具有两个特征:一方面它所共有的最终目的是公正制度。这种政治共同体的"正义原则"本身是优于普通共同体(宗教、科学及文化)所拥有的"传统原则"。因为作为共同合作的"正义原则"(罗尔斯的两个正义原则:平等的自由原则与差别原则)涉及的是社会整体的普遍原则,而普通共同体的传统原则涉及的只是部分社会的特殊原则,只有在超越特殊"传统原则"的普遍"正义原则"中,人们才可以克服"劳动分工"所带来的最坏的方面,让人们不再像奴隶般的依附他人,而是相互依靠,"自愿而有意义"地去工作,实现自我和他人的集体目标,使得整体获得正义感与满意。另一方面,这种公正的"制度形式自身被人们看作善"。②罗尔斯认为这种社会联合一旦用于"社会基本结构整体时",那么这种社会结构自身就是善的。③因为,罗尔斯认为,按照康德的观点,正义原则帮助人们实现自身的道德本性,从而能实现个人或集体的善。亚里士多德也说,正义原则作为支配社会的第一原则,它可以调节个人计划,使个人计划得以实现。

最后,"政治共同体"理论是建立在个人主义基础之上的。因为罗尔斯预设了一种作为"合作主体的个人"④先验自我,在利益互补的合作关系中,个人的善和共同体的善在正义原则的调节下达到统一。然而,在桑德尔看来,尽管罗尔斯的合作性主体优于功利主义的

---

① [美]约翰·罗尔斯:《正义论》(修订版),何怀宏、何包钢、廖申白译,中国社会科学出版社2016年版,第530页。
② [美]约翰·罗尔斯:《正义论》(修订版),何怀宏、何包钢、廖申白译,中国社会科学出版社2016年版,第530页。
③ [美]约翰·罗尔斯:《正义论》(修订版),何怀宏、何包钢、廖申白译,中国社会科学出版社2016年版,第530页。
④ 姚大志:《正义与罗尔斯的共同体》,《思想战线》2010年第4期。

私人主体，但是罗尔斯的合作主体依旧只是一种情感型的私人主体，而建立在这种私人性主体基础上的政治共同体理论还是太弱了，依靠的只是私人层面的道德心理学的正义感或者道德情感的认同。

在社群主义者桑德尔那里，共同体应该是一种构成性意义上的共同体。他叙述了三种不同的共同体观念：工具型共同体、情感型共同体、构成型共同体。工具型共同体作为以自私个人为起点的共同体，它是一种传统个人主义的解释方案，追求的是私利，人们视社会安排为必要负担。① 这种共同体作为外在的共同体，只是为了保护个人私利而存在的。罗尔斯反对这种"私人社会"的图景，他认为，人不仅有"自私"的目的也有"仁慈"的目的，人之为人不在于其"自私"，而应该在于其"合作"机制。② 在罗尔斯看来，人与人之间的利益不总是冲突的，他们之间是存在共享的"共同善"的。在这种"共同善"中，人和人之间的合作才成为可能，共同体成为内在于"参与合作图式的人们的情感中"。③ 在桑德尔看来，罗尔斯的这种共同体是一种情感型共同体，因为它是通过人们对欲望、偏好的意志选择而产生的一种善的目的，意志所选择的善不仅是社会合作的利益而且还是维系情感的纽带，促进共同体之中参与人的情感联结。他认为，这种情感共同体的善观念走得太远了，不符合实际状况。

桑德尔所赞同的共同体应该是"一种自我理解的方式"④，它不只是关注人的属性、拥有物、关系，而且还要关注人的本性、依附物、身份等构成性观念，这种共同体被桑德尔称为"构成型共同体"。

---

① 参见[美]迈克尔·J. 桑德尔《自由主义与正义的局限》，万俊人等译，商务印书馆2011年版，第169页。

② 参见[美]迈克尔·J. 桑德尔《自由主义与正义的局限》，万俊人等译，商务印书馆2011年版，第169页。

③ [美]迈克尔·J. 桑德尔：《自由主义与正义的局限》，万俊人等译，商务印书馆2011年版，第170页。

④ [美]迈克尔·J. 桑德尔：《自由主义与正义的局限》，万俊人等译，商务印书馆2011年版，第171页。

桑德尔认为无论是手段共同体理论还是情感共同体理论都太弱了，都不能为主体提供界限，自我和他人的问题容易被消解，从而导致人的观念的抽象化。一方面，人要么成为无限制的自私主体，并把他人当成手段，从而组建为手段型共同体；另一方面，人要么成为纯粹境遇化的偶然性主体，把世界当成情感反映的场所，从而组建成为情感型共同体。桑德尔对以上两种弱共同体理论的批评是建立在他对人的不同理解之上的，在他的考虑之中，"人是哲学层面人，反思层面的人"①，而不是自私的人，情感的人。桑德尔认为，人首先是开放的人而不是自私的人，他不只关注自我，而且关注他者；其次人应该是具有主体间性的人而不是情感型的人，人不是只被动地受境遇的影响而进行自我选择，而且他会积极地依附于各种不同的境遇，承认背景的各自不同的要求，从而达到一种自我理解，回答了"我是谁"的身份问题。身份问题作为对行为主体的解释，也间接地揭示了罗尔斯对人的"无身份"定位的偏颇。

正是基于对当代英美政治哲学（自由主义和社群主义）的批判，欧陆哲学家们也对共同体问题予以了一定的回应。按照法国哲学家吕克·南希的观点，无论是自由主义还是社群主义对共同体问题的理解都是一种"技术—政治"，它们过于关注人的"内在性"本质，而"内在性"本质是共同体问题的绊脚石。② 他们以传统形而上学的同一性态度排斥所有不合乎"内在性"本质的人，这种同一性容易导致

---

① 孙正聿老师在《哲学的目光》一书中把人的主要存在方式分为三种：常识的、科学的、哲学的。他认为，人的存在方式不同其世界图景就不同。桑德尔对人的理解其实就是对常识层面的情感的人和科学层面的自私的人的一种批判。桑德尔认为，罗尔斯意义上的合作主体或者私人主体，这些对人的理解都是一种传统主体性残留的抽象人概念的遗восхи，他则强调从哲学的反思层面去批判以上两种主体概念，重构一种构成性的人，而这正和孙正聿老师对人、哲学、反思的理解相契合（参见孙正聿《哲学的目光》，吉林人民出版社2007年版）。

② ［法］让－吕克·南希：《无用的共通体》，郭建玲、张建华、夏可君译，河南大学出版社2016年版，第1页。

现代性大屠杀。在大屠杀之中，人们借着传统共同体携带的同一性，美其名曰是一种对人"内在性"的教化，但其实这只是一种用特殊性的"内在性"对他人的多样性进行残酷的"排异"，对他人的本质进行内在性的清洗。吕克·南希则依循海德格尔对"传统形而上学终结"的诊断，提出自己的共同体理论：无用的共通体。他基于海德格尔对"存在"问题的异质性、差异性的理解，认为对共同体的思考不是能建立在"传统形而上学"之上，而应该建立在"存在"之上。"存在"作为一种境域，是一种包容万物的、差异性的敞开域。

  吕克·南希把这种与"存在"关联的"共同体"称为"共通体"。"共通体"不同于共同体。共同体与存在者关联，它是一种集体叙事，分享着共同"事物"，而"共通体"与存在关联，它是一种书写、发生，它分享着"分离"。[①] 在他看来，"共通体"不是实现了的东西，而是一种正在到来的东西。如海德格尔对语言的描述，语言一直"在途"。这其实暗含了吕克·南希对于海德格尔的"共在"问题的一种深入的思考。因为在他看来，"海德格尔的共在（Mitsein），甚至共同—达—在（Mit-Da-sein）都没有从根本，也没有从规定性上被思考过"[②]。甚至，海德格尔并没有真正地从"共在"的层面上关联"存在"，他对"存在"的思考也只是一种对"绝对"、"同一性"、"存在"的追问。用南希的话说就是："'共'（/与：mit）并没有修饰（/定性）'存在'。"[③] 于是，吕克·南希企图构造一种"共通体"概念来解决此问题。他将共通体解释为"存在—于—共通"。他认为，存在作为意义是共通的。共通体给出意义（存在）。传统共同

---

  ① ［法］让-吕克·南希：《无用的共通体》，郭建玲、张建华、夏可君译，河南大学出版社2016年版，第8页。
  ② ［法］让-吕克·南希：《无用的共通体》，郭建玲、张建华、夏可君译，河南大学出版社2016年版，第191页。
  ③ ［法］让-吕克·南希：《无用的共通体》，郭建玲、张建华、夏可君译，河南大学出版社2016年版，第191页。

体只有在"共通体"的前提中才能产生。所以吕克·南希才说:"没有什么比存在更共同的了。"①

综上,我们通过哲学、社会学、政治哲学三个层面对共同体概念作出了梳理。第一,共同体在哲学层面作为一种教化理论,它是"理想共同体"的典范。它成就了"共同体"中人之为人的高贵德性。在"理想共同体"中,人作为一种公共人,它是为整体负责的人,是具有公共性的德性人。第二,共同体在社会层面作为一种批判理论,是对现代"市场社会"的批判。它作为社会有机团结的凝聚剂,可以建立一种安全感,而这种安全感正是市场经济所缺失的部分。第三,共同体在制度层面作为一种构建理论,可以作为人类进行理性选择的背景或目的,从而使人和他人有机结合、人和世界和谐共处,以消解人的抽象性和个体性,从而使政治制度更加符合具体的历史,能够具有实践的合理性。

第三节　海德格尔共同体思想的概述

在对国内外关于海德格尔共同体研究文献和著作的分析中显示,学术界对海德格尔共同体问题的研究大致采取了三条阐释路径。

(1) 美国学界从实用主义的社群主义视角出发,对海德格尔的共同体问题进行阐释。如查尔斯·吉尼翁所说,正因为美国的实用主义传统,"使得美国学界注重海德格尔的共在理论及其所蕴含的社会性实践要素"。休伯特·L.德雷福斯在1972年出版的《计算机不能做什么》也从实用主义出发,认为传统人工智能的认知主义模式是错误

---

① [法]让-吕克·南希:《无用的共通体》,郭建玲、张建华、夏可君译,河南大学出版社2016年版,第213页。

的。传统认知主义注重"理论沉思"而忽视了更源初的"身体实践"。他指出人工智能成功的关键就在于能否制造出人造"涉身主体",从而用海德格尔式的"在世主体"取代笛卡尔式的"认知主体"。在世主体作为涉身主体,在彻底沉浸于背景的状况下实现真正的实践,这种实践不是以"理性"为主导,而是以共同体"习性"为主导。乔治·弗里德(Gregory Fried)作为《形而上学导论》美国译本的翻译学者,则基于"习性共同体"的非反思性,提出一种"情境化的超越论",试图用理性修正超越"习性共同体"。

(2)欧洲学界则注重从后现代视野出发,延续海德格尔的共同体观念。无论是吕克·南希的"共通体",还是阿甘本的"来临的共同体",抑或是埃西波斯托的"本源的和命运的共同体",都是一种对海德格尔共同体思想的后现代视野的延续。按照法国哲学家吕克·南希在《解构的共通体》中的阐释,他遵循后现代解构主义的思路,一方面,他延续巴塔耶的"恋人共同体"思路,并与布朗肖的"不可言明的共通体"相呼应;另一方面,他试图用"共通体"概念来重构海德格尔的"共在"(共同体)概念,从"共在"理论中,人的"独异性"出发,提出"文学共通体"概念。在他对"共通体"的认知中,他认为"共通体"既不是乡愁式的"城邦",也不是实体式"社会",而应该是对"共同"或"融合"之"神话"的打断,从而才能不断地抵抗将它带向"完成"的一切。换句话说,这个"共通体"是没有"共同性"的、"一直在途"的"异质"的共同体,是以保护他人的差异性、特殊性为目标的共同体。例如:2011 年 Brian Elliott 在 *Community and Resistance in Heidegger,Nancy and Agamben* 中就将南希和阿甘本的共享式的共同体思想归咎为海德格尔的共同体思想。2011 年 Ignass Devisch 在 *A Non-Metaphysical Community：Bringing Back Heidegger into Levinas* 甚至接着吕克·南希的思想路径,力图从列维纳斯的"他者"出发,去除海德格尔的共同体思想中的形而上学残余,提出一种"非形而上学的共同体"观念。

(3)东方学界则比较注重从儒家思想出发,阐释海德格尔"共同体"思想中"家国天下"的思想维度。在中国学者王庆节1994年所写的英文博士学位论文 From Being-with to Ereignis: Heidegger's Theory of Community 中,他从海德格尔早期的"共在"理论到后期的"Ereignis"观念来阐释共同体问题,将海德格尔的"共同体"理解为一种"人本主义"的"宇宙—道的共同体"。他从儒家思想出发,企图用儒家的共同体思想和海德格尔的共同体思想作出比较,通过这种比较展示出海德格尔共同体的思维路径及局限。另一个中国海德格尔专家张祥龙学者则在2017年出版的《家与孝:从中西视野中看》中,将海德格尔的"家"(Heim)概念和儒家的"家"概念作出比较,认为海德格尔的"家"虽然有"共通"的精神"炉灶",但是缺乏儒家"亲亲"的"亲人"关系。从而提醒我们,海德格尔虽然深刻地分析出了人们对"存在之家"的遗忘状态,但是遗忘了"具身化的家庭"。

综上所述,相比研究者们对海德格尔政治事件的热情高涨,注重对海德格尔政治哲学贡献的研究并不多,但是我们依然从近些年人们对海德格尔共同体研究中看到了显著进步。随着当代政治哲学的复兴,学者们更多地将目光投到海德格尔政治思想中。但是以上这些研究也暴露出一些缺陷:(1)论述零散,不成体系;(2)割裂或夸大了海德格尔共同体理论和纳粹事件的关系;(3)缺乏对启蒙的正向理解,容易将海德格尔哲学流于返魅。

因而,本书有必要对海德格尔的共同体思想作分阶段、分领域的概括性研究,借助不同领域对共同体概念的分析,我们才能更好地把握海德格尔共同体思想的理论定位和实践倾向。通过分析海德格尔"共同体"理论的"存在论"、"敞开性"、"差异性"等特征,为"神圣存在"与"日常存在者"之间架起桥梁。

首先,按照我们对他的共同体思想的理解,他的共同体理论作为一种"存在论共同体",是人的生活意义根源。这是和哲学家对"好生活"的追求相对应的。其次,基于海德格尔在"元—政治形而上学"层面对共同体做出的思考,得出一种前制度的"城邦"概念。它作为人的历史的开端,是和政治哲学关于政治制度的思考相一致的。最后,我们从存在者层面思考海德格尔的共同体,得出一种"劳动共同体"观念,这又和社会学家对"劳动市场"的思考息息相关。由此可见,海德格尔的共同体思想作为后形而上学思想,不但对传统共同体理论进行了超越,而且可以为后现代的共同体理论提供一种新方向。

然而,具体来说,海德格尔的共同体到底是一个什么样的共同体?新加坡学者托尼·西伊(Tony See)给予了明确的回答。他在《无同一性的共同体——海德格尔的政治与本体论》一书中,把海德格尔的共同体思想描绘为一种"无同一性的政治共同体"理论。这个"政治共同体"的主要特征则在于,不把人的"差异"缩小为"同一"。他根据海德格尔三个时期的哲学思想,依次解读了海德格尔的"政治共同体"思想。托尼·西伊说道,"首先,在《存在与时间》中,共同体是一个关于此在本真的生存、与他人的本真关系的观念";"其次,在中期的哲学写作中,共同体是一种由为知识共同斗争的方式被构想出来的,它是一个关于大学如何正确单独领导德国民族的'本体论问题'";"最后,在海德格尔后期对古希腊的反思中,共同体再次被理解为一种为意义斗争。他把古希腊视为共同体必须遭遇的他者"①。这三种共同体被其统称为"政治共同体"。

其他学者也对海德格尔"共同体思想"给出了自己的理解。据国内学者王庆节在博士学位论文《从共在到本有:海德格尔的共同体理

---

① Tony See, *Community Without Identity: The Ontology and Politics of Heidegger*, New York: Atropos Press, 2009, p. 205.

论》中的描述，海德格尔从前期哲学的"在世共在"共同体到后期"本有"（Ereignis）式的共同体的转变过程中，不但试图对近代主体形而上学进行反思，而且试图重建一种新的后主体的思维方式与存在方式。正是在前期"共在"对此在的定向以及后期"本有"（Ereignis）对人的定向中，海德格尔的共同体不仅成为一种"人类共同体"而且还是一种"宇宙—道的共同体"。①

张文喜也在《颠覆形而上学：马克思和海德格尔之论》著作中将海德格尔定位为一位后传统社群主义者。他认为后社群主义者不同于当代的社群主义者。后社群主义涉及"存在，而社群主义涉及存在者。他说后传统社群主义者海德格尔认为共同体概念中的人作为此在，"此在沉浸在常规的或者说前反思的没有'客体'而只有工具的习俗或活动中，潜心于没有'客体'而只涉及到与他人的共享意义和共同习俗中"②。海德格尔颠覆了人们对共同体概念的理解，他对黑格尔式的那种"从'我'中得到'我们'"的理解共同体的方式表示怀疑，他认为人与人之间分享的不是共同的善，而应该是日常习俗惯例。③ 海德格尔认为共同体的日常活动在于"'习俗逻辑'而非'意识逻辑'"，习俗才是共同体的根源。④ 在海德格尔眼中，社群主义以非习俗的"'认知'根源和'美学'根源"为基础阐释共同体，误解了共同体的基础。⑤

基于以上理解，我们看到海德格尔对共同体概念进行了解构与还

---

① 感谢王庆节老师曾与我交流"海德格尔的共同体问题"。他对我解释说，海德格尔的共同体理论无论在"存在论层面"还是在"存在层面"都是具有绝对差异性的。
② 张文喜：《颠覆形而上学：马克思和海德格尔之论》，中国社会科学出版社2004年版，第133页。
③ 张文喜：《颠覆形而上学：马克思和海德格尔之论》，中国社会科学出版社2004年版，第135页。
④ 张文喜：《颠覆形而上学：马克思和海德格尔之论》，中国社会科学出版社2004年版，第134页。
⑤ 张文喜：《颠覆形而上学：马克思和海德格尔之论》，中国社会科学出版社2004年版，第134页。

原。它的共同体思想作为现象学意义上的共同体理论，并不过多地关注自由主义和社群主义的关于"共同体和个人孰优先"的问题，而是一种研究"共同体如何存在，如何成其自身"的理论。他认为"共同体"只有在寻找"存在"的过程中才能成为一个发生域，获得自身的历史性。① 正如现象学教授萨拉·海纳玛在2018年世界哲学大会的文章中对共同体的描述一样，它是"具有时间厚度和社会嵌入性的动态结构"。它不但可以为自我提供时间层面的"历史"实践传统，而且还可以在空间层面为自我提供"共在"社会结构。这种现象学意义上的共同体的提出，是对人横向层面的社会关系以及纵向的内在结构以实践背景，让人成为你自己！

另外，从现实的角度看，一方面，海德格尔"共同体"思想研究中涉及的"国际的公共性问题"，不但是对西方个人主义的一种批判，也为全球多边主义提供一定的实践路径。另一方面，海德格尔的共同体思想和马克思主义"自由联合体"思想、习近平"人类命运共同体"思想是相契合的，能够直面"国内的社会性问题"。正是通过海德格尔的存在论基础，才能消解现代人的虚无主义价值观念，为建设中国特色社会主义核心价值观贡献理论资源。当今中国社会的"共同体数量"种类繁多（56个民族、672个城市、70万个村庄、10万个社区、52万所学校），呈现指数级增长（各类民间社团），海德格尔的多元共同体视野为中国社会治理提供实践背景，促进共建、共享、共治社区治理的实践新路径。

---

① 参见［德］马丁·海德格尔《哲学论稿》，孙周兴译，商务印书馆2016年版，第63页。

第一章

现代性批判、重建与转向

近代伊始,人的主体性开始发挥作用,本质化的思维方式统治着世界,人们逐渐陷入道德相对主义所导致的价值虚无化之中。古典共同体所拥有的那种安全层面的"意义感和认同感"逐渐消失。① 海德格尔则通过对人安全缺失、意义失落、认同危机的考察中,提出了属于自己的"共同体"理论。在海德格尔看来,当代人的生命处境已经被连根拔起,人和世界、人和他人的关系已经被彻底地异化。世界成为抽象的世界,而人成为无他者的主体。海德格尔想通过回归人的共同体处境,克服世界的抽象化与人的主体化,使抽象世界转向生活世界、主体化的人成为主体间的人,让人重回自身的共同体处境中。

在《存在与时间》中,海德格尔以"在世共在"概念初步对共同体问题进行思考,以"此在形而上学"反对传统"主体形而上学"所带来的理论缺陷。在海德格尔眼中,主体形而上学理论往往试图把人抽象化,把人本身携带的"世界"、"共同体"等具体实践特质都抽掉,从而缺乏对于人的源初生命处境的真正理解。另外,海德格尔通过对共同体概念思考,洞见到了当代共同体思想的理论缺陷。在他

---

① 韩升:《查尔斯·泰勒对共同体生活的追求》,博士学位论文,复旦大学,2008年。

看来，传统的共同体理论总是和"存在者"关联，往往把共同体看成是主体构建的东西，或者理解为主体的特定背景，从而没有挖掘到共同体与"存在"关联的一面，这样就使得人们无法理解共同体的真正意义。

然而，我们要知道，共同体作为人的生命处境，不但具有主动构建性，而且还有被动给予性，它既是被构建的也是被给予的东西，既是有用的又是无用的东西，既是后天的也是先天的东西。在海德格尔视域下的现代共同体理论是缺乏存在论根基的，人们总陷入传统形而上学的主客二分思维模式，从而将共同体的被动性特质和主动性特质分裂开来，造成当代自由主义与社群主义之间不可调和的争论。思想家们总是去询问"共同体是什么"的属性问题，而不询问"共同体如何"的本质性问题。在自由主义者罗尔斯看来，共同体是目的性的联合体，而在社群主义者桑德尔看来，共同体是构成性的背景。这些回答在海德格尔眼中是没有"意义"的，以上两个回答只是对共同体的"静态"属性的回答，而没有回答共同体自身如何"动态"生成的问题。站在海德格尔的立场，从存在论的视野看共同体时，"共同体是什么"这类"属性层面"的问题并不重要，重要的是去追问"共同体如何成为共同体"这类"自身性层面"的问题才是关键，而这个问题首先通过海德格尔的"此在形而上学"对"主体形而上学"的批判得到了分析。海德格尔基于"此在形而上学"思想构想了一种"在世共在"的共同体理论，将共同体和存在论关联在一起，提出了一套回归生活世界、本真动态生存的"存在论共同体"理论。

第一节　主体形而上学批判

我们要知道，海德格尔关于"存在论共同体"的思考，是基于对主体形而上学的批判而产生的。按照海德格尔的说法，主体形而上学作为传统形而上学，它是用"主体—客体"思维模式去理解"人—世界"的关系，从而将人"在世界之中"仅仅理解为两个现成物"一个在另一个之中"，这种主客二分的思维模式扼杀了"人—世界"（"在世之中"）的真实关系。① 因为，正如张世英所言，海德格尔的"此在—世界"结构其实是"主体—客体结构的基础"。② "人—世界"的关系"不是'现成人'在'现成世界'之中存在"③ 的"观看者模式"④，而应该是"人乃是'融身'在世界之中"的沉浸者模式。⑤ "人在认识世界万物之前，早已与世界万物融合在一起"⑥。所以，主客二分的形而上学思维模式造就了人与世界关系的疏离。

然而，在海德格尔看来，"形而上学属于人的本性"，是人类不可避免的终极渴望。⑦ 它作为人类生活的"意义"之根源，是神学或科学所无法替代的。传统形而上学则由于误解了形而上学，将形而上学本质化，从而造成了人类生活的抽象化、疏离化、个体化。按照海德格尔的观点，形而上学本身的研究对象是人的"具体生存"而非"抽象本质"，传统形而上学误解了自身的研究对象，从而让"存在论"被"形而上学"取代。一方面，如果我们按照传统形而上学的观点，依循客体形而上学的思维方式看待"存在"。⑧ 那么，存在就会被降格为一种一般性的存在者，它是从现实世界的特殊存在者中抽

---

① ［德］马丁·海德格尔：《存在与时间》（修订译本），陈嘉映、王庆节译，生活·读书·新知三联书店 2012 年版，第 63 页。
② 张世英：《哲学导论》，北京大学出版社 2016 年版，第 7 页。
③ 参见张世英《哲学导论》，北京大学出版社 2016 年版，第 6 页。
④ ［德］阿克塞尔·霍耐特：《物化：承认理论探析》，罗名珍译，华东师范大学出版社 2018 年版，第 48 页。
⑤ 参见张世英《哲学导论》，北京大学出版社 2016 年版，第 6 页。
⑥ 张世英：《哲学导论》，北京大学出版社 2016 年版，第 6 页。
⑦ ［德］马丁·海德格尔：《演讲与论文集》，孙周兴译，生活·读书·新知三联书店 2005 年版，第 72 页。
⑧ 参见王庆丰《资本形而上学的三副面孔》，《哲学动态》2017 年第 8 期。

象出来的东西。此时,世界被抽象化,使得"人和活生生的世界分离"了。存在作为存在者的本质,是一切存在者的基础。由于存在外在于存在者,形而上学滑向一种"神学"。另一方面,按照传统形而上学的观点,依循主体形而上学的思维方式看待"存在"。此时,存在被看成和存在者一样的东西,一切他异性的东西都被消解了,"他人"问题消失了,从而使得"自我和他人分离"。最终导致形而上学被消解为科学,陷入一种虚无主义。① 这样我们就发现,当我们用传统形而上学的主客二分思维模式去思考形而上学问题的时候,就会导致自我和世界、自我和他人的分离。

一 传统形而上学

海德格尔告诉我们,主体形而上学作为一种传统形而上学,它源自柏拉图主义,是柏拉图的"理念论"缔造了整个形而上学大厦的基石。但是,一方面,柏拉图作为苏格拉底的弟子,他将"动态的存在"(Sein)误解为"静态的理念"(Idea),遗忘了前苏格拉底的哲学精髓:存在,从而使得"存在"不再是敞开域,而降格为现成的"存在者"。另一方面,柏拉图讲的"存在"不再是"存在者"的存在,而是最高的"存在者"或者普遍的"存在者"。它成为了现成的"存在者"的基础。随着哲学史的发展,哲学家们依循着柏拉图的思路,在传统形而上学的道路上一错再错,对此我们可以总结以下两点:

第一,传统形而上学遗忘了存在。在古希腊,形而上学(Metaphysical)最早源于人们对亚里士多德《物理学》之后篇章的命名。亚里士多德认为形而上学所研究的是"存在者之为存在者",即:存

---

① 参见周森林《形而上学思维方式的理论根源》,《山东科技大学学报》(社会科学版) 2001 年第 3 期。

在者背后的"普遍存在者"。形而上学不同于其他学科,其他学科研究的是部分的存在者,而形而上学是对存在者整体的一种研究。到了中世纪,人们则将形而上学理解为对"最高存在者"(神)的研究,万物都依据神这个最高存在者才能存在。在近代,笛卡尔通过"我思故我在"确定了主体作为形而上学的第一原则,从而寻找到知识现象的最终根据。在海德格尔看来,正是笛卡尔确定了一个让存在者被规定为表象的对象性形而上学,它使得存在者作为对主体而言的客体显现出来。最终,传统形而上学在黑格尔那里得到了彻底的完成,黑格尔将绝对精神作为形而上学的研究对象,他通过重新思考实体概念,认为实体即主体。然而,海德格尔对传统哲学的形而上学史也有自己的看法。他说道,整个形而上学的历史不过就是西方的历史,无论是亚里士多德的"一般存在者"、中世纪的"最高存在者"、笛卡尔的"对象存在者"还是黑格尔的"绝对存在者",他们都归属于"形而上学让人类悬挂于存在者中间",而没有将"存在"置入我们的视野之中。①

第二,"形而上学乃是本真的虚无主义"②。海德格尔说道,"柏拉图的形而上学并不比尼采的形而上学更少些虚无主义",只不过前者的虚无主义本质未显示,后者的虚无主义完全显现出来了。③ 从表面上看,虚无主义似乎是形而上学的对立面,但是其实二者是同根同源的。我们需要去"着眼于形而上学之历史来理解虚无主义",才能真正面对虚无(存在)。④ 在海德格尔看来,存在和虚无同源,正是存在"令人忆及'虚无'",虚无的真实内涵在于"这个世界只有存

---

① [德]马丁·海德格尔:《演讲与论文集》,孙周兴译,生活·读书·新知三联书店2005年版,第76页。
② [德]海德格尔:《尼采》(下卷),孙周兴译,商务印书馆2011年版,第1036页。
③ [德]海德格尔:《尼采》(下卷),孙周兴译,商务印书馆2011年版,第1036页。
④ 王宏健:《海德格尔论虚无主义问题》,《中国社会科学报》2017年8月29日。

在者而缺乏存在"①。当我们将"存在"理解为"存在者"时，那么"虚无"就自然而然成为了"非存在者"，存在者和非存在者既然同根同源，那么人的生存意义问题也就自然而然被虚无化了，从而导致了一种价值虚无主义的产生。然而，我们要知道，虚无主义关注的是虚无者（非存在者），而遗忘了虚无自身（存在）。海德格尔以尼采哲学的虚无主义哲学为靶子，批判尼采只是"颠倒的柏拉图主义者"，依旧站在旧形而上学旧巢之中来思考虚无。因而尼采对虚无主义批判并不成功，他并没有改变整个形而上学的虚无现状。海德格尔认为，尼采的哲学不是对虚无主义的一种克服，而是"向虚无主义的最后一次卷入"②，他在面对这个最高价值罢黜的无价值世界时，采取一种积极的姿态，设立新的价值原则（权力意志）来重估以往的价值原则，从而用一种积极的虚无主义克服了叔本华那种消极的虚无主义。也正是在传统形而上学所携带"遗忘存在"和"价值虚无"的两个特征之下，导致了我们传统西方哲学仍然是在用形而上学的思维对待人，使得人始终是理论主体，而非"实践此在"。

二 主体

海德格尔认为，正是人们对形而上学的误解，使得传统哲学将人理解为主体，而主体作为"理性的动物"并没有让人"把握活生生的本源起因"③。自近代以来，随着传统形而上学的主—客二分对象性思维方式的确立，"人变成主体，主体变成为自我"④，自我把"他者"（小他者：他人，大他者：世界）当成了客体层面的对象，这样

---

① ［德］马丁·海德格尔：《哲学论稿》，孙周兴译，商务印书馆2016年版，第568页。
② ［德］海德格尔：《尼采》（下卷），孙周兴译，商务印书馆2011年版，第1033页。
③ ［德］海德格尔：《存在论：实际性的解释学（1923年夏季学期讲座）》，何卫平译，人民出版社2009年版，第32页。
④ ［德］马丁·海德格尔：《演讲与论文集》，孙周兴译，生活·读书·新知三联书店2005年版，第85页。

就使得人把他人、世界都当成对象，使得自我和他人分离，自我和世界分离。海德格尔认为以上问题的出现都源自哲学家们对于人的错误理解，他们要么把人当成"理性的动物"，要么把人当成"非理性的人"。① 前者是传统形而上学人学主义对人的定义，后者是站在现代人本主义立场看待人。

在海德格尔看来，以传统形而上学为代表的哲学家们（柏拉图、亚里士多德、笛卡尔、康德、黑格尔）一直遵循着自柏拉图以来的传统，把理性当成处于人之中并"符合于理念的至高之物"。柏拉图认为人的本质作为灵魂，可以分为三部分：理性、激情、欲望。理性作为灵魂之中最重要的东西，它是和"理念"（存在）相契合的，它决定着人的本质。亚里士多德则认为人天生是政治的动物，这个政治动物在城邦之中追求的德性，而德性是去"发现和选择中道，这又是由理性所规定的"②。笛卡尔延续这个传统，以"我思"确定了其自明性的基础，运用理性推导出万物。继而，康德认为"人是手段而不是目的"，以实践理性自律而为自我立法。最终，黑格尔认为"实体即主体"，实体不是抽象的、普遍的东西，而是包含主体性的，这就使得客体和主体统一，这样的统一在绝对精神（理性）之中实现。

随着传统形而上学在黑格尔那里得到了完成，人们开始对传统形而上学进行猛烈的批判。现代人本主义者们认为人的本质不是理性，而应该是作为非理性的情感、意志，因为他们更加关注人的现实生存感受。这个流派由叔本华的"意志主体"开启，克尔凯郭尔的"孤独个体"所延续，最后在尼采的"超人"那里发扬光大。（1）叔本华用"意志"改造了康德的"物自体"概念，他认为"世界是我的表象"，表象的认识遵守的是根据律，而意志作为本体，它"作为

---

① ［德］海德格尔：《存在论：实际性的解释学（1923年夏季学期讲座）》，何卫平译，人民出版社2009年版，第25页。
② 刘敬鲁：《论海德格尔对传统形而上学人学的批判》，《哲学研究》1997年第9期。

自在之物处于根据律之外,意志本身并不遵从根据律"。① 在他看来,意志本体不同于不可认知的物自体,一方面意志本体可以通过身体从而被表象性的认识,"意志的每一个活动都立即表现为身体的活动",意志和身体是同一的。② 另一方面意志本体可以通过艺术而被直观性的认识。艺术可以突破知性,重新拉近人和世界的距离。(2) 克尔凯郭尔则认为"存在"不是由逻辑推出来的,而只能是一种主观的体验,它只能被"孤独的个体"领悟。人的伟大之处在于可以超越抽象理性主体而成为可以选择的具体个人,他认为人的"本质不是被给予的、不是从理性中演绎出来的"③,而是通过"非此即彼"④ 的选择产生的。人们通过主观选择"审美、伦理、宗教"三种生活方式而展现出生存的真理。(3) 尼采认为"超人"作为具有强力意志的人,它是具有超越性的。它超越了现实生活中拥有确定价值观的"道德人"和否认任何价值观的"虚无人"。正是强力意志的超越性使得超人成为可能。在强力意志之中,超人的精神变化具有三个阶段:骆驼、狮子、婴儿,超人在骆驼阶段吸收不同价值观,超人在狮子阶段批判确定价值观,超人在婴儿阶段重估、创造价值观。

三 自我和他者的分离

在对哲学史的分析中,我们发现,正是哲学家们对"人的定义"

---

① 杨玉昌:《意志、悲观主义与人的迷失——叔本华意志哲学的人学思想探析》,《云南大学学报》(社会科学版) 2017 年第 3 期。
② 谢地坤主编:《现代欧洲大陆哲学(上)》(第七卷),江苏人民出版社 2005 年版,第 47 页。
③ 王为理:《人之问:思与禅的一种诠释与对话》,上海三联书店 2001 年版,第 65 页。
④ "非此即彼"是一种选择方案。它暗指人民不是选择有就是选择无,不是选择真理就是选择非真理。在黑格尔看来这是一种片面的解决方案,它并没有解决两种对立观点的矛盾性。克尔凯郭尔则赞同"非此即彼"的选择方案。他认为这种选择方案关键不在于选择这个还是选择那个,其关键之处在于选择行为本身所蕴含的伦理性,这种伦理性使得人超越逻辑而成为自由的人。

的偏颇，而导致了自我和"他者"（小他者：他人，大他者：世界）的分离，人们对共同体概念的误解。按照俞吾金在《形而上学发展史上的三次翻转——海德格尔形而上学之思的启迪》中的说法，形而上学的第一次翻转是在理性形而上学内部发生的，它是从"在场形而上学"向"主体形而上学"的翻转。在这翻转之中，"在存在者范围内人成为主体，而世界则成了人的图像"。[①] 依照海德格尔的理解，这种形而上学翻转导致了人和世界的分离。人不再是"在世界之中"的存在者，而是一种分离性的存在者。世界不再是原始的、给予性的，而是成为一种"图像世界"。因而，是作为主体的人让世界支离破碎。

形而上学的第二次翻转则是在主体内部发生的，它是从"理性形而上学"向"非理性形而上学"的翻转。在这个翻转之中，人变得越来越孤独化，自我和他人完全处于冲突状态，人和他人之间的联系被阻断了。与此同时，为了改变这种极端个人化的主体形而上学，海德格尔的老师胡塞尔也提出过自己的解决方案。在他看来，自我和他人是共生的，他人是自我的一个复本，自我通过移情的方式体验到他人，从而达成一种共同体的联结方式。但是在海德格尔看来，胡塞尔搞错了二者的关系，移情式的联结不是产生共同体的关键，共同体的"共在"生存结构才是产生移情的关键，于是海德格尔提出了自己的主体形而上学：此在的形而上学。

第二节 此在形而上学重建

站在传统形而上学人学的框架之外，海德格尔提供了一套与传统

---

① 俞吾金：《形而上学发展史上的三次翻转——海德格尔形而上学之思的启迪》，《中国社会科学》2009年第6期。

形而上学主客思维模式不同的思维框架。在海德格尔看来，传统形而上学的主客思维模式，要么是"客体依赖主体"，要么是"主体依赖客体"①，"抑或两者相互依赖"。② 他认为，这些类型的主客思维模式占据了百分之九十的文献，且原则上总是打断人对于实际生命的体验的。另外，传统形而上学的思维模式总是容易导向一种无立场（中立性）的客观主义或者科学主义倾向，使得人们对实体性理性思维更加的无批判性，让实体化思维更加固化人的思维模式。然而，海德格尔认为，关于人的形而上学不应是一种"主体形而上学"，而是一种关于"此在的形而上学"。

由于"此在形而上学"关乎的是"存在"本身，"自身中隐藏着的形而上学的发生"渊源，是形而上学的奠基活动。③ 它作为形而上学的第一阶段又被海德格尔称为"基础存在论"。④ 此时，人作为那个和其他存在者不同的特殊存在者，他可以借助"生存活动"去展示"存在"，感受"存在"，从而成为"存在的通道"。这样就使得此在形而上学超越了主体形而上学，进入一种"主客未分"的、"有鲜明"立场的思维模式之中。一方面，人不是主体，而是沉浸在世界之中的主客未分，和万物浑然一体的人；另一方面，自我也不再是被他人、世界所决定的、无立场的空白个体，而是可以自我选择的且具有鲜明立场的自主的、自我负责的人。

一 新的形而上学

归根结底，传统形而上学是关于存在者之为存在者的一个考察。

---

① ［德］海德格尔：《存在论：实际性的解释学（1923年夏季学期讲座）》，何卫平译，人民出版社2009年版，第83页。
② ［德］海德格尔：《存在论：实际性的解释学（1923年夏季学期讲座）》，何卫平译，人民出版社2009年版，第84页。
③ ［德］海德格尔：《康德与形而上学疑难》，王庆节译，商务印书馆2018年版，第251页。
④ 参见［德］海德格尔《康德与形而上学疑难》，王庆节译，商务印书馆2018年版，第252页。

在 17 世纪，人们关于形而上学的理解有另外一个名称叫"存在论"。他们认为必须将关于"存在"的学问和关于"上帝、世界、心灵的学问加以区分"①，这样才能真正地对形而上学有所领会。海德格尔就是沿着这条路径走下去的。在《同一与差异》一书中，海德格尔将形而上学定义为：存在—神—逻辑学，他认为形而上学是关于"存在论"和"神学"的统一。在海德格尔看来，传统形而上学只关注"存在者"。一方面，它要么从每个存在者的共同普遍存在者去思考存在者，从而被称作：存在的逻辑学。另一方面，它要么从最高存在者来思考存在者，从而被称作：神学的逻辑学。总而言之，它总是没有关注到普遍的存在者（存在论）和最高的存在者（神学）之间的统一：存在（存在—神—逻辑学）。在海德格尔看来，人们只有在对存在者和存在的差异性的关注之上，才能知道这个作为差异的"存在"本身。海德格尔通过返回步伐的方法论去追踪思考"差异之为差异"的本质来源，从而达到对差异的分解。②在分解之中，"存在"被解蔽，从而作为奠基者出现，存在者则自行庇护进入无蔽之中，成为被奠基的东西，二者不仅分离而且共存。此时"存在"成为"存在者"的根据，"存在"被分解为"存在者"，"存在"就为"存在者"奠基，而"存在者"则引发"存在"，"存在者"就论证着"存在"。海德格尔则将"存在"和"存在者"二者以上的运动过程称为一种"圆周运动"（循环）。③ 正如他在《存在与时间》中所说的："决定性的事情不是从循环中脱身，而是依照正确

---

① 刘开会：《评海德格尔对传统形而上学的批判》，《西北师大学报》（社会科学版）2003 年第 3 期。
② ［德］马丁·海德格尔：《同一与差异》，孙周兴、陈小文、余明锋译，商务印书馆 2011 年版，第 69 页。
③ ［德］马丁·海德格尔：《同一与差异》，孙周兴、陈小文、余明锋译，商务印书馆 2011 年版，第 73 页。

的方式进入这个循环。"①

首先，其实早在《存在与时间》之中，就已经表述过自己如何进入形而上学圆圈的路径，而这种路径摒弃了一切主体形而上学。因为，他将人看作特殊的存在者，人作为存在的展示场所，具有在先的存在领悟。这种领悟作为前理解，又是和"解释"构成循环结构：前理解↔解释。在海德格尔看来，人不只有解释能力，还有前理解的能力，这些都与海德格尔对于人的本质的理解有关。海德格尔认为人的本质是生存，而生存作为人的本质是为了存在，这些都是基于此在的"基础存在论"。他想建立一种以此在的时间境域为基点的形而上学。这种形而上学作为"基础存在论"，是一种科学的形而上学，是一切形而上学的历史极点。所以，正是基于人对"存在"的存在论领悟才导致了各种形而上学的产生，使得"此在形而上学"最终克服了传统形而上学，赢得了"存在"。

其次，我们知道，按照前面的说法传统形而上学经历了两次反转，一次是由柏拉图的在场的理性形而上学转向笛卡尔的主体的理性形而上学，另一次是由笛卡尔的主体的理性形而上学转向尼采的主体的非理性形而上学。在我们看来，传统形而上学的两种反转都是片面的，要么没有克服理性形而上学，要么没有克服主体形而上学，而海德格尔则也看到了传统形而上学的这些缺陷。一方面，他前期思想中使用此在的"基础存在论"克服非理性形而上学，克服人和他人的分离。另一方面，他后期思想中使用"艺术存在论"克服理性形而上学，克服人和世界的分离。

与此同时，既然前面我们已经对此在的"基础存在论"有了明确的论述，那么我们接下来就必然要对海德格尔的"艺术存在论"作一

---

① ［德］马丁·海德格尔：《存在与时间》（修订译本），陈嘉映、王庆节译，生活·读书·新知三联书店2012年版，第335页。

番论述。实际上,海德格尔采用"艺术存在论"取代理性形而上学的原因有两个。一方面,他认为,理性形而上学是一种价值虚无主义,它们只是用理性关注于价值论层面的东西,它顶多是一种道德形而上学,没有看到道德形而上学后面的"存在论前提"。① 由此,道德形而上学归根结底只是对"存在的意义"问题的一种消解。价值的消解导致虚无主义,而"虚无的追问起于存有之真理的问题"。② 海德格尔说"只有真理才使设定前提这类事情成为可能",人们若只关注于价值论,那就会遗忘真理,而真理问题就是存在的意义问题。③ 传统形而上学更多地关注价值论问题,而遗忘了"存在的意义"问题,于是导致了价值虚无主义。

另一方面,他认为只有"艺术存在论"才能解决这种价值虚无主义。艺术作为"存在的真理"的原始发生,是对"存在的意义"问题的展开,能够制造大地和建立世界。在"世界与大地之间的争执的实现"之中,真理进入了艺术作品的敞开域中,展示出"存在的意义"。④ 这样也就使得艺术作品的创作将"真理固定于形态中"⑤,不同的形态代表着不同的形而上学,且每个形而上学"都展现出一个新的和本质性的世界"⑥。此时,海德格尔用"艺术存在论"为世界建立新的价值根据。

---

① [德]马丁·海德格尔:《存在与时间》(修订译本),陈嘉映、王庆节译,生活·读书·新知三联书店2012年版,第335页。
② [德]马丁·海德格尔:《哲学论稿》,孙周兴译,商务印书馆2016年版,第315页。
③ [德]马丁·海德格尔:《存在与时间》(修订译本),陈嘉映、王庆节译,生活·读书·新知三联书店2012年版,第262页。
④ [德]海德格尔:《林中路》(修订本),孙周兴译,上海世纪出版社2008年版,第31页。
⑤ [德]海德格尔:《林中路》(修订本),孙周兴译,上海世纪出版社2008年版,第45页。
⑥ [德]海德格尔:《林中路》(修订本),孙周兴译,上海世纪出版社2008年版,第56页。

二 此在

显然,海德格尔对于形而上学的重建导致他对人的重新理解。在他看来,传统形而上学是站在物理学层面去理解人的,这种理解方式依旧是一种"人类学"意义上的人,它追问的是"人是什么",将人理解为理性的人、主体性的人,而海德格尔所理解的人则是对以往理解的一种超越。他眼中的人是一种"历史性的后物理学"① 意义上的人,这种人关乎的是"历史"和"存在"。他追问的是"人是谁"而不是"人是什么"。② 按照海德格尔的说法,人处于存在和存在者"之间"的位置,不但"这个人是谁,这个问题必须永远摆在和在的关系问题的本质联系中"③,而且"人是谁这个问题必须在提问方式上就已经把与存在者整体相关联的人考虑在内了,并且必须把存在者整体一道置于问题中了"④。

因为,一方面,传统形而上学人学将人理解为"理性的生物",但在海德格尔看来,人的本质其实是一种"把人非人化",人其实比这种理解应该更多,更加的源始,更加的本质。另一方面,传统形而上学将人理解为"主体",但在海德格尔看来,人的本质不是"存在者的主人"⑤ 而是"存在的看护者"⑥。虽然这种理解比主体的理解更少一些,但是它并没有亏损,反而使得自己进入了"存在之真理中"。⑦ 海德格尔认为传统形而上学理解人的方案过于抽象,都只是从

---

① [德] 马丁·海德格尔:《形而上学导论》(新译本),王庆节译,商务印书馆2015年版,第161页。
② [德] 马丁·海德格尔:《哲学论稿》,孙周兴译,商务印书馆2016年版,第392页。
③ 参见 [德] 马丁·海德格尔《形而上学导论》(新译本),王庆节译,商务印书馆2015年版,第161页。
④ [德] 海德格尔:《尼采》(上卷),孙周兴译,商务印书馆2010年版,第383页。
⑤ [德] 海德格尔:《路标》,孙周兴译,商务印书馆2013年版,第403页。
⑥ [德] 海德格尔:《路标》,孙周兴译,商务印书馆2013年版,第403页。
⑦ [德] 海德格尔:《路标》,孙周兴译,商务印书馆2013年版,第403页。

哲学、生物学、人类学层面上"对人的考察和规定"①，把人的本质理解为"身体、心灵、精神之类"②的"存在者层面"的规定。他们都是持有"存在者的真理"的立场去解释人的存在，而遗忘了人的"存在的真理"立场。所以，海德格尔才从"存在的真理"立场出发，把"存在的真理"看成是对存在的一种经验，而人正是基于这种"存在的经验"才成为把握意义的、独一无二的人，这种人被其称为"此在"。海德格尔认为只有这个被称为"此在"的人才是"本真的人"，才能经验存在本身。这个经验存在的过程被海德格尔称为"参与存有之真理的建基"③的过程。正是在这个过程直接性地阐发了海德格尔对人和"存在的真理"的理解。由此，海德格尔才在《关于人道主义的书信》之中根据人和"存在的真理"的关联性，将人的本性定义为"绽出之生存"④，而人的这个"绽出之生存"作为存在的状态，是一切"时—空"性东西的源头。人也只有在"绽出之生存"之中才能"居住在存在之切近处"⑤，成为存在的邻居。可以说，此时的人作为"此在"，既不是主体，也不是客体，而是主客未分意义上的人。他是时时刻刻和"存在"保持着一种内在关联的"本真的人"。

在《哲学论稿》中，海德格尔将这种"本真的人"（此在）描绘为三种：追问者、保存者、守护者。⑥ 在此，我们则可以依据海德格尔哲学的三个阶段，来阐释这三种"此在"。由上可知，我们把海德格尔的哲学分为前、中、后三个时期。如彭富春所说，海德格尔前期哲学的主题是"世界"，中期哲学的主题是"历史"，后期哲学的主

---

① ［德］马丁·海德格尔：《哲学论稿》，孙周兴译，商务印书馆2016年版，第373页。
② ［德］马丁·海德格尔：《哲学论稿》，孙周兴译，商务印书馆2016年版，第372页。
③ ［德］马丁·海德格尔：《哲学论稿》，孙周兴译，商务印书馆2016年版，第373页。
④ ［德］海德格尔：《路标》，孙周兴译，商务印书馆2013年版，第392页。
⑤ ［德］海德格尔：《路标》，孙周兴译，商务印书馆2013年版，第404页。
⑥ 参见［德］马丁·海德格尔《哲学论稿》，孙周兴译，商务印书馆2016年版，第348页。

题是"语言"。与之相对应的,我们就在海德格尔这三个阶段的哲学之上勾勒出三种"此在"。(1) 前期哲学中的"此在"被称为"追问者"。他通过沉浸在世界中去追问"存在的意义"。(2) 中期哲学中的"此在"被称为"保存者"。他通过创造历史去保存"存在的真理"。(3) 后期哲学中的"此在"被称为"守护者"。他通过倾听语言去守护四重世界。①

三 自我和他者的弥合

通过前面的分析,我们知道,在哲学史上,第一次形而上学的翻转是从在场形而上学向主体形而上学的翻转,这导致了人和世界的分离。生活世界成为了"图像世界"。一方面,世界成为一种图像,"图像世界"中的存在者整体以"表象"的形式显示在人的面前。另一方面,人变成主体,以计算、控制的方式征服着整个世界。但是,海德格尔在《存在与时间》中对此直接给予了明确的回答。他认为,人和世界的关系不是控制与被控制的关系,而是"人是在世界之中的"一种沉浸关系。这也就表明,在海德格尔看来,人和世界是不分离的,人不能脱离世界而存在。同时,人也不是一个主体,世界也不是一个图像。世界不是"主体的超越活动中才能达到",而是通过人主动"下决心"脱离公众意见到达的。② 这个时候,人成为"本真的人"(此在),世界成为"背景世界"。

同样地,"背景世界"也可以根据海德格尔前、中、后三个时期分为三种:(1) 前期的"背景世界"是一种操心世界,人通过下决心去生存于"操心世界"之中。(2) 中期的"背景世界"是一种艺

---

① 在《哲学论稿》中,海德格尔说:"人〈乃是〉:1. 存有(本有)之寻求者,2. 存在之真理的保护者,3. 最后之神的掠过之寂静的守护者"(参见 [德] 马丁·海德格尔《哲学论稿》,孙周兴译,商务印书馆 2016 年版,第 348 页)。

② [德] 马丁·海德格尔:《存在与时间》(修订译本),陈嘉映、王庆节译,生活·读书·新知三联书店 2012 年版,第 71 页。

术世界，人通过创造艺术作品而栖居于"艺术世界"之中。(3) 后期的"背景世界"是一种语言世界，人通过倾听神的语言呼唤，守护在语言世界之中。海德格尔整个对世界的理解是建立在对存在问题的层层追问之中的，一方面，存在问题从存在者（Seined）推进到"存在"（Sein），再到"存有"（Seyn），最后到"本有"（Ereignis）；另一方面，"背景世界"，也从"操心世界"推入"艺术世界"，最后到"语言世界"。

另外，我们知道，在哲学史上，第二次从形而上学的翻转，是在主体形而上学内部发生的。它从理性形而上学向非理性形而上学的翻转，导致了人的极端自我化，使得自我和他者的分离。按照海德格尔的观点，人和他人之间并不是分离的，二者是"共在"的。人不但可以在世界之中存在，通过对背景世界的沉浸，从而和"存在"关联，而且人还可以"在世界之中"和他人"共在"，这个时候自我和他人的分离可以通过"共在"概念被圆满解决。在海德格尔看来，"共在"其实就是共同体的一种内在先天结构。他认为，人只有在这个被预先给定的先天结构之中，真正的共同体才能实现。

我们知道，在海德格尔的哲学中，并没有一套完整的共同体理论，也并不专门地研究共同体问题。可是，他对共同体问题的独特洞见足以构成现代性困境的一种回应。在此，我们可以依循着他的哲学中不同时期的不同主题，尝试着描绘出一种属于他的"共同体"理论的某种思考，从而为当代共同体理论寻找一个新突破口。因为，当代的共同体理论作为一种哲学理论，在当代政治哲学之中碰到了很大的瓶颈。人们更多的是把共同体理论当成社群主义对于自由主义理论的一种补充。它只是对自由主义所预设的原子个人的一种批判性的思考，而无法从根基上撼动当下自由主义的根基。即使你是一个很强的社群主义者，那也很难再反驳自由主义。因为现代人是处于自由市场之下的人，而自由市场下的人是一种个人的、原子的、自私的个体，所以社群主义对"共同体优先于个体"的预设是很难驳倒自由主义的。人们至多只会对共同体主义者的人道主义态度保持欣赏和赞同，而对他们的立场表示怀疑。因此，既然，我们站在社群主义内部不能驳倒自由主义。那么我们或许就应该试着站在社群主义外去思考共同体问题。

正如柯小刚对于政治的评述逻辑："以至于越是与所谓'政治'无关的东西才越有可能是政治的。"① 于是，我们也可以沿着其逻辑得出：以至于越是与所谓"共同体"无关的东西才越有可能是共同体的。我们兴许只有这样才能找到驳倒自由主义的可能性，为社群主义的共同体理论增添一种新的理论视野。虽然我们很难将海德格尔的存在论问题和社群主义联系起来。但是我们发现，一方面，海德格尔的很多学生都是伟大的政治哲学家，如施特劳斯、马尔库塞、阿伦特。另一方面，很多受海德格尔哲学影响的哲学家们也都是研究共同体问题的专家，如哈贝马斯、阿甘本、吕克·南希。所以，我们不得不说，即使海德格尔没有提出一套令人信服的、完整的共同体理论，但是我们绝对不能说他没有共同体层面的思考。我们甚至可以说，海德格尔站在当代共同体理论的门槛之外，反而也许可以提供一个我们驳倒自由主义的视角。

第三节 当代实践哲学转向

众所周知，在黑格尔哲学之后，形而上学终结，后形而上学时代来临。西方哲学界由此从"理论哲学"转向"实践哲学"。无论是马

---

① 柯小刚：《思想的起兴》，同济大学出版社2007年版，第49页。

克思的"改变世界"代替"解释世界",还是海德格尔的"生存世界"取代"科学世界",抑或是哈贝马斯的"主体间性"超越"主体性",都在努力恢复哲学上的实践导向,这类导向最早源自亚里士多德对"实践"的思考。在亚里士多德那里,知识分为三类:理论、制作、实践。实践作为"关于行动"的实践智慧,不同于理论与制作。一方面,"实践"考虑的是"变化的事物",而不是"理论"所谈论的"不变的事物";① 另一方面,"实践"是指向"自身"的道德活动,而不是"制作"关注的"外在"技艺活动;虽然在亚里士多德那里,"理论"是高于"实践"的,"理论生活方式居于古代生活方式之首"。② 但是,随着哲学史的发展,人们逐渐看到理论哲学缺乏现实性的弊端,特别是在海德格尔以"生存主体"批判"理论主体"的广泛影响之下,哈贝马斯、罗蒂、泰勒等人的后形而上学理论逐渐成熟,哲学问题的重心也真正开始从"理论"视域下的"本体论"和"认识论"领域,转向了"实践"视域下的"道德哲学"和"政治哲学"领域。

一 后形而上学

众所周知,"理论哲学"的核心问题是"形而上学"问题。在西方哲学史中,形而上学作为第一哲学,一直占有主导性地位。无论是古希腊哲人那种以"直观"方式来关注"世界的本体"的"客观形而上学"(如巴门尼德的存在论、柏拉图的理念论),还是近代哲人那种以"反思"方式来讨论"人的认识能力"、"主观形而上学"(如笛卡尔的"我思故我在"、培根的"知识即力量"),他们的哲学起点

---

① [古希腊]亚里士多德:《尼各马可伦理学》,廖申白译,商务印书馆2003年版,第171页。
② [德]于尔根·哈贝马斯:《后形而上学思想》,曹卫东、付德根译,译林出版社2012年版,第31页。

都预设了某种本质,这被高清海称为"本质前定"的形而上学。① 这种"本质前定"的哲学就是"理论哲学",它以理论思维去追问人的世界,认为人的世界是由某种超验或者先验的实体所决定的。但是,这就导致一个问题:人的具体生存世界被抽象形而上学体系僭越。一方面,当我们以主观形而上学来把握世界的时候,世界成为由普遍概念组成的抽象世界。另一方面,当我们以客观形而上学来把握世界的时候,世界成为由本质物质构成的绝对世界。这样,人的生存世界陷入抽象、普遍、本质、绝对之中。

于是,为了摆脱理论世界的困境,哲学家开始进行"反形而上学"运动,使得人们从"传统形而上学"转向"后形而上学"。一方面,现代哲人以"反形而上学"为宗旨,或以人本主义的"丰富人性"取代传统形而上学的"抽象的人性",或以科学主义的"科学理性"取代传统形而上学的"绝对理性";另一方面,基于"反形而上学"无法彻底进行,我们需要从"形而上学"转向"后形而上学"。因为,若我们"追求反形而上学的彻底性,这本身就是一种形而上学。"② 所以,为了把我们带出"形而上学思想与反形而上学思想之间无休止的争论怪圈"。③ 我们需要在"形而上学"和"反形而上学"之间保持某种张力,才能跳出实体思维,重构形而上学,这类重构的形而上学被称为"后形而上学"。

在受海德格尔影响的后形而上学哲学家(哈贝马斯、罗蒂、泰勒、列维纳斯、梅洛-庞蒂等人)那里,人们不再认为世界是由某种超验或先验的实体所决定。正如马克思所言,"全部社会生活在本质上是实践的",人应该由生活实践所构造。④ 一方面,按照哈贝马斯的

---

① 高清海:《形而上学与人的本性》,《求是学刊》2003 年第 1 期。
② 常建:《反形而上学还是后形而上学》,《文史哲》2002 年第 6 期。
③ [德]于尔根·哈贝马斯:《后形而上学思想》,曹卫东、付德根译,译林出版社 2012 年版,第 43 页。
④ 《马克思恩格斯选集》第 1 卷,人民出版社 2012 年版,第 135 页。

说法，我们的理论"深深扎根在前科学的实践以及我们与人与物的交往中"。① 在实践中，我们回归了前形而上学、前理论、前科学的"生活世界"，世界由"抽象"转向"具体"。另一方面，如罗蒂所言，"世界不说话，只有我们说话"。② "作为实践的艺术和政治是'制造真理而非发现真理'，而作为理论的科学和宗教则是'发现真理而非制造真理'"③。人作为实践承担者，必然也承担着制造真理的使命。以上这些结论都导向一个结果：实践哲学取代了理论哲学，成为第一哲学。在我们看来，作为第一哲学的实践哲学大体上有三类特征：

第一，"间性存在论"取代"实体形而上学"；④ "形而上学"本意为"物理学之后"。物理学研究变化的自然，而形而上学研究不变的实体。无论是古代本体论的"宇宙实体"，还是近代认识论的"自我实体"，都是建立在实体形而上学之上的。这种实体思维所遵循的总是某种"绝对的、本质的、非时间性的"、"基础主义"原则，从而使得形而上学"哲学传统所提供的永远都是私人概念或封闭性的否定图式"⑤。如果我们要把这种形而上学从封闭中解放出来，就必须改变实体思维，转而去面对"多元、差异和他者"⑥。在这个过程中，"所谓不可通约的世界的界限被跨越了"⑦。

---

① ［德］于尔根·哈贝马斯：《后形而上学思想》，曹卫东、付德根译，译林出版社2012年版，第7页。
② ［美］理查德·罗蒂：《偶然、反讽与团结》，徐文瑞译，商务印书馆2003年版，第15页。
③ 参见［美］理查德·罗蒂《偶然、反讽与团结》，徐文瑞译，商务印书馆2003年版，第12页。
④ "间性存在论"概念参见李金辉《从"实体"到"间性"：一种"间性存在论"的哲学形态》，中国自然辩证法研究会2013年学术论文集。
⑤ ［德］于尔根·哈贝马斯：《后形而上学思想》，曹卫东、付德根译，译林出版社2012年版，第166页。
⑥ ［德］于尔根·哈贝马斯：《后形而上学思想》，曹卫东、付德根译，译林出版社2012年版，第156页。
⑦ ［德］于尔根·哈贝马斯：《后形而上学思想》，曹卫东、付德根译，译林出版社2012年版，第139页。

此时，哲学家们开始尝试用"间性存在论"取代"实体形而上学"，以"间性身体"或"间性语言"为中介，去打破主体和客体之间，自我与他者之间的壁垒。如梅洛-庞蒂的"灵化身体"、哈贝马斯的"交往语言"。一方面，在哈贝马斯的语言交往中，行为者从自我中心走出来，走向主体间性的公共领域；另一方面，在梅洛-庞蒂的身体行为的交叉处，产生"人和世界的交织，人与人相互之间的交织"，使得自我偏离中心，同他人休戚与共。① 可以说，无论是身体还是语言，二者作为人类日常生活世界中的意义发生"域"，是人进行实践的场所。正因为身体或语言所具有的"间性"特征，它们作为"中介"，才能"介入"生活世界，使得世界有差异、活动、变化。②

第二，"实践智慧"优先于"理论逻辑"；在实践哲学中，实践并不只是一种活动，而且是一种智慧，这种智慧被称为"实践智慧"。如果说哲学代表的是"爱智慧"的学问，那么实践哲学则意味着对"实践智慧"的爱。在哲学史上，实践哲学大致上包含两类，一类是传统意义上"关于实践的哲学"或者"实践性质的哲学"，另一类是现代意义上"作为实践的哲学"或者"实践本身的哲学"。前者关乎的是各种具体的实践领域，如道德实践、技术实践，而后者关乎的是实践本身，"跨越特定的实践领域，对行动、实践做元理论层面的研究"③。

同时，与之相对应的实践智慧也可分为两种："一类是从'智慧'及其衍生视角看'实践'"，其重心在"智慧"上，遵循"智慧学"

---

① [法]莫里斯·梅洛-庞蒂：《可见的与不可见的》，罗国祥译，商务印书馆2008年版，第107页。
② 参见[法]莫里斯·梅洛-庞蒂《可见的与不可见的》，罗国祥译，商务印书馆2008年版，第116页。
③ 杨国荣：《人类行动与实践智慧》，生活·读书·新知三联书店2013年版，自序，第1页。

路径；①"智慧学"涉及的是"传统形而上学"中"是什么"的"实然"问题与"应当成为什么"的"应然"问题。"实然"问题归属于"技术实践论"（如培根、马基雅维利），而"应然"问题归属于"道德实践论"（如亚里士多德、康德）。"第二类是从'实践'及其衍生视角看'智慧'"，其重心在"实践"上，遵循"实践学"路径；②"实践学"涉及的是"间性存在论"中"如何做"的"实践"问题。"实践"问题归属于"元理论"层面（如马克思、海德格尔、哈贝马斯）。

在亚里士多德眼中，第一类"实践智慧"属于传统形而上学的概念范畴，是"形而上学智慧"在实践中的应用，它只能用来促进"理论智慧"。因为"理论智慧"研究不变的、必然的事物，是关于思辨、持久、最高的快乐，而"实践智慧"研究变化、具体的事物，是关于实践、正确、中庸的选择。前者主题是"真理"，后者主题是"善"，二者是分离的。但是，按照杨国荣老师的理解，它更赞同第二种"实践智慧"。因为这类实践智慧作为"实践过程"，可以通过对具体情境的分析，"不断地化解理论性知识与实践性知识之间的张力"③，"在赋予智慧以实践品格的同时，又使实践获得了智慧的内涵"④。于是，作为"做"的"实践"（改变世界）、作为"是"的实然（解释世界）和作为"应该"的"应然"（规范世界）三者得到统一，我们便由抽象的理论世界或者科学世界转向具体的"生活世界"。

第三，"生活世界"取代"科学世界"；按照后形而上学哲学家哈贝马斯的观点，在"实践哲学"复苏的过程中，哲学家们开始将注意力从理论的"科学世界"转向了实践的"生活世界"，从"天上"回到"凡尘"。因为作为理论哲学的"科学世界"，它总是"预设了

---

① 田海平：《"实践智慧"与智慧的实践》，《中国社会科学》2018年第3期。
② 田海平：《"实践智慧"与智慧的实践》，《中国社会科学》2018年第3期。
③ 杨国荣：《论实践智慧》，《中国社会科学》2012年第4期。
④ 杨国荣：《论实践智慧》，《中国社会科学》2012年第4期。

一个超越于现实生活世界的阿基米德点,一个能够供理论活动主体构造整个世界的原点",在这个原点中一切体系哲学被构建起来。① 但是,科学世界是一种"残缺不全的概念"②,会"引起生活世界的非人化和现代化,进而导致生活世界意义的丧失"③。正如胡塞尔在《欧洲科学危机和超验现象学》中所阐述的,在科学世界中,"现代人让自己的整个世界观受实证科学支配"从而"漫不经心的抹去了那些对于真正的人来说至关重要的问题"(如人生有无意义问题)④。

于是,哲学家们逐渐发觉,人是生活在现实世界之中,具体的、实践的、有限的社会主体,而不是抽象的、理论的、无限的孤独个体。人生意义其实是由主体在生活世界的实践之中所赋予的。"生活世界是主体的前提"⑤,能给予"人"以"原初的意义"⑥。因为,生活世界"不是什么个体成员组成的组织,也不是个体成员组成的集体",而是日常交往的产物。⑦ 在日常交往中,人从第一视角的"行为者"或者第三视角的"观察者"视野跳出来,进而转向第二视角的"参与者"姿态,从而达成"主体之间""非强制性"的共识。在这种"共识"中,人能不断地自我认同,而获得源源不断的人生意义,使得"生活世界"形成和再生。

综上,正是得益于海德格尔"存在论"思想对形而上学的巨大影

---

① 王南湜:《回归生活世界意味着什么》,《学术研究》2001 年第 10 期。
② [德]埃德蒙德·胡塞尔:《欧洲科学危机和超验现象学》,张庆熊译,上海译文出版社 1988 年版,第 9 页。
③ [德]于尔根·哈贝马斯:《后形而上学思想》,曹卫东、付德根译,译林出版社 2012 年版,第 154—155 页。
④ [德]埃德蒙德·胡塞尔:《欧洲科学危机和超验现象学》,张庆熊译,上海译文出版社 1988 年版,第 5 页。
⑤ 王南湜:《辩证法:从理论逻辑到实践智慧》,武汉大学出版社 2011 年版,代序,第 11 页。
⑥ [德]埃德蒙德·胡塞尔:《欧洲科学危机和超验现象学》,张庆熊译,上海译文出版社 1988 年版,第 59 页。
⑦ [德]于尔根·哈贝马斯:《后形而上学思想》,曹卫东、付德根译,译林出版社 2012 年版,第 86 页。

响力,后形而上学时代,传统形而上学饱受批评,实践哲学得以逐渐复苏。如马克思所言,形而上学在实践中已经威严扫地。哲学家们试图用"开放的间性存在论""具体的实践智慧""属人的生活世界",来化解传统理论哲学所携带的"形而上学的封闭化""理论智慧的抽象化""科学世界的非人化"的理论缺陷。

二 他者哲学

如前所述,科学时代,意识主体的不断强化,导致了他者地位越来越处于边缘化。意识哲学(主体形而上学)的"唯我理论"倾向,以普遍理性主体来否定他人的优先性,"要么将他人纳入到自我生存的构成环节中,要么将他人看作是一种妨碍自我生存的异己力量,他人因此没有真正的地位"[1]。"他者的否定性让位于同者(der Gleiche)的肯定性。"[2] 但是,海德格尔则认为,人是"为他人之故"而存在的,只有通过对他人的关注,我们才能抛弃对立思维回归圆融的生存之维。紧随其后,受其影响的思想家萨特、梅洛-庞蒂、列维纳斯都纷纷把眼光转向"他者"(如萨特的"他人即地狱"、梅洛-庞蒂的"他人即历史"、列维纳斯的"他人即伦理")。

不同于海德格尔将人与他人的关系还原到先验层面的"共在的生存结构",萨特从实在层面出发,通过与他人面对面的"注视"行为,构造出一个具有冲突性的"共在关系"。在《隔离审讯》(禁闭)戏剧中,萨特描绘了一个名场景:三个死者死后,在地狱里相见,他们既相互喜欢,又相互厌恶,形成煎熬的三角关系(人物A喜欢人物B而拒绝人物C,人物B喜欢人物C而拒绝人物A,人物C喜欢人物A而拒绝人物B)。实际上,这一纠结关系的根结就是"他人"问题。

---

[1] 杨大春:《语言·身体·他者:当代法国哲学的三大主题》,生活·读书·新知三联书店2007年版,第246页。

[2] [德]韩炳哲:《他者的消失》,吴琼译,中信出版社2019年版,第1页。

萨特指出，由于"我是别人认识着的那个我"①，我时刻都"被他人看见"②。在他人注视下，我的存在沦为他人的一个客体。此时，在他人的注视中，自我开始发生异化，从"自为存在"变成"自在存在"。于是，他宣称"他人即地狱"，他人与自我的关系是冲突式的存在。

但是，萨特继续说道，"他人即地狱"本意是"如果与他人的被扭曲了，被败坏了，那么他人只能够是地狱。……其实，对于我们认识自己来说，他人是我们神圣最为重要的因素……"③。换句话说，萨特在一定程度上对"他人"问题持肯定态度而非否定态度。因为，自我和他人的关系也暗含着某种和谐共在的可能性。一方面，自我和他人处于消极的冲突关系中，自我被他人的注视异化；另一方面，自我和他人又处于积极的共在状态，自我可以通过自由选择脱离他人，"这种摆脱本身由于是自为的存在而使得有了一个他人"，反倒让自我与他人都变得自由。④ 所以，萨特认为，"我们的关系不是一种面对面的对立，而毋宁是一种肩并肩的相互依赖"⑤。正是通过人的"自为存在"对"自在存在"的超越，他人与自我的"冲突关系"转变为"和谐关系"，"冲突关系"反倒成为了"共在关系"走向和谐的一大基础。

梅洛-庞蒂对此提出质疑，他反而认为，人与人的"共在关系"才是"冲突关系"的基础。"共在关系"作为一种和平关系，是童年

---

① [法]萨特：《存在与虚无》（修订译本），陈宣良等译，生活·读书·新知三联书店2019年版，第328页。
② [法]萨特：《存在与虚无》（修订译本），陈宣良等译，生活·读书·新知三联书店2019年版，第324页。
③ [法]萨特：《他人就是地狱：萨特自由选择论集》，关群德等译，天津人民出版社2007年版，第9页。
④ [法]萨特：《存在与虚无》（修订译本），陈宣良等译，生活·读书·新知三联书店2019年版，第355页。
⑤ [法]萨特：《存在与虚无》（修订译本），陈宣良等译，生活·读书·新知三联书店2019年版，第311页。

生活的特征，指向的是主体间的共在世界。在这个世界，"儿童生活在他一开始就以为在他周围的所有人都能理解的一个世界中"①。只是，从儿童生活转向成人生活之后，人逐步形成自我意识，而"每一个意识都希望另一个意识死亡，"从而把他人当作对象。就这样，诸意识之间形成冲突，使得人与人的共在关系变得不可理解。因而，"他人还在我面前，被认为是对我的一种威胁，都只是后来的事情"②。萨特只不过是"被童年抛弃，走向成年生活"的典型代表③。

如果说，萨特面对的是一个非此即彼的意识世界，那么梅洛－庞蒂所回归的就是一个原初统一的身体世界。在这个世界，自我和他人的关系不再纠缠于"共在"或"冲突"之间的选择问题，而是"要不断的寻找模糊的、漂移着的、自我和他人之间的结合点"④。在这个由身体构成的结合点中，产生自我和他人之间的交互，通过交互实现"无重合的同一性、无矛盾的差异性"⑤。由此可见，梅洛－庞蒂并不仅仅是呼吁我们回归"共在"的儿童生活，而是透过儿童生活背后的"身体间性"，倡导一种人与他人、人与世界的"可逆性"交互关系。因为，在梅洛－庞蒂看来，不但自我和他人，连同整个世界，都是活生生的身体。身体既作为自我与他人的联结纽带，也是人介入世界的中介。所以，梅洛－庞蒂，试图用"可逆性"的"身体间性"来消解人与人之间的"冲突关系"与"共在关系"的选择，进而实现冲突关系与共在关系的暧昧共存。

---

① ［法］莫里斯·梅洛－庞蒂：《知觉现象学》，姜志辉译，商务印书馆2001年版，第446页。

② ［法］莫里斯·梅洛－庞蒂：《知觉现象学》，姜志辉译，商务印书馆2001年版，第446页。

③ ［法］莫里斯·梅洛－庞蒂：《符号》，姜志辉译，商务印书馆2003年版，第30页。

④ 吴晓云：《他人问题的转移：梅洛－庞蒂与马克思主义》，《湖北大学学报》（哲学社会科学版）2010年第3期。

⑤ 参见［法］莫里斯·梅洛－庞蒂《可见的与不可见的》，罗国祥译，商务印书馆2008年版，第446页。

异于海德格尔将他人放在此在的第二义位置，列维纳斯则将"他人"放在第一义位置。如若，海德格尔认为，西方哲学最大的问题是遗忘了"存在"，只有让人关联存在，重塑存在论，才能回归本真状态。那么，列维纳斯则指出，西方哲学最大的问题在于遗忘了"善"，只有真正面向"他人"，以"伦理学"取代"存在论"，才能超越传统哲学。在对"他人问题"的阐释中，他以梅洛－庞蒂、萨特为靶子，构建出一套"他人即伦理"的伦理体系。首先，列维纳斯反对梅洛－庞蒂的可逆性观念，强调自我和他人之间的"不对称性"或"不可逆性"关系。他指出，他人作为"绝对的新事物"[1]，并不能被自我纳入同一性表象中，否则世界将因缺乏对话者，使得"复多性被吸收，话语被终结"。[2] 于是，他强调，我们应该放弃占有他人，呼吁对他人的责任。其次，列维纳斯所强调的"对他人的责任"是一种"绝对责任"，这与萨特的"绝对自由"相抵触。在萨特那里，自我和他人始终处于冲突状态。在他人的注视下，自我的"绝对自由"受到限制。在自我对他人的超越中，自我回归绝对自由。但列维纳斯指出，萨特对人的理解深陷"同一性"旧巢，自我与他人的冲突模式不过是对主体性的强化。如要超越主体哲学，就必须关注他人哲学，更确切地说是关注作为弱势群体的他者。

在列维纳斯看来，一方面，他人与自我的关系并不处于同一层级，而是先于自我的在先存在。梅洛－庞蒂和萨特误将自我和他人放在同一层级，认为二者具有可通约的"间性身体"或"绝对自由"。另一方面，列维纳斯所指的他人通常指的是"陌生人、寡妇和孤儿"的弱势群体，而萨特的他人是拥有绝对自由的强势群体。强势群体的

---

[1] ［法］伊曼纽尔·列维纳斯：《总体与无限：论外在性》，朱刚译，北京大学出版社2016年版，第206页。

[2] ［法］伊曼纽尔·列维纳斯：《总体与无限：论外在性》，朱刚译，北京大学出版社2016年版，第204页。

凝视带来的是暴力,而弱势群体的面对面则让伦理成为可能。由此可见,他人并不构成对自我的威胁,反而为自我的构建提供伦理基础。正是在对他人问题的关注中,主体形而上学才被扬弃,自我反而被构建。于是,列维纳斯指出:"正是就他者与我的关系不是互惠的而言,我归属于他者。也正是在这个意义上,我成为根本的主体。"

综上所述,海德格尔虽然通过"实践主体"(此在)对"意识主体"进行了批判,将人与人的伦理关系还原为人与物的实践关系,进而忽视了"他人问题"。但是,通过萨特的"自为存在"、梅洛-庞蒂的"灵性身体"、列维纳斯的"他人面孔"对他人问题的三重解释,实现了"主体性哲学"向"他者哲学"的转向,弥补了海德格尔哲学思想中的缺憾。

三 关系理性

然而,面对海德格尔对"他者"怀有的积极态度,霍耐特还是予以赞赏。他指出,海德格尔对他者始终还是"承认"的,这显示在人与周遭环境的交互(操心)的关系。这类关系从参与者角度介入他者,能反抗以旁观态度对待他者的"工具理性",从而克服工具理性造就的"物化"后果。在参与者立场的支撑下,海德格尔的暗含的"关系理性"一面逐渐浮现。此时,到底是以"观察者"还是"参与者"角度对待他者成为问题的关键。[①] 赵汀阳指出"关系理性作为构建共在状态的理性原则",是解决人类的冲突问题的关键。[②] 一个"关系理性"主导的共在世界,是"一个合作最大化并且冲突最小化的世界"[③]。由此可见,海德格尔的"共在理论"可以为当代"理性

---

① 参见[德]霍耐特《物化:承认理论探析》,罗名珍译,华东师范大学出版社 2018 年版,第 44 页。
② 赵汀阳:《第一哲学的支点》,生活·读书·新知三联书店 2017 年版,第 259 页。
③ 赵汀阳:《第一哲学的支点》,生活·读书·新知三联书店 2017 年版,第 259 页。

原则"的构建指明方向。正是依循海德格尔对工具理性的批判与影响,我们才认为有四类理性原则与海德格尔密切相关,它们分别是:工具理性、价值理性、交往理性、关系理性。

首先,价值理性对工具理性的超越。工具理性批判的代表人物是马克斯·韦伯。他察觉到,新教伦理关涉世俗,促进了资本社会发展。但是,随着资本社会日渐壮大,"获胜的资本主义已不再需要这种伦理精神的支持,因为资本主义有了机器这个基础"①。机器中的工具理性成为打压新教中价值理性的核心要素。此时,工具手段取代价值目的,我们的日常生活多以工具理性导向的物质主义、功利主义、官僚主义,而缺少以价值理性主导的伦理、博爱、责任,使得工业社会反成为现代人的生活牢笼。如功利主义用"利益目的"转化为"伦理价值"。为了打破此牢笼,我们需要对工具理性和价值理性做一番考究,才能保持二者合理张力。

从同一性的角度看,工具理性和价值理性最初在新教伦理那是统一的。一方面,异于崇尚彼岸世界的天主教、路德派,加尔文派新教鼓励人们进入世俗社会,企图在宗教生活和世俗生活之间架起桥梁;另一方面,"近代"的资本主义精神与现代资本主义的唯利是图不同,有一种献身劳动的"天职"思想,这与清教徒的职业禁欲相符。② 但是,韦伯绝不是主张,只有清教徒才能拯救这个世界。他认为,工具理性与价值理性的分离无法避免。随着资本主义的发展成熟,二者关系逐渐失衡。人们对"世俗的经济利益"追求超过了"宗教的意义指引",使得工具理性压倒价值理性,意义价值成为私人领域的追求。

从差异性的角度看,工具理性和价值理性是两类不同的理性。韦

---

① 参见 [德] 马克斯·韦伯《新教伦理与资本主义精神》,康乐、简惠美译,广西师范大学出版社2007年版,第187页。
② 参见 [德] 马克斯·韦伯《新教伦理与资本主义精神》,康乐、简惠美译,广西师范大学出版社2007年版,第184页。

伯指出,"工具理性的(zweckrational),它决定于对客体在环境中的表现和他人的表现的预期;行动者会把这些预期用作'条件'或者'手段',以实现自身的理性追求和特定目标";"价值理性的(wertrational),它决定于对某种包含在特定行为方式中的无条件的内在价值的自觉信仰,无论该价值是伦理的、美学的、宗教的还是其他的什么东西,只追求这种行为本身,而不管其成败与否"[①]。前者涉及的是事实层面,具有客观合理性。它根据自身目标,通过理性计算选择最有效的手段。后者涉及价值判断,具有主观合理性。它根据自身信仰,无条件服从绝对命令。如若"从工具理性的观点来看,价值理性总是无理性的",它为信仰献身而不考虑行为后果。那么从价值理性的观点来看,工具理性总是"非人化"的,它依据官僚制把人看作手段而非目的。

沿着韦伯的思路,海德格尔试图用价值理性(伦理学)取代工具理性(认识论)。他将技术的本质看作"座驾"。在技术的座驾中,万物成为存料,并"无差别的为了一切事物和每一件事物定制公共",使得物的"物性"消失、人成为"非人性"存在。为破解工具理性引发的危机,海德格尔倡导人们倾听语言、守护存在,回归本真状态,从而达到"源始伦理学"意义上的诗意栖居。但是,在哈贝马斯眼中,无论是韦伯对工具理性的强调,还是海德格尔对价值生成的阐释,二者都暗含理论缺陷。

其次,价值理性向交往理性转向。虽然,韦伯通过工具理性对"世界祛魅",看到了现代世界"合理性"的增长。但是,他重视工具理性而忽视价值理性,将价值放入私人领域,使得法律与价值分离,造成价值无法制度化的困境。尽管,海德格尔试图回归传统源始

[①] [德]马克斯·韦伯:《经济与社会》(第一卷),阎克文译,上海世纪出版社2010年版,第114页。

"实践"世界，以克服主体性带来的理论危机。然而，他的实践哲学依然深陷主体性泥潭。由于"存在"只有通过人的筹划实践才得以展现，使得"在世存在"刚脱离（思维）主体，就又重回（实践）主体。于是，哈贝马斯通过对韦伯和海德格尔哲学思想的深入分析，提出"交往理性"理论已融合工具理性与价值理性，并试图超越二人对理性的误用。作为"重构理性"的交往理性，不但吸收了韦伯的"合理性"与海德格尔的"实践"立场，而且防止了人们陷入工具理性对象化与价值理性总体化的双重陷阱。

一方面，哈贝马斯指出，交往理性强调主体间在"日常语言交往行为"中，"不受强制的前提下达成共识"。① 这种"非强制性"语言沟通是基于第二人称视角（参与者），而非第一人称（意识者）与第三人称（观察者）视角。第一人称视角基于价值理性的抽象选择，把他人当作"对手"。第三人称视角基于工具理性的庸俗目的，把他人当作对象。但是，在第二人的日常实践交往中，行为者们开始互换视角，把他人当作"合作者"，以交往理性克服工具理性的物化以及价值理性的虚无化。

另一方面，交往理性作为一种实践合理性，由言语行为的三类"有效性要求"所决定，它们分别是：命题真实性要求、规范正确性要求、主体真诚性要求。②（1）"命题真实性"强调陈述外部世界的客观事实，排除主观断言误导；（2）"规范正确性"注重语境周围社会的义务责任，防止金钱与行政权力渗透；（3）"主体真诚性"侧重言语者内在情感的真正意图，拒绝谎言欺骗。相比之下，由工具理性主导的策略行为因脱离具体语境，只能遵循"普遍"有效性要求，重

---

① ［德］尤尔根·哈贝马斯：《交往行为理论 第1卷》，曹卫东译，上海人民出版社2021年版，第27页。
② 参见［德］于尔根·哈贝马斯《后形而上学思想》，曹卫东、付德根译，译林出版社2012年版，第69页。

视普遍进步价值,从而忽视客观真实、规范正确、意图本真等特殊价值。因此,正是在交往行为而非策略行为的有效性要求引导下,我们的交往行为才能超越主体意图的合理性行为,成为真正的有能力者。

最后,交往理性向关系理性转向。实际上,海德格尔强调客体,哈贝马斯强调主体。由于二者侧重点不同,海德格尔关注"人与存在的关系",用"在世存在"消解主体的基础,而哈贝马斯重视"人与人的关系",用"间性存在"强化主体的理性能力。然而,按照赵汀阳的理解,即使是哈贝马斯"'真诚的'语言的交往行为仍然在许多事情上无能为力"。"交往理性虽是理性主义的一个重要进展,但交往理性解决冲突和分歧的能力仍然很不乐观。交往理性也许足以解决'心思'(mind)的歧异,却无力解决'心意'(heart)的分歧。"例如:当主体面对人际间利益冲突和信念冲突等原则性问题时,交往理性说看重的"更好的论证"就难免失败。

因而,赵汀阳说道:"假定在一个充分对话和交往的语言游戏中,所有事实都被说到了(理论上可能),但说清楚问题并不等于解决问题,问题终究只能在实践中解决,而实践的选择往往并不听从语言的选择,人们往往言行不一,对利益的理性考虑或者对精神的坚守往往强过道理——道理既不是不可阻挡的真理也不是挡不住的诱惑。"① 并且,由于做坏事的报应并非现报,而具有滞后性,从而助长了个体的自私性等恶的滋生。于是,赵汀阳把哈贝马斯"理性论证→互相理解→一致同意"的对话程序,修改为"理性论证→互相理解→互相接受→一致同意"。他提议开拓新的理性能力:关系理性。

在他看来,关系理性就是在共在状态下采取具有普遍可模仿性的行为策略的理性。只有"关系理性成为建构共在状态的理性原则,人们就非常可能建构一个普遍受惠的生活世界,一个满足最优共在原则

---

① 赵汀阳:《第一哲学的支点》,生活·读书·新知三联书店2017年版,第81页。

的世界，也就是一个合作最大化并且冲突最小化的世界"①。正是在赵汀阳对哈贝马斯交往理性的批判中，我们看到了哈贝马斯交往理性不过是"个体理性"的放大版本，他并未逃出个体主义的框架。因为，交往理性虽解决了人与人之间道德应然的论证性问题，而未解决人与人之间的道德实然的实践性问题。问题的关键在于，在个体理性的大背景之下，作为主体的人是无法真正把他人作为道德面孔放于心中的。他只能从理论上理解他人，而无法在实践上接受他人。所以，在交往理性中得出的普遍规范原则并不具有可行性。只有通过用"共在存在论"取代"个体主义"，"关系理性"取代"交往理性"，才能使人与人之间的道德原则能够真正地实行下去，从而建立一个普遍受惠的合作最大且冲突最小的生活世界。

---

① 赵汀阳：《第一哲学的支点》，生活·读书·新知三联书店2017年版，第259页。

第二章 共同体思想的传承、反思与定位

正是在现代性批判的基础之上,海德格尔对共同体的理解有了自己的独特之处。他的共同体理论抛弃了传统形而上学的局限,以"后形而上学"的"存在论"为基础构建起来。然而,从理论传承的角度来说,海德格尔的共同体理论源于对莱布尼茨"单子论"以及胡塞尔"交互主体"的传承。从实践反思的角度来说,海德格尔的共同体反思则源自对"纳粹事件"的实践。基于此,我们需要全方位对海德格尔共同体思想做一次思想定位,才能真正看清其共同体思想的全貌。

第一节 理论传承中的海德格尔

海德格尔弟子比梅尔认为海德格尔一生只思考两个核心问题:"存在与真理"。① 由于"存在"与"真理"问题本身是一体化的,于是我们便可统称其为"存在的真理"。依据彭富春的说法,海德格尔

---

① [德]比梅尔:《海德格尔》,刘鑫、刘英译,商务印书馆1996年版,第30页。

思想大体分为三个时期：前期、中期（转折期）和后期，前期思考的主题是"世界"，中期主题是"历史"，后期主题是"语言"。① 我们要知道，彭富春所说的世界、历史、语言问题，其实也不过是"存在的真理"的不同阶段的产物罢了。

当然，"存在的真理"问题不是海德格尔纯思的产物，而是海德格尔站在哲学史的角度去做批判性的思考所获得的认识。按照海德格尔的理解，真理问题首先是一个判断的问题，判断的问题作为逻辑学的问题，它源自对真理概念的粗俗化的理解。因为真理概念在当代已经成为一种由亚里士多德所开创科学主义主宰的符合论学说。亚里士多德"率先把真理定义为'符合'"，他把"判断认作真理的源始处所"，"真理的本质在于判断同它的对象相'符合'"。② 其次，在中世纪时期，物体和判断命题都是作为神的受造物而出现的，神是二者唯一的尺度。二者的符合论原理源于：物或命题相应的知与相应的物或命题的肖似性。最后，康德也通过它的"哥白尼式革命"，从先验逻辑中将"知识符合于对象"的真理颠倒为"对象符合于知识"的真理。

海德格尔认为，以上的这些传统真理观都是符合论，它们都没有切中真理概念本身。真理概念在海德格尔看来并不是一种"符合"，而应该是一种"揭示"。它是"把存在者从晦蔽状态中取出来而让人在其无蔽（揭示状态）中来看"③ 的揭示。所以，我们可以说，真理在海德格尔那里是一种揭示，将存在敞开出来。它不像符合论，符合论作为对象的同一性，它只是人类内在逻辑同一性真理的体现。在海德格尔看来，符合论作为一种形而上学的逻辑真理观，它并没有根

---

① 参见彭富春《论海德格尔》，人民出版社2012年版，第190页。
② ［德］马丁·海德格尔：《存在与时间》（修订译本），陈嘉映、王庆节译，生活·读书·新知三联书店2012年版，第247页。
③ ［德］马丁·海德格尔：《存在与时间》（修订译本），陈嘉映、王庆节译，生活·读书·新知三联书店2012年版，第252页。

基，而他所赞同的是一种有根基的真理理论，因而他一直追问这种逻辑学的形而上学根基，以此获得"符合真理观"所遗忘的部分。

在对真理问题的追问之中，海德格尔首先是从莱布尼茨的逻辑形而上学基础探讨开始的，他不但从理论上用单子理论为此在的基础存在论奠定基础，而且区分了真理的多种样式："原始真理"、"派生真理：理性真理和事实真理"，从而为真理问题向人的问题提供了过渡。其次，海德格尔又吸取了胡塞尔对于绝对真理追求所基于的人本主义立场，建立了自己的此在的生存世界。一方面，他试图像胡塞尔一样，去质疑"我思故我在"的"我思"的绝对起点。另一方面，他又同时想超越胡塞尔，用"此在"改造了胡塞尔的"意向性"概念，构造一种属于人的有限的"在世的世界"，从而扬弃胡塞尔哲学理论中先验主体所构造的"无限的世界"。可以说，无论海德格尔对于胡塞尔"意向性"还是莱布尼茨"单子学说"的继承，都构成了他独特"共同体"理论的可能性理论资源。他不但用人（此在）改造了真理观，而且以人（此在）重构了一种共同体理论，通过人（此在）将"共同体"和真理（存在论）联系在了一起，建立了一种有存在论根基的共同体理论。

一　莱布尼茨的单子与共同体

从《从莱布尼茨出发的逻辑学的形而上学始基》（1928）、《论根据的本质》（1929）和《根据律》（1955）就可以看出海德格尔对于莱布尼茨思想的重视。张柯认为"从亚里士多德到康德，西方思想呈现着一种二重性追问的传统。对于海德格尔而言，在这个二重性追问的传统中，莱布尼茨的思想具有关键性的枢纽之位置"[①]。海德格尔把

[①] 张柯、张荣：《德国古典哲学的奠基之路——论海德格尔对莱布尼茨的"发现"与"定位"及其意义》，《哲学研究》2016年第8期。

莱布尼茨当成德国古典哲学的奠基者,他的"根据律"是德国古典哲学遵循的最高原则,他的"判断理论和单子论所构筑的二重结构"①是存在和存在者的存在论差异的开启者,这在《论根据的本质》一文中有详细的论述。在海德格尔看来,莱布尼茨的"根据律"是最高的原则,但是"根据律不仅是认知真理意义上的根据律,根据律亦是存在真理意义上的根据律"②。依据张柯的说法,"存在真理"概念其实是一种非实在的有效性,它和认知真理的实在的、时空限定的、因果性的东西无关。这种"存在真理"遵循的是一种本源的超越意志,它代表着和存在的关联。海德格尔认为,一切关于人和他者的关系都基于这个"超越"概念。正是这个本源超越意志让我们从判断理论过渡到单子论,不但为判断理论寻找到逻辑学的形而上学的基础,而且也为单子论的共同体维度的思考提供了方向,为此在(单子)的共同体维度的思考提供理论源泉。

首先,莱布尼茨创造了数理逻辑,他将亚里士多德的逻辑学加以数学化,从而使其获得新的发展道路。他把"命题形式表达为符号公式",认为符号公式作为普遍语言是优于模糊的日常语言的。③ 因为只有在这种符号公式的人工语言(普遍语言)体系之中,我们才能进行精确的理性推演。莱布尼茨认为只有通过将形式逻辑发展为更加数学化的数理逻辑,他所憧憬的"理性演算"的新时代才会到来。简单来说就是:当两个哲学家在哲学问题上发生争执的时候,他们就和计算家、逻辑学家一样,他们不用去辩论,而是只需要拿出笔,聚在算盘

---

① 张柯、张荣:《德国古典哲学的奠基之路——论海德格尔对莱布尼茨的"发现"与"定位"及其意义》,《哲学研究》2016年第8期。
② 张柯、张荣:《德国古典哲学的奠基之路——论海德格尔对莱布尼茨的"发现"与"定位"及其意义》,《哲学研究》2016年第8期。
③ 崔文芊、王绍源:《论莱布尼茨的数理逻辑成就及成因》,《江西社会科学》2013年第6期。

面前，然后说："让我们来计算一下吧。"① 海德格尔则认为数理逻辑作为一种数学推演，它是来自逻辑学的，而逻辑学源于形而上学，形而上学的基础则是"此在"。因此，海德格尔认为当代的数理逻辑过于抽象，远离了生命本身，需要重新哲学化才能回到生命本身。正如莱布尼茨的数理逻辑本身是来自哲学上的存在论，而当代的数理逻辑则摆脱了这样的哲学理论的束缚，完全沉浸在理性主义的无根基的纯思之中。所以海德格尔才试图通过去批判传统逻辑学，找到隐蔽在逻辑学中的形而上学基础，返回到逻辑学的基础的任务之中，进入哲学本身。

其次，逻辑学的核心内容是判断理论。在亚里士多德那里，逻辑学是关于 Logos 的学说，Logos 表示为"话语，陈述，是一种有声的语言表达"②，这种表达是一种陈述，陈述是一种传达活动，它传达出"关于某物说些什么"，如 A 是 B，B 因为从属于 A 而得到某种规定。正是在这种将 Logos 表述为陈述的方式之中，我们需要对陈述出的"概念"予以认可或者拒绝的"判断"，从而才能产生作为判断的联结：推理。这样也就构成了逻辑的三个主要组成部分：概念、判断和推理。推理其实就是我们所说的三段论，三段论是由前提和结论产生的推理，表达为：S 是 P。S 是主词，P 是谓词，而"是"是作为判断的关联词，它是三段论之中的核心词汇。有这个作为判断的"是"的关联词，才能产生作为判断的联结的"推理"，才能将"概念"汇集。

海德格尔认为，当代的逻辑学家误解了亚里士多德，按照亚里士多德在《工具论》中对于逻辑的看法，他并没有想建立起这样一门逻

---

① ［德］亨利希·肖尔兹：《简明逻辑史》，张家龙译，商务印书馆1977年版，第185页。
② ［德］马丁·海德格尔：《从莱布尼茨出发的逻辑学的形而上学始基》，赵卫国译，西北大学出版社2015年版，第31页。

辑学科学。这些逻辑学学科性研究定义都只是属于亚里士多德经院学派的研究产物，他们甚至将亚里士多德关于逻辑（Logos）的描绘冠以《工具论》的标题，这显示出他们"对逻辑学肤浅的—技术化的理解"①。其实，他们误解了亚里士多德的本意，混淆了"逻辑最初所具有的含义"②，将逻辑学的核心概念"判断"（是）误解为符合一种绝对的同一性，而不再将"是"看成一种和存在论相关的"原始的统一"③。这也就导致了逻辑和形而上学的分离，以及判断概念在存在论层面的探讨的消失。但是，其实判断概念是逻辑的核心概念。康德在《纯粹理性批判》里就说，判断才是逻辑学最基本、最核心的要素，"概念和推理都源自判断"④。海德格尔也基于对莱布尼茨判断学说的解构，去寻找逻辑学的核心问题：逻辑的形而上学始基，而这种形而上学基础就是单子论形而上学，这种单子形而上学在海德格尔那里最后表述为："此在"。

  再次，莱布尼茨的判断理论的形而上学基础是单子论。在海德格尔看来，莱布尼茨的判断理论是一种内在包含学说，它的一般结构是："谓词被包含于主词之中"⑤。这个谓词是关于某物的陈述，它的陈述本身就内在于主词之中。海德格尔又说，真理概念复杂，而我们首先应该对"真理的观念"进行澄清，对"什么是真理"进行陈述。他认为"真理应该在陈述中有其位置"⑥。作为判断的"陈述的真理

---

  ① [德] 马丁·海德格尔：《从莱布尼茨出发的逻辑学的形而上学始基》，赵卫国译，西北大学出版社2015年版，第33页。
  ② 王路：《亚里士多德逻辑的现代意义》，《世界哲学》2005年第1期。
  ③ [德] 马丁·海德格尔：《从莱布尼茨出发的逻辑学的形而上学始基》，赵卫国译，西北大学出版社2015年版，第34页。
  ④ 张东锋：《逻辑学的形而上学基础——海德格尔关于莱布尼兹判断与真理学说的存在论阐释》，《浙江学刊》2013年第3期。
  ⑤ [德] 马丁·海德格尔：《从莱布尼茨出发的逻辑学的形而上学始基》，赵卫国译，西北大学出版社2015年版，第50页。
  ⑥ [德] 马丁·海德格尔：《从莱布尼茨出发的逻辑学的形而上学始基》，赵卫国译，西北大学出版社2015年版，第54页。

必然与真理本质具有某种本质性的关联。"① 于是，海德格尔从内在包含的判断理论出发，去分析真理。他说"判断被视为真理之首要的或真正的承载者"②。正是判断理论的内在包含学说，标识出了真理的本质。真理意味着一种"被结合"，而作为判断的陈述又是一种"联结"，那么这种"联结"不就是那个"被结合"的"真理"吗？似乎这是一种循环论证，但是这其实标志着"真理之本质在于谓词与主词之联系"，而这种作为真理本质的联系的"同一性"是判断理论中主谓词之间的内在包含关系的基础。③ 我们也正是出于真理的本性——连接，才描绘出自真理的本质——同一性，这才使得陈述判断成为可能。于是，真理和判断由同一性而关联了起来。

接着，真理在莱布尼茨那里被区分为两种形式：原初真理和派生真理。原初真理是直接的、自身同一的真理，它是自明性的，不需要证明，"对之进行证明是不可能的"④。派生真理则被分为两种：必然性派生的真理和偶然性派生的真理，二者都是需要通过"推导证明"，然后还原到"同一性"的真理，这种类型的真理是次级性的真理。然而，我们又可以通过偶然性和必然性的角度去分析这些真理观。在海德格尔看来，原初真理和"派生真理之中的必然性派生真理"是"永恒的真理"，它关注的是非被造物（如思想和数学形式）的思考，而"派生真理之中的偶然性的派生真理"作为"事实的真理"，它关注的是被造物的存在者，这些存在者是在时间之中的现成存在者。虽然这些"事实的真理"作为非绝对真理，但是莱布尼茨想用"判断

---

① ［德］马丁·海德格尔：《从莱布尼茨出发的逻辑学的形而上学始基》，赵卫国译，西北大学出版社2015年版，第54页。
② ［德］马丁·海德格尔：《从莱布尼茨出发的逻辑学的形而上学始基》，赵卫国译，西北大学出版社2015年版，第54页。
③ ［德］马丁·海德格尔：《从莱布尼茨出发的逻辑学的形而上学始基》，赵卫国译，西北大学出版社2015年版，第56页。
④ ［德］马丁·海德格尔：《从莱布尼茨出发的逻辑学的形而上学始基》，赵卫国译，西北大学出版社2015年版，第60页。

理论"将这种"事实真理"归结为一种同一性的真理,这样就使得绝对真理和事实真理都源自一种先天的同一性原则之中。这样就"将一切真理都归结为同一性"①。

可是,在海德格尔看来,真理和神有着某种密切的关系。因为,一方面,必然性真理和偶然性真理的区分背景暗含了一种"可能性和现实性"的区分,现实性的东西必然是具有可能性的,而可能性的东西却不一定实现。另一方面,上帝则通过直观就能洞见一切的现实性和可能性的东西,绝对的和偶然的真理。这样海德格尔就将真理的本质同一性和神性直观的真理协调在一起。至于如何协调在一起?海德格尔则企图借用莱布尼茨的单子论来解说二者的统一性。他说,单子具有神性直观的能力,"可以直观到同一性的真理"②。这样海德格尔就从对莱布尼茨的逻辑的解构出发,勾勒出一条由逻辑学还原到判断理论,由判断理论还原到真理概念,由真理概念还原到直观,由直观还原到此在,最终追问到逻辑学的形而上学基础的路径。

最后,单子论作为"此在"的理论基础,也促成了海德格尔对于共同体维度的衍生性思考。莱布尼茨的单子论不仅涉及逻辑学维度,还涉及本体论的维度,而"逻辑学正是以这种本体论为基础"③。海德格尔在《从莱布尼茨出发的逻辑学的形而上学始基》中对逻辑学的被遮蔽的根基即"基础存在论"予以探究,想从单子的"在世界之中"的存在结构和《存在与时间》的此在"在世界之中"进行关联,将"莱布尼茨的单子论定义为存在主义的先驱"④。

---

① [德]马丁·海德格尔:《从莱布尼茨出发的逻辑学的形而上学始基》,赵卫国译,西北大学出版社2015年版,第72页。
② 张东锋:《逻辑学的形而上学基础——海德格尔关于莱布尼兹判断与真理学说的存在论阐释》,《浙江学刊》2013年第3期。
③ 段德智:《莱布尼茨哲学研究》,人民出版社2011年版,第447页。
④ 段德智:《莱布尼茨哲学研究》,人民出版社2011年版,第449页。

一方面,每个单子拥有自己的独特世界,这些多元世界符合"预定和谐"的宇宙观。莱布尼茨认为,单子的冲动作为形成统一的东西,它以自己的方式凝结并拥有整个宇宙。正是由于"冲动"具有的不同清醒程度的等级性特征,从而导致了人拥有不同的世界。综上可知,其实"属于独特的人和独特的世界的不同的等级冲动"在宇宙整体层面是和谐共处的,这种和谐被莱布尼茨称作"预定和谐",而"预定和谐"是现实多元世界的基本状况。这样"宇宙以某种方式被复制得和所有单子一样多"①。

另一方面,单子作为"原始的联合者"②,它和其他单子之间形成的是一种原始的联合,而不是现实的联合;在单子与单子之间的共存只是一种消极性、间接性的规定,而不是积极性、直接的规定。在单子的现实冲动自发行为之中,并不需要他者的出现。单子只需要消除来自自身质料层面的阻碍即可与他者发生"限制性"的关联。另外,既然由上可知,每个单子都是宇宙的某个视角,那么单子就处于和其他单子的某种关系之中。莱布尼茨对单子没有窗户的理解,就建立在这种单子和单子之间关系的理解之上。他认为"单子没有窗户""不仅仅是因为无法解释,而且因为无需解释",单子虽然和单子具有关系性,但是"单子之间相互作用的系统是不可能的",而且还是多余的。③ 由上,通过海德格尔对莱布尼茨哲学中单子和世界、单子和其他单子之间的关系的理解,我们可以勾勒出海德格尔对此在"在世共在"的共同体的初步思考。

---

① [德]马丁·海德格尔:《从莱布尼茨出发的逻辑学的形而上学始基》,赵卫国译,西北大学出版社2015年版,第136页。
② [德]马丁·海德格尔:《从莱布尼茨出发的逻辑学的形而上学始基》,赵卫国译,西北大学出版社2015年版,第108页。
③ [德]马丁·海德格尔:《从莱布尼茨出发的逻辑学的形而上学始基》,赵卫国译,西北大学出版社2015年版,第140页。

二 胡塞尔的交互主体与共同体

在海德格尔那里，胡塞尔是他的理论的靶子。他要对胡塞尔的理论进行改造，将胡塞尔的"本质直观"改造为"形式指引"的方法论。海德格尔依据对"《逻辑研究》，特别是第一版的'第六研究'，其中所强调的感性直观和范畴直观之间的区别"①的兴趣以及对于那托普报告的回应，创立了自己的"形式显示"的方法论原则。因为按照那托普报告的说法，现象学描述的方法是一种普遍的、抽象的理论方法，并不能面向事情本身。在那托普报告里所指出，作为反思的本质直观实际上止住了原初的经验流。② 由此，海德格尔想用形式指引回击那托普报告的挑战。因为，他认为由于本质直观之中包含了一种联想的主观性实施行为，使得胡塞尔并没有"远离先见"③，而为了抛弃这种先见，海德格尔提出了一种形式指引的前理论的方法论，企图抛弃了一切先见和普遍化目的，去体验生活的倾向和投射，揭示出事情（生活）的本身倾向。

然而，按照朱松峰的观点，胡塞尔和海德格尔的学术动机的不同才是导致二者观点不同的根源。胡塞尔的"原初动机"追求的是"永恒"，想从意识的生活之流中抽取出普遍有效的原则，导致他中断了生活之流，从主客对立的反思出发把握生活世界。④ 而海德格尔的"原初动机"追求的是"动荡"的生活，让人采取非理论态度的本真决断，从而用非反思（朴素地看）的形式指引的方法论去理解存在。

---

① ［德］海德格尔：《面向思的事情》，孙周兴、陈小文译，商务印书馆1996年版，第81页。
② 参见张祥龙《海德格尔的形式显示方法和〈存在与时间〉》，《中国高校社会科学》2014年第1期。
③ 尹兆坤：《范畴直观与形式显示——胡塞尔和海德格尔前期现象学方法的异同》，《现代哲学》2013年第1期。
④ 朱松峰：《胡塞尔与海德格尔的一个比较——以"原初动机"为视角》，《云南大学学报》（社会科学版）2009年第3期。

正是因此，海德格尔也就将胡塞尔的先验主体看成是一种唯我论。但是，我们要知道，海德格尔的批判还是不够深刻的。因为胡塞尔的先验主体虽然陷入传统形而上学旧巢，但是他的哲学并不是一种唯我论。他试图以一种交互主体去取代传统唯我论的主体，从而构造出一套属于交互主体的共同体理论，这是值得人们称赞的。可以说，正是在胡塞尔的启发之下，海德格尔哲学才能拥有共同体维度的理论思考。为此，我们总结出以下四点来探讨二者之间的理论关系。

第一，批判胡塞尔哲学的先验主体是一种唯我论的观点是站不住脚的。因为在《笛卡尔式的沉思》中，胡塞尔不仅从自身方面对自我进行构造，而且也站在他人的视角下对自我进行构造。按照发生现象学的方案，一方面，自我首先作为差异性的自我，能将他人揭示出来成为一个真正的主体。另一方面，"自我和'他人'作为实现了的交互主体"①，构成了一种伦理共同体的图式。按照王昊宁的说法，先验自我并不是一种唯我论意义上的自我中心主义，他是对自我境域的一种回归，这样的境域概念作为："存在论—方法论—伦理性"的基础，它是具有伦理效应的。如果我们站在自我优于他人的视角去看待自我，那么就将胡塞尔的自我庸俗化了。因为在胡塞尔那里，按照境域自我的观点，自我是一种伦理性的自我。他不是在逻辑上或者时间上优于他者，而是在伦理上优于他者，这个先验自我作为柏拉图洞穴隐喻意义上觉醒的奴隶，他承担的是一种让他人返回境域的责任。他不是一个让人学习的范本，而是具有教化他人能力的伦理人，从而让他人进入境域，二者共同构成伦理共同体。所以说"先验自我与其说是'核心'，不如说是'开端'——是伦理共同体的开端"②。

第二，正是在胡塞尔的他人的构造之路中，标识出当代"'自我

---

① 王昊宁：《胡塞尔与形而上学》，人民出版社2017年版，第226页。
② 王昊宁：《胡塞尔与形而上学》，人民出版社2017年版，第227页。

优先'向'他人优先'的转折"①。虽然胡塞尔的先验自我依旧是对主体性自我的一种继承，但是他看到传统主体将万物还原为自我意识的唯我论倾向。胡塞尔为了改变这个主体性自我，便提出了自己的主体间性观点来改造这个主体。他运用移情方法论，让自我不再孤独，感受他人，承认他人的存在，真正的面对他者。这不但是对莱布尼茨"单子论"中"无窗户"向"有窗户"的一种改造，而且也是对黑格尔"承认理论"的一种继承。按照张世英的说法，正是在胡塞尔对于"他人的异己性和独立性"②的强调，才导致传统主体不再只关注自我，把他人当成自我的一个复本，从而开始真正地关注他人。对于胡塞尔来说他人既是主体又是对象，他人作为中介在自我和对象之间。他人"对于对象来说它是主体，对于我来说它则是对象"③。在胡塞尔看来，客观世界不是先验自我独自构造出来的，而是在先验自我和他人的共同作用的主体间性的构造之中才产生客观世界，这个世界为了每一个人而存在，我们每个人对其都负有构造的责任。所以，后来的哲学家们才开始逐渐重视自我和他人的交互主体性，抛弃个人的中心主义，转而关注他人。例如，海德格尔关于此在和他人的"共在"理论、萨特关于他人即自我的地狱理论、列维纳斯关于无面孔的他人伦理学理论。

第三，在共同体理论的维度的思考之中，胡塞尔遵循的是一条以先验主体为基础去构造生活共同体之路。在《第一哲学》中，胡塞尔在"超越论的自我学和向共主观的还原过渡"章节中论述了自我和他人的构造关系。胡塞尔说自我具有直接的"原初的给予性"，而他人只是一种"间接的意向性"。④ 自我在时间的"现在"维度中是直接

---

① 张世英：《我们—自我—他人》，《河南社会科学》2010年第1期。
② 张世英：《我们—自我—他人》，《河南社会科学》2010年第1期。
③ 王昊宁：《观念存在论——胡塞尔〈笛卡尔式的沉思〉解读》，人民出版社2012年版，第160页。
④ [德]胡塞尔：《第一哲学》（下卷），王炳文译，商务印书馆2017年版，第245页。

性给予，而在时间的过去和将来维度只有通过作为间接经验的"回忆和预期"才能原初给予我，这种间接性的经验给予和"他人的只有借助于移情作用才能被原初地给予"①一样，都是同一个东西，使得自我和他人的共主观性（交互主体）产生。也就是说，这种共主观性（交互主体）只有建立在联想和移情的基础之上才能完成。因为正是在联想之中，人才能"把他人联想为一个与自己一样的、具有身体的人"②，借助于他人"才提示出自我当下的过去与将来"③。正是在移情之中，我们才能把他人作为意向对象构造出来，将他人当成跟自己一样的主体。可以说，如若没有联想和移情，我将成为一个孤立的、当下的我，完全不能构成真正的生活共同体。

第四，正是在对胡塞尔移情理论的批判之中，海德格尔才建立起自己的共同体的共在理论。在海德格尔看来，胡塞尔运用移情对于自我向他人过渡的交互主体式的共同体的构建过程之中，胡塞尔对于共同体的理解始终还是具有偏差的。因为胡塞尔把共同体当成一种由自我和他人共同去构造世界的共同体，这种共同体是世界的根源。在海德格尔看来，世界本身就是被给予的，它不带任何后天成分。正是由于人所处的位置的不同而导致了世界的不同。自我和他人构成的共同体不是为了去构建世界，而是为了参与世界，满足那个"给予世界的天命"，才能让自我成为自我，让他人成为他人，让共同体成为共同体。但是，海德格尔对胡塞尔理论的批判忽视了胡塞尔所面对的现实问题，胡塞尔面对的是"人如何去建立一个客观的生活世界"，而海德格尔则更在意"人如何倾听那个被寄予的前理论世界"。可以说，"在胡塞尔那里，只有通过现象学悬隔达到一本真自我，才能由此自

---

① ［德］胡塞尔：《第一哲学》（下卷），王炳文译，商务印书馆2017年版，第246页。
② 王昊宁：《逻各斯与现代西方哲学》，中国社会科学出版社2018年版，第156页。
③ 王昊宁：《逻各斯与现代西方哲学》，中国社会科学出版社2018年版，第156页。

我出发重构整个文化与传统"的世界,而在海德格尔那里,只有将被胡塞尔悬隔掉的"世界"真正地搞清楚,才能成为本真的自我。① 虽然胡塞尔和海德格尔对于"世界"的认识不同,但是二人的理论立场并不是排斥的,而是处于互补的关系之中。胡塞尔更注重"事情"的时间性、开端性、理性,而海德格尔更注重"事情"的空间性、终结性、前理性。我们只有把胡塞尔和海德格尔结合起来,从时—空、开端—终结、理性—前理性的共同关注中,才能建立一种真正的现象学哲学,面向"事情"本身。

第二节 政治实践中的海德格尔

海德格尔是20世纪影响最大的哲学家,受其影响的思想家遍布世界,且他们的哲学理论在当代哲学中占据着中流砥柱的位置。例如,施特劳斯是古典政治哲学的复兴人,罗蒂是文学批判理论的精英,哈贝马斯是后形而上学的缔造者。但与此同时,他如哲学家柏拉图一样,也是一名政治家,虽然他没有明确建立自己的政治哲学理论,但他却想用自己的实际政治行动告诉我们,哲学作为真理是可以指引政治的。因此,他在1933年5月加入纳粹党,并成功当选弗莱堡大学的校长,也在1933年5月27日发表《校长就职演讲:德国大学的自我主张》。然而,之后随着冲锋队领袖罗姆的被杀,标志着大学教育改革的失败,导致了海德格尔对纳粹失去信心,辞去了校长职务,匆忙地结束了他的政治生涯。②

---

① 陈立胜:《"自我"与"他人":现象学我本学的建构与解构》,《中山大学学报》(社会科学版)1996年第2期。

② 参见[德]维克托·法里亚斯《海德格尔与纳粹主义》,郑永慧、张寿铭、吴绍宜译,时事出版社2000年版,第187页。

从事实的角度来说，海德格尔校长总任期不到一年，情节起伏跌宕，隐情重重，且更因为海德格尔对此政治事件的三缄其口，没有明确回应，这也导致了大众对此"政治参与事件"褒贬不一，无从定论。在我们看来，海德格尔的政治参与和他对"共同体"的独特理解是脱不开干系的。因为按照芭芭拉·卡桑在《海德格尔—纳粹主义、女人和哲学》中的说法，"海德格尔认为可以在某些他自己的概念上做出妥协，以便可以巧妙地使用这些措辞来掩盖他受情势所迫而去拥抱行动和权力"①。所以，海德格尔在现实政治参与中，将"纳粹共同体"误认为是他所认可的"政治共同体"，将纳粹的革命事件视为世界事件（Ereignis），从而直接导致他参与政治、支持纳粹。

可以说，这个政治事件无论是对哲学家还是政治家都是一次值得深度反思的事件。因为，"海德格尔的政治事件"和"苏格拉底事件"类似，都对哲学界产生了深远的影响。所以，在我们看来，它不仅仅是一次简单的政治事件，也是哲学家参与政治的真实案例，显示出了哲学和政治之间的张力。一方面，正如张汝伦评价的，柏拉图和海德格尔用哲学取代政治的过程中，存在"一个基本的反讽是，哲学家不可能完全脱离政治，而政治却不可避免地要进入哲学家的生活"②。另一方面，也正如亚里士多德所提倡的，"哲学作为人最高的实践活动，但却不能把它作为人最基本的实践活动。因为人的生存活动不可能还原为哲学"③。我们在日常生活之中往往颠倒主次，将哲学问题还原为现实问题，以偷换概念的形式弄错问题重心，使得问题趋于混乱。但是，当我们在处理政治和哲学二者之间问题的时候，二者并不存在谁取代谁的关系，而应该是一种互相设限的关系，从而使得

---

① ［法］阿兰·巴迪欧（Alain Badiou）、［法］芭芭拉·卡桑（Barbara Cassin）：《海德格尔：纳粹主义、女人和哲学》，刘冰菁译，重庆大学出版社2016年版，第5页。
② 张汝伦：《海德格尔：在哲学和政治之间》，《开放时代》1998年第6期。
③ 张汝伦：《海德格尔：在哲学和政治之间》，《开放时代》1998年第6期。

哲学作为政治评价的原则，而让政治为哲学保驾护航提供空间。

一 政治参与的海德格尔

从海德格尔参与政治的情况看，我们有必要以海德格尔的"政治共同体"（民族共同体）为契机，初步地分析他的政治动机、政治行为和政治结果才有可能澄清海德格尔和纳粹的关系。

第一，在海德格尔的哲学理论和政治书写中，我们可以寻找到海德格尔的三种政治动机：作为"政治共同体"的德意志承担使命（对存在命运的承担）、大学的教育改革改造"政治个人"（对非本真人的教育）和"政治世界"的重新开端（对技术世界的改造）。这三种政治动机依次成为我们理解海德格尔政治共同体（德意志民族）、政治个人、政治世界的契机，从而让我们正面地理解海德格尔真正加入纳粹的动机。

1. 按照海德格尔在《形而上学导论》中的说法，德意志民族共同体是一个独特的精神性的民族，承担着追问"存在"的责任。因为德意志和古希腊民族在语言上是具有一定的亲缘关系的，它们都有精神性。这意味着德意志语言和古希腊语一样"都是最强力的，且最富精神的语言"①，能直接追问"存在"。德里达对此作出了进一步的解释。海德格尔认为独特的古希腊语和德语可以共同拥有的乃是"最为伟大的 geistigkeit（精神）。②" 这个 Geist（精神）正如朱刚所赞同的，它其实就是那个开辟道路的"Ereignis"（本有）。正是在对 Geist（精神）的追问之中，我们德意志民族才可能和古希腊文化进行切磋，"发展为有最高级之可能性的力量"③。

---

① ［德］马丁·海德格尔：《形而上学导论》（新译本），王庆节译，商务印书馆 2015 年版，第 63 页。
② ［法］雅克·德里达：《论精神：海德格尔与问题》，朱刚译，上海译文出版社 2014 年版，第 109 页。
③ 赵敦华主编：《外国哲学·第 32 辑》，商务印书馆 2017 年版，第 259 页。

2. 德意志民族作为具有使命的民族，具有将人改造为"此在"的使命。海德格尔在《德国大学的自我主张》中通过对德国大学本质的追问来告诉我们，德国大学作为教师和学生的联合团体，它不但具有共同的"精神使命的意志"，而且拥有自治、自省的自我主张的能力，能够"教育和培养德意志民族命运的领导者和守护者"①。鉴于此，海德格尔为德国大学教育人的方案提出了三种义务和三种服务。（1）在德意志民族内部，通过劳动服务使得人们具有互相帮助、相互分享的能力，展现了德意志民族向自身敞开的义务。（2）在德意志民族外部，通过国防服务使得人民具有纪律性、追求荣誉的能力，让德意志民族有向其他民族敞开的义务。（3）在德意志民族自身，通过非培训性的知识服务使得人民具有英雄气概、追问"精神"的能力，并让德意志民族拥有向世界展开的义务。可以说，无论是劳动服务、国防服务还是知识服务，它们对于"人变成此在"产生着重要的教育作用。在他看来，劳动服务让人扎根于民族，国防服务让人具有民族荣誉感，知识服务要求人具有领导民族的明晰性。

3. 德意志民族作为开端性的民族，拥有重塑世界精神性的能力。此时，人们所处的是一个世界（精神性）晦暗化的时代。它表现为："诸神的逃遁、地球的毁灭、人类的大众化、平庸之辈的优越地位。"② 这个世界由于缺乏精神性而陷入一种极端技术化的图像时代，而技术算计使得一切都被平均化。可以说，正是海德格尔对世界"精神"沦落的担忧，直接导致了他对于共同体问题的关注。因为，他认为只有德意志民族才能解决世界晦暗化的问题。

于是，他首先从"地缘政治"出发，认为"欧洲处于俄国和美国的夹击之中"，德意志民族的地理位置也处于欧洲的中心，那自然就

---

① 刘小枫、陈少明主编：《海德格尔的政治时刻》，华夏出版社2009年版，第273页。
② ［德］马丁·海德格尔：《形而上学导论》（新译本），王庆节译，商务印书馆2015年版，第51页。

可推断出德意志民族处于最中心的"位置",德意志民族"正经受着最猛烈的夹击"和"最大的风险"。① 其次,海德格尔的观点在于:"所有伟大的事物都矗立在暴风雨中……"、"哪里有危险,哪里也生救渡"。② 因而,他将德意志民族所处的暴风雨情境解读为一种可以救渡的危险,也正是西方世界的精神的沦落才可能导致德意志民族的伟大。所以,海德格尔才会在《黑皮书》之《思索》第二册(1931—1932)中,把德意志民族看成是和古希腊民族一样的具有开端性特征的精神性民族。他说,唯有德意志人,"在等待着接收开端之遥远配给昭示","将自己置于我们精神—历史性此在的开端的权力之下",重演"希腊哲学的觉醒"。③ 德意志民族从而可以承担起为世界重新开端的历史命运,可以像古希腊文明一样重塑一个开端。

第二,从各方的报道、书信以及海德格尔自己所承认的罪行来看,他的政治行为主要集中于三点:当弗莱堡大学的校长、加入纳粹党、反犹太人。这些政治行为可以说都源于一种对德意志"民族共同体"的盲目乐观态度。

在1933年4月3日,海德格尔在给雅斯贝尔斯的书信中就信誓旦旦地说:"所有的一切都取决于,我们是否为哲学准备了适当的执行地点,并且帮助它获得发言权。"④ 果不其然,在1933年4月21日海德格尔就被选为弗莱堡大学的校长、1933年5月27日发表校长就职演讲《德国大学的自我宣言》。此时,他不但实现了政治抱负,而且也为自己的哲学找到了突破口。同时,基于海德格尔在1933年3

---

① [德]马丁·海德格尔:《形而上学导论》(新译本),王庆节译,商务印书馆2015年版,第43页。
② [德]马丁·海德格尔:《演讲与论文集》,孙周兴译,生活·读书·新知三联书店2005年版,第28页。
③ 赵敦华主编:《外国哲学·第31辑》,商务印书馆2016年版,第279页。
④ [德]瓦尔特·比默尔、[瑞士]汉斯·萨纳尔编:《海德格尔与雅斯贝尔斯往复书简(1920—1963年)》,李雪涛译,上海人民出版社2012年版,第235页。

第二章 共同体思想的传承、反思与定位

月19日给其妻子的书信里所说"尽量少的允许狭义上的政治行为成为哲学行为的准绳",我们就能更好地理解他的疯狂政治行为:"4月28日签署包括胡塞尔在内的'犹太种族的学校聘任人员'暂时休假、等待核查的通知;5月3日公开宣布加入纳粹党;5月20日,他以弗莱堡大学校长的身份致电首相希特勒,请他'推迟计划中的对德国大学联盟理事会的接见,直至该联盟对恰恰在这里尤为必要的一体化实施了领导';5月27日发表'德国大学的自我主张'的讲话;11月11日在莱比锡大学的德国学者庆祝'纳粹革命'的大会上致辞,并在随后于会上宣读的'德国大学和高校教授们对阿道夫·希特勒和民族社会主义国家的表白'的公开信上签名"① 以及在出任校长期间发表了各种形而上学式的官方煽动性演讲。最后,由于冲锋队队长罗姆被杀害,他认识到教育改革的抱负无法实现。他便于1934年2月主动提出辞职,结束了他仅仅十个月的政治生涯。在他这段政治生涯之中,他的政治行为最引人关注的是他对纳粹和犹太人的态度。

在大部分时间里,海德格尔对于纳粹是持肯定态度的。从事实的角度说,从1933年5月1日海德格尔正式加入纳粹党,到他1945年随着纳粹战败退出纳粹党。海德格尔不但对纳粹脱离国际联盟持支持态度,而且在各种信件中也表达了对纳粹国家社会主义的肯定立场。从理论的角度说,我们也可以追溯海德格尔《存在与时间》的共同体理论窥其一二,找出他支持纳粹的缘由。虽然海德格尔在《存在与时间》中只提了一次"共同体"概念,他说:"我们用天命来标识共同体的演历、民族的演历。"② 但是,我们纵观整本《存在与时间》也很容易得出海德格尔心目中的共同体轮廓与纳粹共同体之间的相似性。

---

① 倪梁康:《海德格尔与胡塞尔关系史外篇:反犹主义与纳粹问题》,《现代哲学》2016年第4期。
② [德]马丁·海德格尔:《存在与时间》(修订译本),陈嘉映、王庆节译,生活·读书·新知三联书店2012年版,第435页。

首先，海德格尔共同体所追求的"本真性"和纳粹共同体追求的"原生性"具有相似性。我们知道，纳粹共同体宣传的是"血和土"的原生性价值，而海德格尔的本真共同体是一个本真性的源始价值概念。由于本真共同体是"植根于"本真个人（此在），本真个人（此在）是由"泥土"和"精灵"组成的。于是，在斯坦纳的解释中，他认为这些关于"对植根状态、血统关系以及对那些在自己土地上耕作生息的本真的人类的记忆"①的论述正是和纳粹"血和土"概念契合的，它们都是对当时技术时代的一种拒斥。其次，海德格尔的共同体和纳粹共同体的行动方式相类似。在《存在与时间》之中，海德格尔表达了常人（非本真共同体）成为本真共同体的可能途径：斗争、团结。这是和纳粹共同体对于外部进行种族"斗争"（反犹）和对内部施行口号性"团结"（口号：Hi！希特勒！）相一致的。最后，海德格尔共同体和纳粹共同体都对"命运"表达了一种执念。在海德格尔看来共同体的演历就是"天命"，而在纳粹共同体看来德意志民族是具有"使命"的民族。于是，我们得出，海德格尔在《存在与时间》中的本真共同体思想很容易被纳粹共同体所吸引，甚至我们会发现它缺乏一种对纳粹共同体的有效防御机制的存在。

与此同时，我们看到海德格尔对犹太人的态度是复杂的。首先，海德格尔周围就簇拥着众多犹太学生和犹太好友，如老师胡塞尔、论敌卡西尔、学生阿伦特。海德格尔并没有对他们反感，至少他自己是这么说的。② 其次，纵观海德格尔一生，我们又能找到他各种反犹言

---

① ［美］乔治·斯坦纳：《海德格尔》（修订版），李河、刘继译，浙江大学出版社2012年版，第183页。

② 在海德格尔和胡塞尔的关系上，海德格尔对胡塞尔的首鼠两端是让人诟病的。虽然海德格尔是个大哲学家，但是至少在日常生活中他不算是一个圣人。他对帮助过他的老师胡塞尔的态度是让人发指的，他连胡塞尔的葬礼也没有参加。海德格尔对胡塞尔的态度的转变，按照胡塞尔的说法是源于海德格尔的反犹主义态度，而按照海德格尔自己的辩解，他对胡塞尔的反叛源于哲学观点的不合，而非反犹。所以我们可以说，海德格尔对犹太人的态度更多的是思想、观点上的不合，而不是反犹主义作祟，他对犹太人至少并不反感。

论和反犹行为。例如，1931 年阻止弗莱堡哲学系招聘犹太人弗兰克尔、1933 年举报鲍姆加登和犹太人弗兰克尔交往密切、在参政期间与雅斯贝尔斯疏远（因为雅斯贝尔斯的妻子是犹太人）。① 但是，我们并不能单就这些行为对海德格尔的反犹行为做出判断。

甚至，即使我们在 2014 年出版的海德格尔《黑色笔记》中找到了大篇幅的反犹言论，我们也不能直接就赞同理查德·沃林的看法，一棒就把他打到"反犹主义"那里。因为，特拉夫尼认为海德格尔的反犹可以分为两种：非种族主义上的"日常反犹情绪"和哲学上的"存在历史的反犹主义"。日常反犹情绪作为一种"未经反思的自然政治情感"②，它是海德格尔在主观感觉层面上对犹太人占据德国商业圈、政治圈核心位置的不满。海德格尔觉得人们被犹太人的算计思维、商业模式污染了，而存在历史的反犹主义则源于对犹太人作为形而上学无根民族的一种否定。在李章印等看来，特拉夫尼正是从形而上学意义上理解海德格尔的"存在历史的反犹主义"，从而使其区分于纳粹主义的现实层面的反犹主义。但他同时也指出，特拉夫尼其实是从"反犹主义"来思考存在论的，而非如海德格尔一样从存在论层面来思考"反犹主义"。这样就导致海德格尔的"反犹主义""反倒被拉到通常意义上的'反犹主义'的层面上，拉到'形而下'的层面，从而使得'存在历史的反犹主义'成为种族主义意义上的反犹主义"。③ 李章印以此反驳特拉夫尼，并将人们对海德格尔"反犹主义"

---

① 海德格尔在 1933 年后就没有进过雅斯贝尔斯家门，虽然海德格尔自己在 1950 年写给雅斯贝尔斯的书信中曾经辩护说，自己不是因为雅斯贝尔斯的犹太夫人而不去拜访，而是因为自己感到羞愧才不去拜访。他说自己曾经跟指挥部联系，发现自己对帮助"雅斯贝尔斯的犹太夫人"无能为力，又害怕被牵连，以免让人觉得是在帮助犹太人，所以他就此作罢，不再登门拜访。但是，这些言辞很明显是海德格尔用来化解二人隔阂的托词。
② 倪梁康：《海德格尔与胡塞尔关系史外篇：反犹主义与纳粹问题》，《现代哲学》2016 年第 4 期。
③ 李章印、严登庸：《海德格尔〈黑皮书〉是反犹的吗？》，《社会科学》2016 年第 5 期。

的争论归咎为"欧陆哲学"和"分析哲学"的"某种不相容性"①。但我们则认为这种说法是不负责任的,难道说欧陆哲学家对"形而上"的关怀就一定比英美哲学家对"形而下"的关注更高级?难道说我们打着形而上的旗号就可以为所欲为?正如以赛亚·伯林所说:"一位教授在他宁静的书房里孕育出来的哲学观念可以毁灭一个文明。"② 这些问题都是值得人们深思的。

第三,从海德格尔个人的政治努力来看,他试图将"形而上"的共同体理念在"形而下"现实层面施行。可是,由于"形而上的可能性"和"形而下的现实性"之间存在着不可调和的冲突,使得他不得不面对三种政治结果:参与政治失败、领导希特勒失效、教育改革失败。同时,这也正是海德格尔哲学不怕"斗争"、"危险"、"悲剧"的结果。

针对第一种政治结果,我们可以把海德格尔政治上的失败归结为哲学家对"政治"的幼稚性理解。雅斯贝尔斯就把此事归结为海德格尔政治上的"极度天真"。③ 海德格尔自己也在私底下表示"参政"是其"平生的最大蠢事"。但是,与其说是海德格尔误解了政治,不如说是海德格尔想重塑政治。因为,在海德格尔看来政治只是哲学的表征而已,二者的区分是虚假性的。他认为当我们在处理"政治和哲学之间"的关系时并不需要谈论亚里士多德式的"实践智慧"(Phronesis),而是应该通过将"实践智慧"改造为"决断",从而去建立"一种新的实践哲学"。④ 这种实践哲学被海德格尔在《黑色笔记》中

---

① 李章印、严登庸:《海德格尔〈黑皮书〉是反犹的吗?》,《社会科学》2016 年第 5 期。
② [英]以赛亚·伯林:《自由论》(《自由四论》扩充版),胡传胜译,译林出版社 2003 年版,第 187 页。
③ 张汝伦:《海德格尔:在哲学和政治之间》,《开放时代》1998 年第 6 期。
④ 张汝伦:《海德格尔的实践哲学》,《哲学研究》2013 年第 4 期。

第二章 共同体思想的传承、反思与定位

表述为一种"共同体主义"政治:"历史民族'的'元政治学"①。

在《形而上学导论》中,海德格尔也对"政治"概念本身进行了重构。他认为"政治"的词源"Polis"原本的含义应该是存在论层面的作为"境域"的"此"(Da)。"此"(Da)作为"此在"(人)的居住基地和处所,人正是在这个"此"之上"在起来的"。② 所以,我们通过海德格尔对"实践智慧"(Phronesis)和"政治"(Polis)的分析,就能发现海德格尔在实际政治之中是缺乏实践智慧的,以及在政治关怀之中缺乏存在者层面的考虑的缘由,从而导致他"政治"上过于理想、幼稚而忽略现实,使其政治失败成为必然。

针对第二种政治结果,我们把海德格尔想成为"帝王师"的抱负归结为海德格尔对哲学家"使命"的误解。从其神学的经历看,海德格尔在年轻时就持有布道者立场。这和他尊崇的同乡亚伯拉罕·阿·圣克塔·克拉拉有关。亚伯拉罕作为一位反现代化、反享乐主义的御用宫廷牧师,在海德格尔的内心种下了"帝王师"的种子。海德格尔不但在1910年8月15日就参与了亚伯拉罕逝世200周年的纪念碑揭幕活动,并写下文字《亚伯拉罕·阿·圣克塔·克拉拉》来纪念他,而且到1964年5月,他还特意重返母校做了一场关于亚伯拉罕的发言《关于圣·克拉拉的亚伯拉罕》。可见,亚伯拉罕对于海德格尔的影响之深。从哲学的角度看,海德格尔遵从的是柏拉图哲学王的观点,认为哲学家拥有真理,它高于现实的政治。他在1931—1932年的《柏拉图的真理学说》中说,哲学家作为解放者最后又要回到洞穴中,"与抗拒任何解放的囚徒们"作斗争,这使其重新把握到真理的开端:无蔽。③

---

① 赵敦华主编:《外国哲学·第32辑》,商务印书馆2017年版,第259页。
② [德]马丁·海德格尔:《形而上学导论》(新译本),王庆节译,商务印书馆2015年版,第176页。
③ [德]海德格尔:《路标》,孙周兴译,商务印书馆2013年版,第256页。

由上得出，无论是作为布道者还是哲学王，海德格尔都坚持认为自己是拥有真理、能告知他人真理的那批人。殊不知，首先真理问题作为认识论问题已经被科学家解决了。其次真理若作为本体论的问题是缺乏现实性的。最后真理若作为价值论问题则又是缺乏人性的。海德格尔对真理问题的哲学式解读自然让政治领导者不会认可。于是，教育部长才会在听完海德格尔的《校长就职演讲》之后，说他讲的是"自家的国家社会主义"①。

针对第三种政治结果，我们把海德格尔的教育改革的失败归于对科学教育以及常人生活的蔑视。一方面，他在《黑皮书》中认为大学教育不是科学教育而是认知教育，不是关于知识传授而是思维训练，不是解放启蒙而是联系历史。正如海德格尔在《德国大学自我主张》中所说的，德国大学需要在"自我主张"下进行自省，从而自治，形成自己的认知教育，成为"未来的高等学校"②。但是，我们不得不说他忽视了科学教育所具有的时代不可逆特征。另一方面，他对常人持批评态度导致了教育改革的失败。他认为"常人"不但害怕思考而陷入"平平庸庸和吵吵嚷嚷"的公共舆论中，而且也害怕不确定"斗争"而陷入维护日常事物的平静中。他甚至在校长职位辞职后开始谩骂、抱怨常人：

"今天的许多人：忙忙碌碌的和吵吵嚷嚷的，实干者和钻营者，骗子和挑剔者。他们忠实地料理着大众琐碎且无聊的激动和他们乏味的欢乐。他们在昏暗中漂泊，呆看着蠢事。"③

可以说，海德格尔从来没有留给"常人"一丝善意，即使他在《存在与时间》中认为常人的沉沦只不过是操心的必需环节，但这也阻止不了这位哲学家持有极端精英主义立场。他对"常人"大众的尖

---

① 张汝伦：《海德格尔：在哲学和政治之间》，《开放时代》1998年第6期。
② 赵敦华主编：《外国哲学·第32辑》，商务印书馆2017年版，第260页。
③ 赵敦华主编：《外国哲学·第32辑》，商务印书馆2017年版，第298页。

酸刻薄、对教育的理解自大孤傲，导致他和领导人以及大众渐行渐远，最终以海德格尔独居于黑森林结束。

二 政治反思的海德格尔

虽然海德格尔在政治生涯结束后一直被纳粹监视着，甚至在1944年还被侮辱性地派去挖战壕。但是，海德格尔直至1945年德国投降才退出纳粹党。海德格尔以上的矛盾行为是令人费解的。按照我们的观点，这是和海德格尔对于纳粹的推崇和批评态度并行不悖的。因为，一方面他推崇国家社会主义是"内在本质的真理"给予我们一次改变世界的机会；另一方面他又批评国家社会主义和美国自由主义、苏联社会主义一样都是技术的产物。这些矛盾的态度，最终以海德格尔私底下承认加入纳粹是人生的最大错误而告终。但是，鉴于纳粹事件的复杂性，我们又不能简单地以海德格尔私底下承认错误而耽搁深入的分析。

（一）海德格尔的政治反思

在我们看来，海德格尔对"纳粹事件"的政治反思重点体现在"沉默"概念上。沉默作为一种哲学式的政治反思，它绝不只是经验性的政治反思。从事实看，海德格尔无论是在公共场合还是在公开出版物中一直都对"纳粹事件"保持着沉默。他也从来没有为自己加入纳粹道过歉或者批评过纳粹恶行，以上这些事实是让大众无法接受的。虽然海德格尔的学生马尔库塞也曾经劝海德格尔发表公开道歉信，但是海德格尔也予以了回绝。根据海德格尔的沉默事实，陈嘉映对此持一种认可的态度。他认为海德格尔在《形而上学导论》中"他把美国、苏联等量齐观，希望是在德国，后来他不会再把纳粹德国当作楷模，但并不曾改变对美苏的看法。在这种情况下他跳出来谴责德国，也许更像昆德拉意义上的'媚俗'而已，不可能拿出什么真识卓见"①。我们认为这种说法虽然确实符合海德格尔自恃优于常人的哲学家态度，但是不值得提倡。

倪梁康则提出了反对的观点。他说沉默"在海德格尔这里具体地意味着：他承认大屠杀是恶行，但他认为类似的恶行到处都在发生"②。正如海德格尔在1949年不莱梅讲演中说道："数百十万人成群结队地赴死。他们赴死了么？他们是丧命了。他们是被干掉了。他们成了一种尸体生产之存料的存料部件。他们赴死了么？他们是在毁灭营中被悄悄地解决掉了。而且，即便没有这种情况——如今在中国，几百万人陷入贫困，因饥饿而毙命。"③夏可君也对此批评同样持赞同态度。他认为在海德格尔那里纳粹屠杀不过和技术屠杀一样，二者并没有什么区别，显然这和海德格尔作为哲学家的纯粹哲学观有关。

鉴于此，张汝伦也对海德格尔的沉默予以批评。他说："海德格尔这种可怕的沉默，不是出于他的人格，也不是出于他的政治立场，而更多的是出于他的哲学立场。严格说来，他只有哲学立场，而无政治立场。因为哲学家是超越政治的。"但是，无论我们是赞同陈嘉映式的"精英主义"解读，认为海德格尔作为哲学家超越于常人，还是赞同张汝伦式的"纯粹哲学观"解读，认为海德格尔作为哲学家超越于政治，二者都没有真正地从哲学的角度对海德格尔"沉默"概念直接进行系统性的分析。这也难怪柯小刚会在《关于"海德格尔沉默"的假想对话》中以"沉默"概念为核心，假想海德格尔作出自我陈述："关于我的'政治纠葛'，我不是没有回答、没有'交待'，只是

---

① 陈嘉映：《纠缠与疏朗——海德格尔的阿伦特牵连和纳粹牵连》，《开放时代》2000年第7期。
② 倪梁康：《海德格尔与胡塞尔关系史外篇：反犹主义与纳粹问题》，《现代哲学》2016年第4期。
③ ［德］海德格尔：《不莱梅和弗莱堡演讲》，孙周兴、张灯译，商务印书馆2018年版，第70页。

我的回答我的交待没有人听出来那就是我的回答我的交待。"①

于是，接下来我们有必要抛弃对"沉默"概念的常规式的理解，而从海德格尔的文本出发，对"沉默"概念进行哲学式的论述。首先，"沉默"在《存在与时间》中表示人"愿有良心"的"缄默"。海德格尔认为，人在沉默之中才能成为"倾听者"，去倾听良心的呼唤，将自己唤入"生存的能在的缄默之中"。人在缄默之中"抽掉了常人的知性闲言"而选择自身。海德格尔将整个过程称为"决心"。人在下决心之中，不但超越了常人，而且承担自身的生存责任，成为"此在"。

其次，在《哲学论稿》中，海德格尔将"沉默"的实践之法（prudent lawfulness②）称为静默。一方面，静默作为"哲学的'逻辑'"③。它不是非逻辑，而是真正的逻辑，并且与所有的"符号"和"非理性"等传统形而上学的"概念语言"无关。另一方面，静默也不是"存在者的逻辑"，而是"包含存在状态的逻辑"④，是"源于语言本身的本质性的现身的本源"⑤。

最后，在《在通向语言的途中》中，海德格尔认为"沉默"的基础是"语言"。"语言作为寂静之音的说话"，说出了指令，从而让"物和世界"听从这个指令进入"区—分"（之间）中。"区—分"则"以静默方式"⑥使得世界和物分解，并"聚集入亲密性之痛苦的纯一性"⑦之中，从而发生物物化、世界世界化，让"物和世

---

① 柯小刚：《思想的起兴》，同济大学出版社2007年版，第85—86页。
② Heidegger, *Contribution to Philosophy*, Trans. Richard Rojcewicz and Daniela Vallega-Neu, Bloomington: Indiana University Press, 2012, p. 63.
③ ［德］马丁·海德格尔：《哲学论稿》，孙周兴译，商务印书馆2016年版，第97页。
④ ［德］马丁·海德格尔：《哲学论稿》，孙周兴译，商务印书馆2016年版，第98页。
⑤ ［德］马丁·海德格尔：《哲学论稿》，孙周兴译，商务印书馆2016年版，第98页。
⑥ ［德］海德格尔：《在通向语言的途中》，孙周兴译，商务印书馆2013年版，第23页。
⑦ ［德］海德格尔：《在通向语言的途中》，孙周兴译，商务印书馆2013年版，第23页。

界到来"①。总之，海德格尔对于沉默的三层次的解释：沉默自身（良心）、沉默的实践（静默）、沉默的基础（语言），三者对我们理解沉默的哲学维度提供了契机。

正是在以上关于"沉默"概念的三种哲学形式的解释中，我们得出海德格尔的"沉默"的"政治反思"绝对是带有哲学性质的。一方面，他作为一个哲学家，他的"沉默"的"政治反思"必然是和他的"沉默"的哲学式理解一致的，这是一个"知行合一"的问题。另一方面，海德格尔曾经将"沉默"这个动词理解为一个"及物动词"②，而及物动词是涉及除动作者以外的事物的。这也就表示，海德格尔对自己"沉默"行为的理解是带有外在指向性的。这种沉默不是属于自己的沉默，而是指向他者（存在）的沉默。

正因为以上两方面原因，我们才应该对海德格尔的"沉默"的"政治反思"赋予哲学式的理解。他的沉默不是没有良心的无所谓态度，而是最有良心的沉默，能消除大众的吵吵闹闹。他的沉默也不是知性逻辑的结果，而是哲学逻辑的追问，能让人把握语言的本质。他的沉默更不是对纳粹屠杀的赞同，也不是对纳粹屠杀的批判。在他的哲学逻辑中，纳粹对犹太人进行屠杀的暴力行为只是形而上学历史"第一开端的不可避免的自我毁灭"，"犹太人至于是被纳粹屠杀还是历史性的自我毁灭，似乎就并不那么重要了"③，它只是存在历史天命的必然性结果。虽然海德格尔在公开场合一直保持沉默，但是他在私人场合却按捺不住自己的委屈。

1. 海德格尔曾私底下对珀格勒承认，自己在 1933 年"犯了可怕

---

① ［德］海德格尔：《在通向语言的途中》，孙周兴译，商务印书馆 2013 年版，第 24 页。

② ［德］海德格尔：《在通向语言的途中》，孙周兴译，商务印书馆 2013 年版，第 81 页。

③ 夏可君：《一个等待与无用的民族：庄子与海德格尔的第二次转向》，北京大学出版社 2017 年版，第 226 页。

的错误"①，因为在他看来当时德国情况严峻，大约有五百万的失业人员，他们由于没有失业救济金，从而很容易饿死。他认为此时政治上的改革、起义也许可以改变这个状况。同时，海德格尔也因为反对美国自由主义、苏联布尔什维克的技术主义，而错将"希特勒看作一个如今人们所说的'绿色'政治家"，认为他可以拯救"农民乡土的东西"。②

2. 他又在对雅斯贝尔斯的回信中推脱，说自己当时对1933年的行为的极坏影响力没有意识到，直到出现人们对他的哲学的"生存主义"的理解，他才意识到事态的严重性。但是，他又话锋一转说"愈是有个性的话，这一罪责愈会长久地存在下去"③。海德格尔对于自己的政治行为陷入诬陷而无可奈何。他说：1933年是犹太人和左翼被看作威胁，而"现在轮到我们了"。④综上，从海德格尔以上的推脱性话语中，我们并没有看到一位哲学家该有的真诚忏悔和道歉，而只是看到了普通人的推脱感和羞耻心的作祟。可以说，虽然海德格尔研究的是最具有生命力的哲学，但他却做出了最压抑生命的政治行为，这不得不说是一种反讽。

综上分析，我们不难发现海德格尔纳粹事件的复杂性。第一，他在公开政治回应中，希望坚持以"沉默"的态度来对待这件事情。他觉得这样不仅有利于人们从哲学角度去思考这件事情，而且也有利于人们不要把过多的注意力集中于他，这样他才能安心从事纯粹的哲学工作。第二，当海德格尔的学生、友人、公众媒体对海德格尔施加压

---

① 倪梁康：《海德格尔与胡塞尔关系史外篇：反犹主义与纳粹问题》，《现代哲学》2016年第4期。
② 倪梁康：《海德格尔与胡塞尔关系史外篇：反犹主义与纳粹问题》，《现代哲学》2016年第4期。
③ ［德］瓦尔特·比默尔、［瑞士］汉斯·萨纳尔编：《海德格尔与雅斯贝尔斯往复书简（1920—1963年）》，李雪涛译，上海人民出版社2012年版，第282页。
④ ［德］瓦尔特·比默尔、［瑞士］汉斯·萨纳尔编：《海德格尔与雅斯贝尔斯往复书简（1920—1963年）》，李雪涛译，上海人民出版社2012年版，第282页。

力的时候，他又转而将自己的过错归咎于自己选择上的失误，以及媒体和"世界犹太主义"力量的压力。所有这些在公共层面和私人层面表现出来的事实，让我们看到了一个鲜活的海德格尔：他作为一个哲学家是纯粹的，作为一个普通人又是自私的。

（二）对海德格尔政治事件的反思

正是海德格尔政治事件的复杂性导致人们对他的评价褒贬不一，有的人鉴于海德格尔低劣的政治行为而鄙视海德格尔的哲学，有的人看到海德格尔的哲学的深刻而忽视他的政治行为。但是，无论出于什么样的理由，我们也无法磨灭海德格尔作为20世纪影响最大的哲学家的事实，因为，现当代受其影响的思想家遍布世界，且他们的哲学理论在当代哲学中占据着中流砥柱的位置。如施特劳斯是古典政治哲学的复兴人、罗蒂是文学批判理论的精英、哈贝马斯是后形而上学的缔造者。

鉴于海德格尔政治事件的复杂性，赵敦华便在2014年《六种问题和第四阶段：海德格尔和纳粹问题札记》文章中对国内外看到海德格尔政治事件的评论做出了全面的统计。他总结出国内有六种对海德格尔政治事件的主流看法，国外也有六种对海德格尔事件的主流看法。

（1）国内的六种观点：①叶秀山认为"社会有分工，各有各人的职责范围"，而海德格尔事件，不一定是他的哲学思想带入的，应该"依据他在学术上的功过"[①] 批判。②张祥龙认为纳粹虽然表面上和海德格尔都有"共同关注点和共同用语"[②]，但是纳粹没有持海德格尔的那种核心的存在论观点，所以二者没有真正的关联。③陈嘉映则认为海德格尔在政治上是个"门外汉"[③]，他加入纳粹是基于哲学精

---

① 叶秀山：《海德格尔"案件"之反思》，《开放时代》1998年第1期。
② 赵敦华主编：《外国哲学·第27辑》，商务印书馆2014年版，第3页。
③ 陈嘉映：《海德格尔哲学概论》，商务印书馆2014年版，第17页。

英主义的立场。④倪梁康则赞同哈贝马斯的观点:"海德格尔的著作早就与他的人格分离开来了。"据哈贝马斯和珀格勒的观点,将海德格尔哲学分为三个阶段:理性形而上学史、德国人的日耳曼观、投靠纳粹,并把这三方面称作:哲学修养、政治感觉、纳粹实践。倪梁康说"从他的政治感觉来看,海德格尔自始至终是个纳粹",正是政治感觉作为核心要素,决定了他参与纳粹实践。⑤张汝伦则认为,海德格尔的《校长就职演讲》是在为哲学寻找一个机会。他把海德格尔描述成一位机会主义者。⑥孙周兴则在《奥斯维辛之后思想的责任》一文中赞同利奥塔对海德格尔的评价:"海德格尔思想是伟大的,但是政治上是反动的。"因为,他认为《存在与时间》中的思想虽然是伟大的,是"一部极端现代主义或主体主义的著作"而不是纳粹式的著作。① 但是,海德格尔思想是希腊式、非基督式的,从而导致他的民族中心主义的倾向,进而对纳粹屠杀犹太人的行动保持一种沉默,政治上的反动。

(2) 国外的六种观点:①法里亚斯在《海德格尔与纳粹主义》中认为海德格尔所有的思想都是纳粹式的;②朱利安·杨在《海德格尔 哲学 纳粹主义》中认为海德格尔的哲学没有对独裁做任何的妥协,而是一种对"自由民主的深厚信仰";③弗迪耶、加达默尔、巴姆巴赫则认为,海德格尔的纯哲学在政治之中的实践具有不可预见性,他不能对"纳粹的政治后果负责"②;④罗蒂与哈贝马斯则赞同海德格尔对自己的辩解,认为海德格尔的政治行为与哲学无关,这种政治参与只是"他生平中一个无关紧要的时刻"③;⑤拉巴尔特在《海德格尔、艺术与政治》中认为海德格尔思想中存在一个转向,1933年的政治行为和后期海德格尔思想是断裂的,因为他认为:

---

① 孙周兴:《我们时代的思想姿态》,东方出版社2001年版,第183页。
② 赵敦华主编:《外国哲学·第27辑》,商务印书馆2014年版,第7页。
③ 赵敦华主编:《外国哲学·第27辑》,商务印书馆2014年版,第6页。

1933年的技艺概念和劳动、能量有关，它导致了国家社会主义的政治观，而在两年之后，海德格尔的技艺概念作为创作，艺术创作取代了劳动，这预示着"国家唯美主义取代了国家社会主义"①；⑥布尔迪厄的《海德格尔的政治存在论》和理查德·沃林的《存在的政治》则向我们描绘了海德格尔哲学思想与纳粹思想的不可分割性关联。

综观国内外的观点，人们对海德格尔事件的观点大都是持一种非极端的观点，既不会单纯地认为海德格尔是纯粹哲学家，也不会认为海德格尔是纯粹的纳粹主义。人们大多都基于文本及事实去分析海德格尔事件的缘由，从而激发人们对该事件的思考。在我们看来，人们对于海德格尔政治事件的分析和评论更多的是基于政治和哲学之间的关系进行的。他们要么认为海德格尔的哲学思想和政治行为是同一的，是纯哲学思想导致了政治行为的失误，要么认为海德格尔哲学思想和政治行为是无关联的。政治事件只是个人单纯的私人行为，它和哲学思想无关。

但是，我认为他们都忽视了"共同体"概念在哲学思想和政治行为之中所起的作用。因为我们能从共同体问题切入并化解哲学与政治之间的矛盾。海德格尔哲学思想之中所期望的共同体是一个存在论层面的概念，而海德格尔的政治行为之中所参与的共同体却是一个生存论层面的概念。于是，我们可以从"存在"出发，通过对以上两个层面的共同体概念的关系探讨，达到化解"哲学与政治的矛盾"的目的。所以，我们要理解海德格尔的政治事件，就必须抓海德格尔的共同体概念，才能真正地介入他的政治事件。如果我们一味地纠结于海德格尔的政治事件到底是知行合一，还是知行分离，那我们就错误地理解了海德格尔的政治事件，从而容易迷失在人们对海德格尔的各种

---

① [法] 菲利普·拉古-拉巴特（Philippe Lacoue-Labarthe）：《海德格尔、艺术与政治》，刘汉全译，漓江出版社2014年版，第64页。

复杂观点之中。

同时，我们还可以基于学界对海德格尔"源始伦理学"的定位，试图提出一种符合海德格尔"存在论"的政治现象学立场来审视共同体现象，从而弥合政治与哲学之间的分歧。因为，政治现象学立场让我们辨识出了政治现象中的"非政治"和"反政治"因素，以超越了"传统政治哲学的形而上学预设"和"政治科学中的自然主义倾向"。所以，我们只有站在"政治现象学"的视域下，才能跳出"宏观政治哲学和微观政治哲学的区分"，超越"分析的政治哲学和批判理论的路径"，并不再囿于"解构或建构"、"分析与批判"的方法，而依据现象学的"悬隔"方法论去回归生活世界，面向政治现象本身。当我们直面共同体如何可能，避免用"人与神的关系"、"人与物的关系"来取代"人与人的关系"时，政治与哲学之间的分歧就在政治现象学视野下被共同体问题弥合了。

我们也可以利用政治现象学立场，去分析海德格尔的"共同体"现象，可以挖掘出其所暗含的自主"本真能力"和共在"无蔽处境"政治思想资源。

一方面，在海德格尔那里，人只有拥有成为"决断者"、"创造者"、"守护者"的能力，才可以和他人"本真共在"，形成共同体。这种"本真能力"在美国海德格尔专家休伯特·L.德雷福斯《万物闪耀》一书中转译为"技能培育（Meta-poieysis）"，通过"技能培育"的"意义抉择"可以抵制世俗时代的价值虚无主义和民粹主义狂热。另一方面，正如海德格尔在《形而上学导论》《巴门尼德》中对"城邦"（Polis）所作出的描绘，城邦共同体作为各类政治意识形态的无蔽处境，是一切存在者围绕的极点。这类人与人之间"本真共在"的无蔽处境在海德格尔的学生汉娜·阿伦特那里，被改造为"公共领域"。在"公共领域"中，个体的异质性被包容，极权主义危害被化解。总而言之，海德格尔的共同体思想在面对当代政治哲学中的

"虚无、民粹、极权"难题时，显示出了一定的思想活力。特别是当我们用政治现象学方法透视海德格尔的"存在论共同体"思想，并与当代社群主义的"排他性共同体"和马克思主义的"自由的联合体"作比较时发现，海德格尔"存在论"立场为当代"共同体"问题的奠基提供了可能性。

第三节 共同体思想历程中的海德格尔

正如文章开头我们对各类共同体阐述，共同体问题是复杂性的。不论是从哲学还是从社会学抑或是政治哲学的角度看，共同体概念远非我们所想的那么简单。因为，在共同体理念的发展变化中，通过对自然生活与人工生活、个体价值与共同价值的区分，我们感受到人的生活方式与意义价值的变化。所以，我们就需要明白，当我们谈论海德格尔共同体问题时，我们到底在谈论什么？海德格尔究竟是在什么层次上谈论共同体？是传统共同体还是现代共同体抑或二者都不是？

一 传统社群

众所周知，个体是现代性的产物。在"成为你自己！"的个体主义呼声之中，传统社会的共同体理念遭到扬弃。按照滕尼斯、鲍曼等社会学家的看法，传统农业社会的共同体是紧密的、安全的，能给人带来归属感，而现代工业社会的个体是松散的、风险的，人具有自由特征。由此可见，现代社会虽带来了个体的解放，却失去了共同体的温暖庇护。正因为如此，人类在没有共同体保护的状态下，必然处于孤立无援的境地，为此他必须成为强者，才能克服各类困难独立生存。于是，普莱斯纳在《共同体的边界》中叙述道"共同体是弱者的场所，而个体才是强者的体现"。在个体主义看来，共同体不过是个体的工具。

在对传统共同体的特征进行描绘之后,我们发现传统共同体问题的复杂性。似乎,它既能给人带来安全感,也能让人变得虚弱,这显然与我们看待共同体的视角有莫大的关联。若从整体性生存的角度出发,那么紧密的传统共同体是安全性的保障。若从个体性的自由出发,那么传统共同体中的一致性让个体自由受到压抑。因此,我们只有对传统共同体的内涵与特征界定清楚,才能真正地厘清传统共同体的优缺点,而不被误用,以防人们一谈论传统共同体就陷入谈虎色变的境地。众所周知,传统共同体的种类很多,如家庭、村落、小城市,而现代社会则以大城市、民族、世界为主。

我们每个人都有自己的家庭。家庭是我们最为熟悉的传统共同体之一。它是我们了解传统共同体的天然渠道。

第一,家庭生活是传统共同体的普遍基础。① 在滕尼斯看来,共同体的出发点是人在自然状态下意志的统一,这类共同意志的统一最直接表现在家庭中。虽然共同体的类型有三种:家庭(血缘共同体)、村庄(地缘共同体)、城市(精神共同体),但是家庭作为血缘共同体,并非只是拥有血缘意义上母子之间的本能关系,而且拥有地缘意义上夫妻之间的共同居住关系,抑或精神意义上兄妹之间的共同活动关系。实际上,在滕尼斯眼中,各类共同体的主要关系都在家庭内部有所显示,村庄中的"邻里关系"堪比夫妻关系,城市中的"友谊关系"类似于兄妹关系。因而,家庭是所有传统共同体的普遍基础。"所有的共同体的类型就是家庭本身"②,我们可以把村庄与城市看作更大的家庭。

---

① 参见〔德〕斐迪南·滕尼斯《共同体与社会》,林荣远译,商务印书馆1999年版,第336页。
② 〔德〕斐迪南·滕尼斯:《共同体与社会》,林荣远译,商务印书馆1999年版,第278页。

第二，家庭纽带以"时间"为原则。① 众所周知，在家庭里面，现世者们的共同血缘关系，意味着他们具有相同的祖先与后人，现世者、祖先与后人共同构成了现在、过去与未来的三个时间维度。由此可见，家在时间中孕育出人的世代生存，人们因家的世代的血缘关系而共同居住与共同劳动，成为紧密相联的统一体。可是，随着人类社会的不断发展，一方面，传统共同体的形态也不断发展；从家庭到村落再到普通城市，人们不再囿于共同的时间纽带，转而增加地域性的空间纽带与心灵性的精神纽带。另一方面，新的共同体开始形成；现代社会不再是由共同体构成，而是由自由个体组成的大城市。此时，人们在某个地方"不管住多长时间，处处都是为了钱"②。

第三，家庭精神里充满了"和睦"的美德；③ 和睦是家庭生活的最简单的表示。和睦实际上就是默认一致，这种默认一致并非做出来或者表达出来的，而是一种无法言说的东西。它并不植根于契约或者约定。因为，语言并非产生于约定，却为各类约定提供符号。所以，和谐并非做出来，却拥有形形色色的一致性。④ 由于，和谐植根于我们在真实的共同生活、共同居住与共同劳动之中产生的相似思维与经验结构，进而造成了人与人之间相互的默契。如母子之间、兄妹之间。这时候，每个人按照天然的方式和谐去做应该做的事情。然而，在家庭这个狭小的圈子里，人与人之间的摩擦也极易产生，和睦不容易持久。为此，作为年长者的天然权威者，则会以传统"习俗"为原则，破解人与人之间的冲突。

---

① 参见［德］斐迪南·滕尼斯《共同体与社会》，林荣远译，商务印书馆1999年版，第342页。
② ［德］斐迪南·滕尼斯：《共同体与社会》，林荣远译，商务印书馆1999年版，第233页。
③ 参见［德］斐迪南·滕尼斯《共同体与社会》，林荣远译，商务印书馆1999年版，第305页。
④ 参见［德］斐迪南·滕尼斯《共同体与社会》，林荣远译，商务印书馆1999年版，第75页。

由此可见，家庭作为传统共同体的普遍基础，既具备着实在层面的血缘纽带，也充满着精神层面的和睦团结。但是，纵观西方哲学史，家哲学并非主流，甚至如笑思所言：家哲学是西方人的盲点。相比于家庭问题，城邦、个体与上帝问题更占据主流位置。例如：在亚里士多德看来，城邦的本性就优于家庭，家庭只能为了满足人们日常生活自然形成的共同体，而城邦则是为满足人类至善生活的最高共同体。因而，家成为封闭、非理性、压迫的代名词，"成年而离家，被西方文化精英们看作自身'理性'成熟的标志，是人对'必然王国'的脱离，是阶级地位上升、升入自由领域、获得政治权利的象征，成为人的政治参与资格的获得前提"①。此时，社会趋于个体化、理性化、标准化。家庭中的妇孺老幼相比于成年男子而言，都被看作是弱者。为了缩小与成年男子的差距，他们只能改造自我，不再安于现状，"幼儿不能安于幼、妇而不能安于妇、老而不能安于老，以及家而不能安于家"②。

相比于西方思想家对家庭的忽视，中国思想家则将家看作一切的源头与归宿。如儒家的家国情怀。如果说西方人的"在家"是为了长大后工作，从而"离家"，那么中国人在家则是为了遵循礼教，出门也是为了家内之事，更注重"回家"。③ 因而，每年临近春节，上亿的中国打工者都走上了归家之途。在我们的传统文化中，作为群经之首的《周易》，首先就对家有所阐释，《周易·序卦》："有天地，然后有万物。有万物，然后有男女。有男女，然后有夫妇。有夫妇，然后有父子。有父子，然后有君臣。"里面体现的就是家庭的夫妻和亲子关系的伦理顺序。其次《周易》的"家人"卦象中，也对男女的守于正位的特征有所描述。上九作为乾位代表男人，应该"有孚威

---

① 笑思：《家哲学——西方人的盲点》，商务印书馆2010年版，第15页。
② 笑思：《家哲学——西方人的盲点》，商务印书馆2010年版，第154页。
③ 笑思：《家哲学——西方人的盲点》，商务印书馆2010年版，第11页。

如",心存诚信且威严治家。① 六二作为坤道代表女人,应该"顺以巽也",具有柔顺谦逊的品德。② 最后《周易》中对"家人"卦象的卦辞阐述了家的真正意义。《彖》曰"家道正而天下定",如果家庭中每个人守于正位,尽了自己的责任,那么天下才会安定。③ 由此可见,中国人思想中的"家国天下情怀"最早是源于《周易》。

在《周易》的影响下,孔子对家的看法也有了更深入的见解。相比于《周易》对家庭内部人物顺序与位置的静态阐述,孔子的论述则更加贴近于动态的生活世界。第一,他将家庭中的孝顺问题看作仁的基础,并说道:"其为人也孝弟,而好犯上者,鲜矣。"④ 孝顺父母与尊敬师长的人是鲜有犯上作乱的,行为当然合乎仁。第二,他认为家庭是通向天下的核心,"家齐而后国治;治国而后天下平"⑤。一个人如果连家庭内部的人都教育不好,如何教育好他人。第三,他以音乐的和谐来比喻家庭的和睦,认为"妻子好合,如鼓瑟琴。兄弟既翕,和乐且耽"⑥。无论是从家庭内部父子之间的孝的问题,还是家庭内外之间的治理转换,抑或是到家庭自身父子、兄弟之间的和谐动态相处,里面都彰显除了孔子对中国古代人类社会生活的敏锐观察与道德经验。

二 现代社群

如上节所言,随着科学启蒙的到来,人类生活方式发生了改变,其价值体系由注重"共同价值"转变为对"个体价值"的珍视。至此,传统的共同体生活被个体生活所取代。然而,在实际的日常生活

---

① 《周易》,杨天才、张善文译注,中华书局 2021 年版,第 337 页。
② 《周易》,杨天才、张善文译注,中华书局 2021 年版,第 334 页。
③ 《周易》,杨天才、张善文译注,中华书局 2021 年版,第 331 页。
④ 《论语·大学·中庸》,陈晓芬、徐儒宗译注,中华书局 2020 年版,第 8 页。
⑤ 《论语·大学·中庸》,陈晓芬、徐儒宗译注,中华书局 2020 年版,第 250 页。
⑥ 《论语·大学·中庸》,陈晓芬、徐儒宗译注,中华书局 2020 年版,第 312 页。

中，共同体的存在又是不争的事实。如家庭、种族、城市、阶级、民族、大学等。对于它们的存在，我们无法否认。因而，彻底否认共同体生活的消失，是不可取的方式。在我们看来，随着时代的变化，共同体并没有被个体完全取代，它不过是以另一种方式存在于我们生活之中。虽然，它不再占据主流的生活方式，但是它存在于各类多元的社团之中。不同于以往共同体的强势与封闭，现代共同体更多的是以弱的姿态与开放的方式展现在人们面前。这类共同体"既保留了共同体的形式特征又体现了现代社会的个体自由"①。它被思想家们称为"联合体"。无论是马克思的自由个人联合体，还是滕尼斯的社会、哈贝马斯的交往共同体，抑或是罗尔斯的社会联合体，都试图扬弃具有统一内在本质的传统共同体。他们认为共同体内部应该是多元的，里面包含着个体的自由选择，否则不符合时代潮流的发展。正如阿马蒂亚·森所言："比如同一个人，她可以是英国公民、来自马来西亚、有中国血统，是个证券经纪人、非素食者、哮喘病患者、语言学家、健身爱好者、诗人、反堕胎者、观鸟人、占星家，并且相信上帝创造达尔文以考验那些容易上当的人类。"②

按照马克思的理解，共同体的类型有三种：自然状态下的封建共同体、资本异化下的市民社会、共产主义的自由人的联合体。在自由人的联合体产生之前，人是处于不自由的状态，要么受到自然压制，要么受到资本异化，只有到了共产主义社会，人才真正的自由生存。正如他在《德意志意识形态》中描绘共产主义社会人的状态时说道："上午打猎，下午捕鱼，傍晚从事畜牧，晚饭后从事批判"③。人在自由联合体中是无固定身份的，这和现代人所说的多元身份模式不一

---

① 王立：《共同体之辨》，《人文杂志》2013年第9期。
② [印] 阿马蒂亚·森（Amartya Sen）：《身份与暴力：命运的幻象》，李风华等译，中国人民大学出版社2015年版，第19页。
③ 《德意志意识形态》（节选本），人民出版社2018年版，第30页。

样。在阿马蒂亚·森看来，在多元身份时代，现代人产生冲突的根源是由固守一元身份导致的。但是实际上，一方面，在传统社群主义者看来，人就是有一个固定的主导身份，并且这个身份是人们无法选择或者是逃避的，如地球的子民或者家庭的成员；另一方面，在马克思看来，多元身份并不能解决现阶段造成的冲突，多元身份的理性选择虽然看似可以解决不同社群之间的价值差异，但是在制度层面，人类面对着同一个障碍物：资本主义。人们只有突破资本的异化才能回归真正的自由状态，否则多元身份只能是一种虚假的自由。

可以说，当海德格尔在哲学上论共同体的时候，更多的是指向一种存在论。当海德格尔在政治或实践上谈论共同体的时候，则更多的是指向一种生存论，这些生存实践作为"存在"对人的居有，是人的超越性（自由）的来源。人只有在"存在"背景之中才能成为"本真意义上的人"（此在）。但是，我们必须知道，在海德格尔对共同体的理解之中，无论是存在论还是存在者层面的共同体的理解，他都是从"前制度层面"去做共同体问题的思考，这个视角也最终导致了他共同体思想的孱弱性。一方面，在现实层面，他的共同体理论的存在论关怀显得过强，只能是一种理想主义，从而无法现实化。另一方面，在制度层面，他的共同体理论的存在者关怀显得过弱，只能成为一种社会批判理论，从而无法制度化。正是基于以上理解，我们则有必要对海德格尔的共同体思想做初步的勾勒。

第一，我们从现实层面看，在海德格尔前期哲学对共同体思想的阐述中，他总是从"人与物的实践关系"去取代"人与人的共同体关系"，从而让"共同体"问题被"劳动实践"问题所取代。这在《存在与时间》中就有所体现，他企图用"人与物"的关系取代"人与人"的关系。首先，在海德格尔看来，人总是"在世"存在的。他沉浸于世界之中。其次，人"在世"总是"共在"的。人总与他人"共在"。最后，"人与人的共在作为操持"总是在"人与劳动物的操劳"中照面的。于是，我们将前期海德格尔哲学的共同体理论称为"劳动共同体"理论。正是在劳动实践中，人与他人的"共在"内在结构才能显示。人与他人的外在"在世"、"背景世界"才能显示为劳动实践的定向，使得人的劳动实践有规则、有方向。

但是，随着海德格尔对于"物"的理解的深入，"物"的理解也从"劳动物"，到"艺术物"，再到"无用物"。海德格尔对现实的共同体的理解也从"劳动共同体"，到"民族共同体"（艺术共同体），再到"等待与无用的共同体"。但是，我们可以将这些现实共同体统称为"民族共同体"，这都源于海德格尔哲学对于"民族共同体"问题的持续关注。

第二，从形而上学层面看，在海德格尔中期哲学对共同体的阐释中，他企图是用"人与形而上学"的关系去代替"人与人"的关系，从而让共同体问题被形而上学问题所取代。这个形而上学被海德格尔称为"元—政治形而上学"。

它作为元政治学就是城邦（Polis），是西方各个民族共同体的历史开端。在西方"形而上学史"的背景下，这个开端无疑就是指"古希腊"。海德格尔认为，各个民族共同体只有碰到古希腊这个"他者"，才能真正地感受到自己的无家可归，思念故乡，然后返乡。在开端性的城邦中建立属于自己民族共同体的历史。

第三，从"存在论"层面看，在海德格尔对共同体思想的阐述中，他总是用"人与存在"的关系去僭越"人与人"的关系，从而让共同体问题被存在问题取代。在海德格尔对人的定义中就可以窥知一二。他将人称为：Da-sein（此—在），Da 作为人的"生存境域"其实就是"存在本身"（Ereignis）。可是，随着海德格尔对"存在本身"理解的深入。一方面，他将其理解为：存在（Sein）→存有（Seyn）→本有（Ereignis）。另一方面，他将"存在本身"的运作特征彰显出来，以期用"人与存在的关系"获得一种对"人与人的关系"的解释。这个"存在自身"的运作也随着海德格尔哲学的不断深入而被理解为：存在的意义→存在的真理→存在的语言。这三种"存在论视域"或者"存在论的运作"将共同体转化"存在论共同体"问题。于是，随着海德格尔对"存在论视域"问题的三重深化，存在论视域从"时间性"（存在的意义），到"场所性"（存在的真理），再到"家园性"（存在的语言）。最终，将"存在论共同体"阐释为一种"家园共同体"。

可是，无论是从现实层面还是从形而上学层面，抑或从存在论层面看待共同体问题，共同体中的"人与人"的关系始终是被"人与存在"的关系所替代的。因为，在海德格尔看来，现实层面的"人与物"、形而上学层面的"人与形而上学"的关系最终不过是"存在问题"在现实层面和形而上学层面的展开罢了。于是，海德格尔才会将关于物的讨论最终落脚到"物性"，把海德格尔关于"城邦"的讨论最终回归到"存在之家"。可以说，二者都是返回"存在"的道路。所以，我们可以称，现实层面的共同体（劳动共同体）与形而上学层面的共同体（民族共同体）其实都是"存在论共同体"的不同展示面。

但是，我们又不得不说，"现实层面的共同体"、"形而上学层面的共同体"和"存在论层面的共同体"三者的理论目标还是有相当大的区别的。因为：（1）在"现实层面的共同体"中，海德格尔更多地将其理论目标设定在人身上，"民族共同体"始终是为人成为"此在"服务的；（2）在"形而上学层面的共同体"中，海德格尔更多地将其理论目标设定在"历史"身上，城邦始终为各民族的历史开端服务；（3）在"存在论层面的共同体"中，海德格尔则更多地将其理论目标设定在"存在"身上，"存在论共同体"始终是为"存在"的不断生成服务的。所以，我们需要时刻区分海德格尔到底在什么层面谈论共同体，否则我们就会混淆各个层面共同体的理论关怀。

在本书中，虽然，我们严格区分了劳动共同体、城邦、家园共同体属于不同层面，认为海德格尔从"劳动共同体"过渡到"城邦"，再过渡到"家园共同体"是一个不断深化、不断递进的过程。但是，我们不能单独地、分离式地去考虑他的共同体思想，而忽视其哲学的连续性。这样我们才能真正地把握海德格尔的"存在论共同体"（家园共同体）。

第三章

前期共同体思想：劳动共同体

虽然我们已经对海德格尔共同体思想作了初步描述，将海德格尔的共同体分为现实层面、形而上学层面的共同体和存在论层面的共同体，但是我们对他的共同体思想的理解还是表面的。于是，为了进一步探讨海德格尔的共同体思想，我们则有必要一步步从海德格尔的著作出发探讨他的共同体思想。

在《存在与时间》中，海德格尔非系统性地阐释了他的现实层面的"劳动共同体"思想。他关于"常人的沉沦"、"共在的生存结构"、"人的本真团结"、"世界的意义"等问题无不是指向"共同体"。虽然在海德格尔眼中，共同体问题并不是《存在与时间》中的核心问题，但是共同体对于我们来说是具有重大的现实意义的。因为，共同体问题可以为我们理解当代自由主义理论中的历史性以及公共性问题予以新的理论视野。第一，当代的自由主义者总是以静观态度看待历史性，把历史性化为历史学，使得历史成为一种相对主义，从而企图让人们抛弃历史维度的思考。可是，他们不知道，历史学源自历史性，历史性源自时间性。时间性作为"存在的意义"，是人"存在的意义"。于是，我们得出，历史并不一定就产生历史相对主义。历史作为人的"存在的意义"的展开，并不会将意义相对化、虚无化。可以说，按照海德格尔的理解，人若没有历史，那人活着就没有意义。因此，我们可以说，当代的自由主义者们丢失了意义问题。

第二，当代自由主义者误解了公共性，他们更多地把公共性问题视作一种保障私人权利的手段，从而缺乏对公共性本身的关注。例如：他们更注重消极自由，而不注重积极自由，更在意"个人私利"而不在意"公共善"本身，以上这些问题阈的缺失就导致了理查德·桑内特所说的"公共人的衰落"。虽然海德格尔也注重人的个体性，鄙视人的公共性。但是，他所鄙视的"公共性"是"公共意见"，而并非"公共性"本身。

他认为人在公共意见中总是失去自我，而被他人（常人）所左右。此时，自我只是他人的复本。我们必须逃离这种"公共意见"而回归真正的"公共性"。他所赞同的"公共性"是一种"人与他人"、"共在"的公共性，这是一种个人"为了他人"的本真公共性。[1] 在他的陈述中，人是向来就"为了他人"、向来就处于"公共性"中。人与他人之间的关系并不是"组合起来"或者"现成摆在一起"，而是一种"共同在此"的"共在"关系。[2] 在海德格尔看来，这种"为了他人"的"共在"作为共同体思想的构建根基，其实才是一种真正的伦理实践。正是在这种伦理实践之中，共同体才有了道德根基，可成为一种合理的、可实现的共同体。于是，美国哲学家弗雷德里克 A. 奥拉夫森（Frederick A. Olafson）在《海德格尔和伦理的基础——共在的研究》一书中才将"共在"论证为伦理学的基础。

---

[1] 此在作为共在在本质上是为他人之故而"存在"（参见［德］海德格尔《存在与时间》，陈嘉映等译，生活·读书·新知三联书店2012年版，第143页）。

[2] ［德］马丁·海德格尔：《存在与时间》（修订译本），陈嘉映、王庆节译，生活·读书·新知三联书店2012年版，第137页。

第一节　劳动共同体的"现实结构"根基

我们对"劳动共同体"的思想的初步描绘可以通过两方面来实现，一方面，在《存在与时间》中，我们可以通过海德格尔对"天命"概念的两处陈述来理解共同体的内在结构。他说："天命来标识共同体的演历"、"天命领会为此在共他人存在之际的演历"。于是，我们可以说，"共同体"就是"此在和他人'共在'"，"共在"就是共同体的内在结构。另一方面，我们可以通过海德格尔对"命运"与"天命"的"共性"来解释共同体的外在特征。他说："此在的演历是命运"、"共同体的演历是天命"、"有命运性质的天命。这一天命构成了此在的完整的本真演历"①。"演历"作为人的"历史性"，是共同体的外在特征。这样，我们就可以初步认为"劳动共同体"的现实根基是："共在"、"历史性"。

一　共在

在《存在与时间》中，共同体问题并不是一个边缘性的问题。海德格尔对于现实的共同体思想有着自己独特的理解。他认为，人的"此在的在世本质上是由共在组建的"，"共在"内在结构构成了共同体在社会层面的一种理论基础。② 即使人们认为自己是"独在"的，且这种"独在"在许多其他人出现的情况下无法消除，那也反证了人本身就是"共在"的。因为，在海德格尔看来，"独在是共在的一种

---

① [德] 马丁·海德格尔：《存在与时间》（修订译本），陈嘉映、王庆节译，生活·读书·新知三联书店 2012 年版，第 435 页。
② [德] 马丁·海德格尔：《存在与时间》（修订译本），陈嘉映、王庆节译，生活·读书·新知三联书店 2012 年版，第 140 页。

残缺样式，独在的可能性恰是共在的证明"①。类似于"独在"中"人与人之间共在"的"淡漠和陌生"相处模式的还有"不在"和"出门在外"两种模式。因此，海德格尔才会认为，无论人在社会之中的体验是"独在"、"不在"还是"出门在外"，他也总是"共在"的。人的内在结构总是让人和他人保持不可分割，一直在共同体之中。

那么，既然人和人的关系是"共在"，我们自然就不能赞同胡塞尔那种运用"移情"去理解"他人"的方案，这样会把"他人"当成自我的复本，而失去"他人"作为人的独特性。在海德格尔看来，"此在作为共在在本质上是为他人之故而'存在'"的，人在"为他人存在"的时候才能让他人和自我都共同的在此存在。② 可是，按照自由主义的说法，人应该是"为己之故"而存在的。按照罗尔斯的理解，人与人之间是通过合作构成了联合体。海德格尔对此持批判态度，他认为，自由主义和传统哲学如出一辙，依旧是一种主体形而上学，把人理解为理性的、主体的个体。实际上人不是自由主义那种理性的、合作的个体，而应该是"为他人之故"而存在的"共在"的、意义的人。

从事实的角度看，（1）虽然自由主义也谈论共同体问题，只是他们的共同体思想往往是被理性主体构建起来的东西，而海德格尔所考虑的现实共同体则更多地偏向于"前理性"层面。（2）虽然"共在"理论在海德格尔那里是共同体的内在结构基础，但是由于海德格尔"共在理论"太偏向于内在体验而缺乏经验上的实证，使得他无法从根本上给自由主义真正的、有力的回应，从而容易被自由主义抓住把

---

① ［德］马丁·海德格尔：《存在与时间》（修订译本），陈嘉映、王庆节译，生活·读书·新知三联书店2012年版，第140页。
② ［德］马丁·海德格尔：《存在与时间》（修订译本），陈嘉映、王庆节译，生活·读书·新知三联书店2012年版，第143页。

柄，被反批评为一种缺乏理性的独断论。

因此，我们通过对比发现，海德格尔的"共在"理论更具有私人性、理想性，而自由主义的理论更具有公共性、现实性。可以说，后者比前者更符合"共同体"理论所带有的公共与现实关怀。因为在现实生活之中，我们的共同体理论更多的是讨论人与人之间的现实性、公共性问题，而不是人与人之间的结构性、私人性问题。现实生活中，私人性问题不应该僭越公共领域。对于自由主义来说，海德格尔的"共在"结构离我们的现实生活太远了，它缺乏人与人之间现实层面的"相互性"和"合作性"。

可是，在海德格尔的现代性批判视域中，"共在"似乎比"合作"问题更加紧迫。因为自由主义"理性主体"是人们公认的合理概念，所以罗尔斯可以运用理性主体的合作机制去建立一个符合于时代的社会联合体。但在海德格尔看来，理性主体从根本上就是错误的，理性主体作为抽象的个体，是非本真的人。它误导了人们对于共同体理论的理解。由于理性主体用一种同一性的形而上学去压抑他人，使得他人的特殊性消失。因此，海德格尔才认为，首要摆在我们面前的是去重建人的主体理论。他认为只有让人成为本真的人（此在），使得人与人之间"共在"，才能解决罗尔斯理论中非本真主体（合作主体）对共同体的误解，重建属于本真人的共同体理论。

从哲学史的角度看，(1) 海德格尔"共在"的他人理论克服了胡塞尔"移情"的他人理论。海德格尔认为"共在"应该是"移情"的基础。他首先把自我和他人理解为同一地位且绝对差异性的个体。这个个体和胡塞尔的先验自我不同。胡塞尔的先验自我相对于他人具有优先性，只有通过先验自我才能构建他人，而海德格尔的"此在"相对于他人不具有优先性，二者处于同一地位。(2) 海德格尔的"共在"理论的先验性使其成为一个虚假性概念。萨特就认为"事实上，如果我与他人的关系是先验的，它就完全消除了与他人关系的可能性",作为共在的先验结构并不能与现实他人关联在一起。① 于是,人们开始质疑海德格尔的共在理论,说"海德格尔的共在关心的是此在存在的样式,而不是经验地与他者"实际相遇。②

正如列维纳斯所说,虽然海德格尔用"共在"理论克服了胡塞尔的唯我论的倾向,但是海德格尔还是缺乏真正对他人现实层面的伦理关怀。他认为,海德格尔所采用的本体论凝视,"将他人当成一个存在而不是一个人"③,从而让他人遭遇形而上学暴力,使他人与自我的经验性相遇被"共在"结构所耽搁。因此,列维纳斯才会建立一种以他者为基础的"他者伦理学"来挽救海德格尔缺失的伦理关怀。在列维纳斯看来,无论是胡塞尔的"先验自我"还是海德格尔的"此在",他们都没有超出传统哲学的框架,都只是一种"同一的和孤独的"哲学,这源于西方传统存在论对"他者"问题的排斥。④

传统形而上学往往倾向于用"同一性"来遏制"他者"的"差异性",以试图减少人与人之间的斗争。但是,同时他们疏忽了"同一性"对"他者"的绝对暴力的削平,使得哲学家要么试图用自我去构建"他者",要么试图用自我去占有"他者"。列维纳斯则提出,"他者"其实是在存在论之外能拒斥一切存在论的暴力的东西,从而使得"世界的本原不再是一元,而是多元"。⑤ 可以说,列维纳斯这个"多元性、经验性"的"他者"为胡塞尔的自我和海德格尔的此在奠定了基础。他不但颠倒胡塞尔的自我与他人的关系,并且为海德

---

① [法]萨特:《存在与虚无》(修订译本),陈宣良等译,生活·读书·新知三联书店2019年版,第314页。
② 孙向晨:《面对他者:莱维纳斯哲学思想研究》,上海三联书店2015年版,第67页。
③ Tony See, *Community Without Identity: The Ontology and Politics of Heidegger*, New York: Atropos Press, 2009, p.146.
④ 孙向晨:《面对他者:莱维纳斯哲学思想研究》,上海三联书店2015年版,第74页。
⑤ 朱刚:《多元与无端:列维纳斯对西方哲学中一元开端论的解构》,江苏人民出版社2016年版,第149页。

格尔的他人理论注入了充足的经验成分。

二 历史性

海德格尔曾亲口承认历史性是理解他"政治参与的一个基础"。①海德格尔在《存在与时间》中就将共同体的论述放在第二部分第七十四节论述历史性的章节之中，使得历史性成为理解共同体理论的关键元素，而这都不是偶然的。因为，在《存在与时间》的第一部分，海德格尔更多的是从横向的社会关系角度来探讨共同体问题（如社会共同体：常人，共同体的内在结构：共在）。他将人与人之间的关系建立在共同体的"共在"内在生存结构之中。在《存在与时间》的第二部分，海德格尔当然就应该从纵向的时间性角度去梳理共同体的外在历史性特征。只有这样，人们才能对现实层面的共同体问题进行全方位的理解。

按照海德格尔对历史性的理解，他对共同体的历史性问题有三层论述。首先，历史性是时间性的存在方式，奠基于时间性。我们要知道，"历史性的阐释归根到底表明为只不过是对时间性的更具体的研究"②。正是因为时间性根基才有历史性，而非因为历史性才有时间性。一方面，历史性是时间性的到时，是时间性的存在方式。他认为只有"存在者"才存在，而时间并不存在。因为时间作为存在视域的时间性，只是到时，只与存在关联。在人和存在的关联中，人具有一种绽出、出离（时间性的到时就是绽出、出离）自身的特征，才可能脱离日常无终结的物理时间而进入有终结的时间性，成为本真的人（此在）。

---

① Karl Löwith, "My Last Meeting with Heidegger in Rome", *New German Critique*, No. 45, Aug. 1988, pp. 115 – 116.
② [德] 马丁·海德格尔:《存在与时间》（修订译本），陈嘉映、王庆节译，生活·读书·新知三联书店 2012 年版，第 433 页。

有终结的时间性不仅代表着人的有死性（如海德格尔所强调的"向死而在"），而且也代表着另一种向终结存在的开端性、出生性（历史性）。在海德格尔看来，人的生存只有囊括了生死之间的整体性，才能保证时间性这个整体操心的存在论意义对于人的绽出生存的指引。历史性作为人在世存在的被抛境遇（在世）的时间性规定，就是人在世存在的存在方式。所以，在时间性的到时之中，时间性指引操心进行绽出活动，在绽出中人本真的在世生存，人通过在世生存进入历史性的生存，历史性成为"此在本身的时间性的存在方式"①。

另一方面，时间性作为此在的生存论的意义视域，是历史性的根基。因为作为意义的时间性视域包含了三个维度：将来、曾在、当前。历史性就奠基于此在的时间性的曾在维度之中，这个时间性的曾在维度是"历史性之所以可能的条件"②。例如：文物之所以是历史性的东西，具有历史性，不是因为它属于过去的时间，而是因为属于它的那个作为用具操劳的"照面的世界"（意义世界）不存在了，它以作为"曾在""此"的时间性存在论规定（意义）而具有历史性。也就是说，正是"意义世界"的存在论规定（时间），而不是"过去世界"的历史学考察，使得文物具有历史性。综上可知，历史性作为时间性的存在方式，是植根于操心，而操心是奠基于时间性的。正是在时间性的敞开域的指引下才产生人的操心行为，在人的操心行为中人才具有历史性。正因为时间性的重要性，后期海德格尔才会将时间性拓展为"时—游戏—空"为人的"天地人神"家园共同体提供运作场域。

其次，历史性不是世界历史与历史学，历史学是非本真的历史

---

① ［德］马丁·海德格尔：《存在与时间》（修订译本），陈嘉映、王庆节译，生活·读书·新知三联书店2012年版，第23页。
② ［德］马丁·海德格尔：《存在与时间》（修订译本），陈嘉映、王庆节译，生活·读书·新知三联书店2012年版，第23页。

性，而世界历史源于时间内状态，它是从时间性中生长出来的。在海德格尔看来，"世界历史"作为次级历史性的东西的演历。它是非此在的"世内照面的东西"①（上手事物或现成事物）的存在者的演历，这个非此在的存在者因为属于在世的世界而具有历史性。可是，实际的此在向来从世界历史方面领会历史性，而世界历史通常是沉沦的，这就导致历史性不能得到本真的理解，而是以非本真的沉沦的现成性去理解历史性，或者干脆从不言而喻的历史学传统中去理解历史性。人们在日常状态下总是沉沦于"在世存在的非此在的存在者"之中，操劳于该事物。这样人就会以操劳事物的方式去理解日常时间（物理时间），然后以日常时间去理解历史。这种历史观的理解方案以"当下"现成在场的方式被理解为"历史"②，使得历史成为一种公共化、计量化、片段化的世界历史，从而打断了真正时间之流。

由此，海德格尔才会要求人从操劳的事情中抽离出去直面时间本身，从而进入时间之中成为本真的人。因为，若"实际此在不再在此，则世界（世界历史）也不曾在此"③。他说"操劳于时间这一活动的本质不在于在定期之际运用某些计数式的规定性"④，而在于用操劳本身就在时间之中，这种时间被海德格尔称作：时间内状态（时间内状态——流俗时间的源头）。海德格尔认为世界历史作为对时间内状态的一种公共化的流俗解释方案。在日常状态下，人们将"当下即是"（Augenblick）的本真的时间观误解为流俗现在的世界历史，错过了"当下即是"的本真时间性维度，遗忘"非此在世内照面物"的

---

① ［德］马丁·海德格尔：《存在与时间》（修订译本），陈嘉映、王庆节译，生活·读书·新知三联书店2012年版，第431页。
② 此在的历史性演历在日常状态下被理解为常人，而非此在的存在者在日常被理解为历史。
③ ［德］马丁·海德格尔：《存在与时间》（修订译本），陈嘉映、王庆节译，生活·读书·新知三联书店2012年版，第444页。
④ ［德］马丁·海德格尔：《存在与时间》（修订译本），陈嘉映、王庆节译，生活·读书·新知三联书店2012年版，第465页。

"在时间之中"的存在论属性。

另外，海德格尔说："一个时代只是因为它是'有历史性的'，才可能是无历史学的。"① 历史学作为历史科学，它可以通过对敞开了的历史事物"专题化组建自己"，这些历史事物（如遗物、纪念碑、报导）在海德格尔看来都能展开成为历史学的材料。② 历史性作为可以敞开曾在历史事物的东西，它可以充当历史学的前提。可是，人们总是在把历史学的研究对象定位为一次性的、个体性的东西，而力图找出普遍的科学规律，从而去构建一个历史科学。但是实际上，海德格尔认为历史学的研究对象应该是"曾在此的生存的可能性"为主题。日常的人们总是以世界历史的生存方式操劳并沉沦于世内照面物体，"以用具史、劳动史、文化史、精神史、观念史等为其对象"取代了"曾在此的生存的可能性"真正对象，使得我们用非本真的历史学去理解历史性，而忘记了历史学的前提：历史性。③

最后，历史性作为本真历史性，它是揭示传统、保持传统并明确地批判性追随传统的。我们知道，在海德格尔看来，时间性可以分为本真的时间性和非本真的时间性，本真的时间性由未来维度指引，而非本真的时间性由现在维度指引。由上可知，既然时间性分为本真与非本真，那么历史性当然也区分为本真历史性与非本真的历史性。一方面，在非本真的历史性存在方式下，"此在作为常人自身不持立地把它的'今天'当前化"④，他会接受约定俗成的现实物，而闪避选择，看不见曾在的种种可能性。另一方面，在本真历史性的存在方式

---

① ［德］马丁·海德格尔：《存在与时间》（修订译本），陈嘉映、王庆节译，生活·读书·新知三联书店2012年版，第24—25页。
② ［德］马丁·海德格尔：《存在与时间》（修订译本），陈嘉映、王庆节译，生活·读书·新知三联书店2012年版，第444页。
③ ［德］马丁·海德格尔：《存在与时间》（修订译本），陈嘉映、王庆节译，生活·读书·新知三联书店2012年版，第447页。
④ ［德］马丁·海德格尔：《存在与时间》（修订译本），陈嘉映、王庆节译，生活·读书·新知三联书店2012年版，第442页。

下，它以"原始时间"（将来）为导向，以对现在流俗时间作斗争为任务，它能把先行向死的此在引回源头（出生），让此在在生死之间完成演历，而这个演历是对"此在的演历的存在建构"。① 因此，在海德格尔看来，本真历史性能克服非本真历史使其回到时间性之中，否则人会被常人的公共意见左右，失去自身的时间性境域。

按照海德格尔的理解，他认为本真历史性是先行决心演历和历史性的东西相适应，这也就导致本真历史性本身就是以将来（先行）为引导的。海德格尔的本真历史性虽然在曾在可能性中有其重心，但是这也不耽误本真历史性受到未来的指引去重演曾在的可能性，从而承担当下即是的处境。因为"此在作为具有历史的此在只有根据时间性才可能存在"，而人在时间境遇之中可以成为此在，他是植根于以向死而在的将来现象的。② 人只有在时间性的将来现象之中，将来现象不是断裂的，而是将来—曾在—现在三者的统一到时，这种到时是以时间性（"曾在着的有所当前化的将来而统一起来的现象"③）为依据的。所以，本真历史性的特征才会受到时间性现象的指引，海德格尔才在对本真历史性下定义的时候运用了尼采的三种历史学的概念。他声称，此在未来下决心去重演的是一种纪念碑式的历史学，对曾在可能性的占有是一种尚古的历史学，对当下沉沦的否定是一种批判历史的历史学，而"本真的历史性是这三种历史学可能统一的基础"④。在海德格尔看来，本真历史性作为先行下决心重演的当下即是处境的承担，就是对本真时间性到时的解释。此时"本真的历史性把历史领

---

① [德] 马丁·海德格尔：《存在与时间》（修订译本），陈嘉映、王庆节译，生活·读书·新知三联书店 2012 年版，第 24 页。
② [德] 马丁·海德格尔：《存在与时间》（修订译本），陈嘉映、王庆节译，生活·读书·新知三联书店 2012 年版，第 448 页。
③ [德] 马丁·海德格尔：《存在与时间》（修订译本），陈嘉映、王庆节译，生活·读书·新知三联书店 2012 年版，第 372 页。
④ [德] 马丁·海德格尔：《存在与时间》（修订译本），陈嘉映、王庆节译，生活·读书·新知三联书店 2012 年版，第 448 页。

会为可能之事的'重返'"①,"使得可能之事的'力量'在重演中击入实际生存"②,这种重返作为时间性的到时,依据时间性特征,必然使得本真历史性带有了批判性(斗争性)、尚古性(保存性)、纪念碑性(揭示性)特征。

综上所述,我们得出,历史性不是历史学或者世界历史,而是时间性的到时,它承担着对传统的一种传承。在我们看来,这种传承是站在共同体视域中才能形成的。因为海德格尔关于历史性的问题始终是和共同体问题纠缠在一起的。一方面,他说在非本真的历史性中,人是不持立的,人和共同体并无真正的联系,人只是被常人(非本真共同体)所控制,我们对传统的态度也只能是一种模仿。另一方面,他又说人在下决心成为此在之后,人能回到与共同体的可能性的生死关联之中,保证人在世与他人本真的"共在",使得我们和传统真正的具有关联性,从而重演传统。

同时,在我们所关注的本真历史性的存在方式中,我们也不能混淆此在的本真历史性和共同体本真历史性的区分。此在只有作为属于自己、个别化的、自身选择的人才能是进入本真历史性之中,而共同体的历史都是以此在为基础所建立起来的。因为,此在本真存在才能保证此在本真"共在"成为本真共同体,所以共同体的历史总是表现"此在的共同体的历史",虽然共同体的历史也有一定的本真性,但是它总是本真性的一种第二性的衍生形式,"永远都以某种方式沉淀在别具一格的此在的历史中"③。正如海德格尔所说的,共同体历史性可以成为先行决心的能在的可能性的一种源头,因为"先行着向生

---

① [德]马丁·海德格尔:《存在与时间》(修订译本),陈嘉映、王庆节译,生活·读书·新知三联书店2012年版,第442页。

② [德]马丁·海德格尔:《存在与时间》(修订译本),陈嘉映、王庆节译,生活·读书·新知三联书店2012年版,第446页。

③ 方向红:《海德格尔的"本真的历史性"是本真的吗?——海德格尔早期时间现象学研究献疑》,《江苏社会科学》2011年第2期。

存的不可逾越的可能性筹划自己,亦即向死筹划自己,这只能担保决心的完整性与本真性。生存的实际展开的诸可能性却不能从死中取得"①。海德格尔认为,在死亡中汲取的只能是一种偶然的可能性,只有把先行向死的决心回归到被抛境况,选择"流传下来的可能性承传给自己""并当下即是就为'它的时代'存在",才能汲取一种确定的可能性。② 此在的这种曾在的可能性就是关于此在在世的演历:"此在的演历"(命运)、"共同体的演历"(天命)、"非此在存在者的演历"(世界历史),它们分别是此在的操心、共同体的操持、物的操劳三者的演历,这三者共同构成此在本真的历史性。正是在本真历史性中,作为本真共同体的劳动共同体才可能进入我们的视野。

第二节 劳动共同体

众所周知,在我们生活的世界之中,我们不仅会和物相遇,还会和其他人相遇。海德格尔也说,人向来就生存在世界之中,并且和其他人共同存在。他认为人和人的"共在"产生的共同体可以分为两种,一种是作为"常人"的非本真共同体,另一种是作为"劳动共同体"的本真共同体。因为,一方面在《存在与时间》第一部分中,海德格尔在谈论共同体的时候,他首先从日常层面去分析共同体概念,这种日常共同体被称为"常人"。"常人"作为以人的日常状态为基础的共同体,在日常状态下控制着人。此时,人不再拥有独立

---

① [德] 马丁·海德格尔:《存在与时间》(修订译本),陈嘉映、王庆节译,生活·读书·新知三联书店 2012 年版,第 433 页。
② [德] 马丁·海德格尔:《存在与时间》(修订译本),陈嘉映、王庆节译,生活·读书·新知三联书店 2012 年版,第 434、436 页。

性，失去了自己的本真性状态。从表面上看，"常人"是一种消极的东西，但是，按照海德格尔的理解，"常人"实际应该是一种积极的东西。他认为我们只有站在日常生活的本真体验之上，才可能脱离常人的控制，让人进入人自身的本真状态，建立一种属于人的本真性的共同体：劳动共同体。

在海德格尔所描绘的这个现实的劳动共同体中，共同体既不是实体，也不是社会结构，而是一种由人的"具身性"所决定的"背景式的共同体"。按照查尔斯·泰勒所述，正是人的"具身性"塑造了我们的生存世界，从而将我们带出传统理性主义那种"脱事缘"主体。① 理性主体脱离世界，而海德格尔的"具身"（embodied）主体则卷入世界，构成一种"劳动共同体"。

虽然，"劳动共同体"概念在海德格尔哲学中引起了极大的争议，有些读者甚至认为正是"劳动共同体"（民族共同体）概念才导致了海德格尔提出一种"劳动服务"，卷入纳粹事件。但是，也正是因为这些争议，才使得我们对共同体问题的讨论变得更加具有现实意义，使得我们厘清"劳动共同体"概念的真实使用范围，防止被一些极权主义或者民粹主义所误用。

一 作为"非本真共同体"的"常人"

在现代社会，人们总是以理性的视野构建日常生活。海德格尔则认为，人在日常生活中，并不建立在认识论层面的理性主体之上，而是建立在利于前理性的常人公共背景中。② 常人作为非本真的共同体，为日常生活中的人提供了一套"社会性和文化性的语境"，为人的日

---

① ［美］查尔斯·吉尼翁（Charles B. Guignon）编：《剑桥海德格尔研究指南》（第二版），李旭、张东锋译，北京师范大学出版社2018年版，第223—224页。
② 参见［美］休伯特·L. 德雷福斯（Hubert L. Dreyfus）《在世：评海德格尔的〈存在与时间〉第一篇》，朱松峰译，浙江大学出版社2018年版，第144页。

常行为提供了标准性的解释方案。① 人只有在日常行为出现中断的时候，才会开始思考，其理性主体才开始作用。

可是，在传统形而上学的理性解读方案中，人总是被看成"现成的存在者"，而不被看成"在世界之内操心的存在者"：常人。海德格尔认为，此时人们错失了人"在世界之中"操心的整体性经验，而这个"在世界之中"的操心整体性经验就是对存在（自然）的经验。可是，正如赫拉克利特所说，"自然喜欢躲藏起来"。② 它是"那个在最初错失自身和遮蔽自身的东西"，而这个被隐藏的"在世界之中"的操心整体性经验是源于人们日常共处的庸庸碌碌。③

在庸庸碌碌中，"他人"（常人）可以对人发号施令，控制人的行为。这个时候人"本身为平均状态而操劳"④。人不再追问所谓的创新、例外的事情，而是安分守己地在已知的事情中生活。这样，"常人"就把人的其他的可能性平整，使得人不再拥有不确定的可能性，而只是拥有确定的平均的可能性的东西。正是在"庸庸碌碌操持、平均状态操劳、平整作用操心"的三种"常人"的存在方式之中，常人组建起了自己的"公共意见"。"公共意见"成为人们对于"在世界之中"的操心的解释的源头。"公众意见当下调整着对世界与此在的一切解释并始终保持为正确的。"⑤ 在这种公共意见的解释之中，"在世界之中"操心的"一切都晦暗不明而又把如此掩蔽起来的

---

① ［澳］芭芭拉·波尔特（Barbara Bolt）：《海德格尔眼中的艺术》，章辉译，重庆大学出版社2016年版，第41页。
② 《西方哲学原著选读》（上卷），北京大学哲学系外国哲学史教研室编译，商务印书馆1981年版，第26页。
③ ［德］马丁·海德格尔：《存在与时间》（修订译本），陈嘉映、王庆节译，生活·读书·新知三联书店2012年版，第151页。
④ ［德］马丁·海德格尔：《存在与时间》（修订译本），陈嘉映、王庆节译，生活·读书·新知三联书店2012年版，第147页。
⑤ ［德］马丁·海德格尔：《存在与时间》（修订译本），陈嘉映、王庆节译，生活·读书·新知三联书店2012年版，第148页。

东西硬当成众所周知的东西与人人可以通达的东西"①。它把"一切不熟悉的状态都压制住"②,让人们以一种误解的方式去理解人的"在世界之中"操心。此时,人们经验"在世界之中"操心更多的是从上手用具的操劳方式。由于,"上手状态"遮蔽了"在世界之中"操心的整体性经验,人的生存上的操心变成一种现成用具的操劳。

但是,人在世总是消散于"人与物"操劳。于是,人与他人的操持关系,也就被人与物的操劳关系所蒙蔽了。此时,操持的人完全"消散在他人之中"③。以上这些都和常人的本性相关。海德格尔认为,常人的本性是处于操持的两端,它"在积极的操持的两极端之间——即代为控制的操持与率先〔Vorspringen〕解放的操持之间,并显示出多样的混合形态"④。但是,由于操持首先总是"在残缺的方式或者至少是淡漠的方式"中对待他人,这也就导致了常人总是把人带向坏的方向,而不是好的方向,卸除了自身的责任。⑤ 与此同时,这也并不妨碍常人的积极作用。按照海德格尔的说法,"常人"是"此在"(本真状态的人)的积极状态,可以提供人的背景世界,成为自身的源泉。所以,在海德格尔眼中,"常人"既是人的一种非本真的状态,但它同样是缘发域性的。"本真的共同体"也不过是常人的一种生存变式。

总之,在海德格尔看来,常人作为此在的共在。它既不是现成的主体,也不是操劳的用具物,而是一种积极性的、操持于他人之中的

---

① 〔德〕马丁·海德格尔:《存在与时间》(修订译本),陈嘉映、王庆节译,生活·读书·新知三联书店2012年版,第148页。
② 〔德〕马丁·海德格尔:《存在与时间》(修订译本),陈嘉映、王庆节译,生活·读书·新知三联书店2012年版,第222页。
③ 陈嘉映:《海德格尔哲学概论》,商务印书馆2014年版,第76页。
④ 陈嘉映:《海德格尔哲学概论》,商务印书馆2014年版,第142页。
⑤ 陈嘉映:《海德格尔哲学概论》,商务印书馆2014年版,第144页。

共在生存经验。虽然它让"此在"做出了一直平整式的顺从，但是也是人的公共规范的可理解性的源泉。① 它对于我们理解日常共同体的公共性、社会性内涵具有积极的构建作用，并且让我们通过常人概念真实地去了解人的日常生活状态，从而能够为日常社会批判提供可能性视角。

二 对"常人"的评论

在国外海德格尔专家休伯特·L. 德雷福斯看来，"常人（Dasman）是意义的来源"②，是人们日常操劳所共享的公共实践背景。它给人的操劳行为提供规范性（意义），使得人沉浸于操劳用具，在规范性中熟能生巧。但是，按照海德格尔的本意，他依循克尔凯郭尔对公共性的批判，"认为真理不在群众之中"。③ 因为，他觉得人在日常生活之中是时时刻刻受大众公共意见控制的，总是按照平均状态去理解世界，从而对世界产生认知偏差。此时，人就不再把世界看成是"沉浸"的实践背景世界（意蕴世界），而把世界看成是"沉迷"的周围世界。

与之相反，另一位国外海德格尔专家弗雷德里克·A. 奥拉夫森（Frederick A. Olafson）则指出，常人（Dasman）乃是对意义的遮蔽。在常人的道德规则之中，人失去对"共在"的真实理解。但他误把"共在"当成一种外在结构来批判，误解了海德格尔的本意。其实"共在"应该是人的内在生存结构。人只有把"共在"看成内在生存结构，他才能真正地"为了他人"而存在。按照奥拉夫森的观点，他

---

① 参见［美］休伯特·L. 德雷福斯（Hubert L. Dreyfus）《在世：评海德格尔的〈存在与时间〉第一篇》，朱松峰译，浙江大学出版社 2018 年版，第 186 页。

② Edgar C. Boedeker Jr, "Individual and Community in Early Heidegger Suitating Dasman Manself Dasein", *An Interdisciplinary Journal of Philosophy*, Vol. 44, No. 1, Mar. 2001.

③ 参见［美］休伯特·L. 德雷福斯（Hubert L. Dreyfus）《在世：评海德格尔的〈存在与时间〉第一篇》，朱松峰译，浙江大学出版社 2018 年版，第 172 页。

认为海德格尔对于常人的论述应该只是一种外在的文化批判。他试图在批判常人的过程中，让"常人"的道德规则进入到本真"共在"建立的伦理基础之上，使得人回归自己的伦理处境。

基于以上两种观点，埃德加·查尔斯·博德克（Edgar Charles Boedeker）对双方给出了自己的回应。第一，他认为由于休伯特·L.德雷福斯过于关注"共同体"层面，"把常人当作此在的处境（Da）的唯一的意义来源"，而忽视了"此在"在世生存所拥有的另外两个意义来源：死亡和世界。① 第二，他认为奥拉夫森将常人视为文化上对现代大众生活的匿名批判，其论点是偏颇的。② 他反驳说，按照海德格尔对常人本意的理解，常人应该是人的"存在方式"，而并非对人的"文化批判"。因为常人若作为"文化批判"则会被视为应该被克服的东西。可是，依据海德格尔的原意，人只能克服非本真的"日常的此在"（日常自己），而不能克服常人。常人作为此在生存的"共在"结构，它是永远不能被克服的。假若读者依循奥拉夫森的观点，将常人视为一种文化批判，认为常人在人的本己（Self-Ownership）状态下被克服，那么我们就根本地误解了海德格尔。因为这样我们就将人的生存结构（在世共在结构）和生存状态（本己与非本己状态）混淆了，把"常人"误认为"日常自我"，使得"自我"和"共同体"被区隔开来。

由上，我们可以对常人做出一番评述。在《存在与时间》中，常人不但是理解人实践行为的意义背景，而且也是人无法克服的内在生存结构。但是，随着海德格尔对常人问题理解的深入，海德格尔开始试图从语言出发去看待"常人"问题。因为，一方面，语言的公共性

---

① Edgar C. Boedeker Jr, "Individual and Community in Early Heidegger Suitating Dasman Manself Dasein", *An Interdisciplinary Journal of Philosophy*, Vol. 44, No. 1, Mar. 2001.

② Edgar C. Boedeker Jr, "Individual and Community in Early Heidegger Suitating Dasman Manself Dasein", *An Interdisciplinary Journal of Philosophy*, Vol. 44, No. 1, Mar. 2001.

使得人和他人共在时沉沦,成为常人。另一方面,语言是作为人的被动结构,人在倾听语言后可以进入意义世界。所以,正是海德格尔将人的存在看成语言性,将语言看成存在的家,才使得人必然因为语言的公共意见而成为常人。常人也因为语言的被动性特征而变得无法被克服。

三 作为"本真共同体"的"劳动共同体"

描述完非本真共同体(常人)之后,我们就必须对本真共同体问题进行探讨。本真性的共同体是由"本真共在"结构与"本真历史性"背景构成的。其中,人不但成为自身,从沉沦状态转变为本真状态,而且具有本真的历史性视域能和存在关联。

在《存在与时间》之中,海德格尔对"共同体"只有一处论述,他说"天命来标识共同体(Community)的演历、民族(People)的演历"[①]。但是我们可以根据海德格尔在《黑皮书》以及《哲学论稿》中的描述可知,"共同体"其实就是"民族共同体"。因为,首先,他在《哲学论稿》中就以历史概念为起点,说"唯当一个民族在寻找自己上帝的过程中分得了自己的历史,它才成为一个民族"[②]。其次,他在《黑皮书》中以常人(群众)为契机,说"群众——不是民族的共同体。群众从事破坏"[③]。所以,我们可以得出结论说"本真共同体"就是"民族共同体"。

然而,鉴于"民族共同体"概念在《存在与时间》中没有被整体性的论述。海德格尔只是对"常人"(非本真共同体)有翔实的论述。于是,我们暂且把此节的共同体表述为"本真共同体"。由上节

[①] [德]马丁·海德格尔:《存在与时间》(修订译本),陈嘉映、王庆节译,生活·读书·新知三联书店2012年版,第435页。
[②] [德]马丁·海德格尔:《哲学论稿》,孙周兴译,商务印书馆2016年版,第476页。
[③] 赵敦华主编:《外国哲学·第32辑》,商务印书馆2017年版,第249页。

第三章　前期共同体思想：劳动共同体

可知，按照海德格尔对人的在世生存的解释，他认为"人与人之间"的操持和"人与物之间"的操劳是相关的。"本真共同体"作为"人与人之间"的操持共在，总是处于"人与物之间"的操劳之中。正是由于这个"人与物"的操劳概念作为一种劳动行为，使得"人与人之间"的"民族共同体"可以被理解为"劳动共同体"理论。在休伯特·L. 德雷福斯看来，劳动用具的情境使用是先于传统认知的，它不同于传统认知那种主体与客体之间的"存在者层面"关联，而是具有背景式的"存在层面"的领会，使劳动用具和人之间产生"存在"关联。① 于是，我们依据《存在与时间》中对"本真共同体"②思想的论述，总结出以下四点。

第一，海德格尔的"本真共同体"具有"本真性"特征。我们知道，日常生活中，人总是消散于常人的公共情境中，而非在处境（Da）中。人是在此（Da）存在的而非"沉沦"在各种偶然情境中存在。于是，人需要脱离"沉沦"，回归自身，成为本真性的人。海德格尔把这个过程称为：决断。在决断中，人才能称为本真的人，把自身带到操劳的"劳动用具"中，并和他人"共在"，成为"本真共同体"。但是，这个非本真性向本真性的转变过程，只是形式转变了，内容未被改变。③ 它在形式上只是抛弃了"无条件"方式而转向"有背景"方式，内容上则依旧是一种和劳动用具、他人相关的内容。于是，我们在本真状态下依旧在"劳动共同体"的操劳之中，只是我们

---

① 参见［美］休伯特·L. 德雷福斯（Hubert L. Dreyfus）《在世：评海德格尔的〈存在与时间〉第一篇》，朱松峰译，浙江大学出版社2018年版，第74页。

② 之前我们暂且把本真共同体称为劳动共同体理论。但是我们要知道劳动共同体理论只是本真共同体理论的现实维度，而不是它的存在论维度。虽然，存在论维度的本真共同体可以被我们称为"死亡共同体"，它和时间性视域有关。但是，鉴于本章对现实维度共同体的侧重，于是我们在此对本真共同体的存在论层面不作深入的强调，而只是将"本真共同体"集中于对"劳动共同体"的探讨。

③ 参见［美］休伯特·L. 德雷福斯（Hubert L. Dreyfus）《在世：评海德格尔的〈存在与时间〉第一篇》，朱松峰译，浙江大学出版社2018年版，第384页。

容易受到日常安定感的诱惑，重新将意义攸平，成为非本真的常人。但是为了将这种本真共同体的独特处境阐释清楚，我们必须引入"历史性"。历史性作为对共同体独特传统的重演，可以抵制常人的平整化。

第二，海德格尔的本真共同体具有"历史性"，是人诸种可能性的源头之一。在海德格尔眼中，时间性作为存在论视域，是人成为本真共同体的条件。历史性作为时间性的到时，必然也是本真共同体的特征。在《存在与时间》中，人的生存处境被描述为在世生存，在世生存又总是"和他人共在"的生存，"与他人共在"的生存又总是在"与他物操劳"中照面。于是，当我们讨论人的本真历史性的时候，就自然而然将共同体的历史性（天命）和个人的历史性（命运）以及物的历史性（世界历史）三者联系在一起。在海德格尔看来，这三者不仅都是时间性的到时的方式，而且还都是人的历史传统的一部分。海德格尔把这种三重意义上的历史的整体称为本真历史性。人只有拥有了这个本真历史性实际背景后，才能真正地、确切地展开自己的生存可能性，超越常人的无根据、无差别、虚假的社会同一性。[①] 那么我们究竟是如何展开这种生存可能性的呢？

海德格尔认为本真共同体的生存可能性，是通过"重演"来完成的。因为，他认为既然人的本真存在是由人向死决心筹划自身产生的，那么这种筹划的可能性就不可能是从死亡之中得到，而应该是从重演实际历史中才能得到。死亡作为一种先行的可能性，它不可能是一种"玄思可能性"[②]。它只有落实到人实际的被抛历史处境才能夺取自己的可能性。在海德格尔的解释中，一方面，人的向死的决心作

---

① 参见［美］休伯特·L. 德雷福斯（Hubert L. Dreyfus）《在世：评海德格尔的〈存在与时间〉第一篇》，朱松峰译，浙江大学出版社2018年版，第375页。
② ［德］马丁·海德格尔：《存在与时间》（修订译本），陈嘉映、王庆节译，生活·读书·新知三联书店2012年版，第433页。

为被抛入世界的决心,只有回到被抛的"共在世界"中才能把流传下来的可能性承传给自己。这种流传下来的历史传统作为一种能明确的传承被海德格尔称为"重演"。在海德格尔看来,人只有通过"重演"才能明确地下决心,明确地展开传统(遗业),将人的"共同体"的历史传统传承给人。这个"重演"概念在海德格尔看来,它并不是把过去的事情仅仅带过来的"复古主义",也不是一种将现在和过去联系起来的"历史进步主义",而是一种和过去的"可能性对答"①。他认为只有在对答之中,共同体的传统才能成为人的生存可能性源泉,回归其本真性。

另一方面,当人下决心选择自己的实际可能性的时候,海德格尔企图用一种历史性的共同体理论去反对日常性的共同体理论。虽然海德格尔把历史性和日常性都看作是时间性的一种到时方式,二者都和人被抛的世界处境相关,但是历史性是在未来(本真)的时间维度有其重心,它关注的是原始世界的绝对"境域",而日常性则以现在(非本真)的时间维度为导向,它关注的是周围环境的偶然"情境"。后者仅仅停留在当下时间维度而缺乏一种时间性的整体维度的视域。

第三,海德格尔的本真共同体只能是一种"劳动共同体"(Work-community)。② 虽然按照上面的论述,我们得出本真共同体所拥有的时间性(存在论视域)特征,这种共同体可以被我们称为"时间共同体"。但是,一方面,时间作为存在的意义,它始终是在存在论上考虑共同体问题。另一方面,当海德格尔从存在论层面考虑共同体的时候发现,他始终是在非本真的层面讨论共同体(常人),从而导致他对本真共同体概念的不重视。因此,我们有必要从存在者层面考虑

---

① [德] 马丁·海德格尔:《存在与时间》(修订译本),陈嘉映、王庆节译,生活·读书·新知三联书店2012年版,第436页。
② [挪威] 奎纳尔·希尔贝克(Gunnar Skirbekk)、童世骏等编:《跨越边界的哲学:挪威哲学文集》(增订版),童世骏、郁振华等译,浙江大学出版社2016年版,第442页。

以下本真共同体概念。

按照孙周兴的理解,"无论是在前期还是后期思想中,海德格尔都首先把现象学的'事实'理解为'事物',都是从'事物'入思的"①。在《存在与时间》中,事物作为存在者就是作为用具的劳动物,是人与人之间构成现实共同体的根源。因为人和人的交往总是通过人和物的上手用具方式来实现的。上手用具作为一种劳动物,它代表着海德格尔对本真共同体问题的关注是从劳动世界开始的。按照海德格尔的说法,劳动物是人和人团结的根源,它是共同体"共享历史的共同世界"。② 只是当代人的背景世界是一种多维度的背景世界,而海德格尔的背景世界只是劳动世界,所以我们才会说海德格尔的本真共同体其实就是一种"劳动共同体"。

我们知道,这种劳动共同体和海德格尔的"上手物"概念是分不开的。挪威哲学家安妮·格兰贝格就说这个"手"的概念"绝非任何人的手,而是一个劳作者的手","但不是工业劳工的手;那是一双作坊工匠的手"。③ 似乎,在海德格尔看来,我们所能拥有的只能是一个劳动的世界,产生的共同体也只能是一种"劳动共同体",且这种劳动共同体还是一种手工业的劳动共同体,难道这个手工者不就是农民吗?所以,难怪有人说海德格尔的哲学是农民哲学。我们也就不难理解当雅斯贝尔斯质疑海德格尔加入纳粹的时候,海德格尔所回应的那句话"你就看看希特勒那双手"。④

第四,海德格尔的"劳动共同体"是和社群主义的共同体相区别的。站在海德格尔的立场下,他会认为人和人之间顶多拥有的是一种

---

① 孙周兴:《我们时代的思想姿态》,东方出版社2001年版,第187页。
② [英]迈克尔·英伍德:《海德格尔》,刘华文译,译林出版社2013年版,第107页。
③ [挪威]奎纳尔·希尔贝克(Gunnar Skirbekk)、童世骏等编:《跨越边界的哲学:挪威哲学文集》(增订版),童世骏、郁振华等译,浙江大学出版社2016年版,第438页。
④ 陈嘉映:《海德格尔哲学概论》,商务印书馆2014年版,第16页。

内在"共在"生存结构,而不是社群主义那种"共同善"。在海德格尔视野下,当代社群主义的"共同善"问题其实是一个伪命题,是没有根基的。它只有建立在"共在"基础之上才能成立。海德格尔认为,人生在世总是在"共在"之中,而不是在"共同善"之中生存的。但是我们应该反驳他,其实他的共同体理论之所以异于当代社群主义,关键不是在于核心问题的不同,而是在于当代社群主义的理论起点是理性。理性是一种形而上学思维的方式,而海德格尔的理论起点前反思层面的沉浸思维,是一种后形而上学思维。所以,他才会在《黑色笔记》中强调"共同体主义"的虚假性,并在《存有的历史》中将"共同体主义"理解为现代消费主义的最后阶段。[①]

综上所述,我们首先从《存在与时间》中的第二部分出发,分析共同体的本真性的"共在"的内在结构,以及外在的"历史性"重演方式,来把握海德格尔本真共同体的两个特征。接着,我们结合共同体内部人和人、人和物二者之间的关联,将他的共同体理论最终定义为一种"现实存在者层面"的劳动共同体理论,从而厘清了海德格尔哲学和当代社群主义之间共同体思想的不同之处。

虽然在海德格尔的著作中,并没有明确提到"劳动共同体"(Work Community)这个概念,但是,海德格尔的思想和哲学概念对于理解劳动共同体的形成和意义有着重要的启示。海德格尔的哲学关注存在和人的本质,他强调人与世界的关系以及人类在世界中的嵌入性。他认为,人类通过劳动和实践来与世界互动,并且在这个过程中实现自己的存在。从上面的论述中我们看到,在海德格尔的著作《存在与时间》中,他通过探讨人类的存在方式以及本真性和历史性问题,触及对于人类实践和共同体的理解,这对于理解劳动共同体的形

---

① Heidegger, *The History of Beyng*, Trans. William McNeill and Jeffrey Powell, Bloomington: Indiana University Press, 2015, p. 176.

成和意义有着重要的启示。总而言之，虽然海德格尔没有明确提到"劳动共同体"这个概念，但他的哲学思想对于理解人类实践、共同体和存在的本质有着深远的影响，对于探讨劳动共同体的形成和意义提供了重要的哲学基础和思考方向。

四　对"劳动共同体"的评论

美国学者休伯特·德雷福斯（Hubert Dreyfus）就基于海德格尔对人的生活世界的前反思理解方案，从《存在与时间》中第一部分出发，将海德格尔的"操心"概念与实用主义关联在一起，并发展出一套属于实用主义的海德格尔哲学模式，创建了"加利福尼亚学派"。他甚至从人工智能的角度出发，认为"人和世界打交道的最初的方式不是感知与认知，而是实践"①。实践作为人的"在世操心"，它强调的是一种人在世操劳共在的沉浸性思维。他认为人只有在沉浸的思维方式中才能打破传统主客二分的思维模式。

因为，按照休伯特·L. 德雷福斯的理解，古典人工智能的发展陷入了一种机械的思维模式，总是让机器人以一个指令产生一个动作的模式行动。此时，计算机只能处理无意义的确定数据，而缺乏对上下文意义环境的把握。②他认为，若人工智能以海德格尔式的沉浸思维模式发展，以沉浸于周围环境的方式自动选择指令，就能既减少指令个数又增加人工智能的合理性行为，从而能促进人工智能的发展。但是，"加利福尼亚学派"绝对是误解了海德格尔的本意。因为，当海德格尔在批判技术的时候，他是为了阐述原初世界，而不是为了让技术世界的技术化加速，促进人工智能的发展。

可是，"加利福尼亚学派"对人工智能的贡献无疑是一种本末倒

---

① 陈勇：《海德格尔哲学在美国》，《中国社会科学报》2014 年 4 月 16 日第 584 期。
② 参见［美］休伯特·德雷福斯（Hubert Dreyfus）《计算机不能做什么：人工智能的极限》，宁春岩译，生活·读书·新知三联书店 1986 年版，第 269—270 页。

置的。他们借用海德格尔哲学中最有意义的东西去为他最讨厌的"技术"来服务,违背了海德格尔哲学的本意。① 正如王庆节在其博士学位论文中所说的,实用主义者将此在误解为"实践的代理人"或"行动主体"。② 他们误解了海德格尔对于人的定位。海德格尔谈论的人关心的并不是实践,而是存在。张汝伦在其文章《海德格尔的实践哲学》中也陈述了类似的观点。他说,"海德格尔哲学不仅不可能是实践哲学,而且还是根本反对实践哲学的:海德格尔一生只关心存在问题,关心存在论,对存在者层面或具体失去一点也不关心"。③

(1) 正是基于实用主义的出发点,休伯特·L. 德雷福斯描绘了一种受制于"背景实践"的劳动共同体概念,这种劳动共同体是建立在劳动存在论基础之上的技艺理论。正如迈克尔·英伍德所说,海德格尔的共同体理论"试图在极端个人主义与全然沉迷于常人的观念之间开辟一条道路"。④ 在我们看来,海德格尔既不像自由主义一样去寻求绝对的个人自主性,也不像社群主义一样顺从于共同体的共同善,而是试图回归共同体的"共在"结构。共在作为在世共在,它又是由劳动所决定的。正如美国实用主义家休伯特·L. 德雷福斯在《在世界之中》(*Being-in-the-World*)一书中对海德格尔的解读,他反对理论层面,而企图回到"我们与世界实际打交道的前反思阶段"⑤。他认为,在前反思阶段的劳动中,人的主客二分理论思维才能被克服。安妮·格兰贝格则把这劳动层面的最终根基归结为一种"劳作的存

---

① 感谢龙晶老师对"海德格尔与人工智能"问题的交流与探讨。
② Wang, Qingjie, *From Being-with to Ereignis: Heidegger's Theory of Community*, Tulane University, Ph. D. dissertation, MIT, 1994.
③ 张汝伦:《海德格尔的实践哲学》,《哲学研究》2013 年第 4 期。
④ [英]迈克尔·英伍德:《海德格尔》,刘华文译,译林出版社 2013 年版,第 107 页。
⑤ [挪威]奎纳尔·希尔贝克(Gunnar Skirbekk)、童世骏等编:《跨越边界的哲学:挪威哲学文集》(增订版),童世骏、郁振华等译,浙江大学出版社 2016 年版,第 431 页。

在论"①。海德格尔也正是在劳动存在论之上才建立了自己的"劳动共同体"理论。

可是，按照安妮·格兰贝格的理解，劳动共同体概念是"技艺而非实践"。② 因为，按照亚里士多德的理解，"技艺"是指向最后的产品，而"实践"是出于自身且指向自身。所以，休伯特·L.德雷福斯的技艺顶多只是一种背景实践而不是真正的实践概念。他的实践概念过于狭隘了，它不足以用来描述丰富的社会性。按照安妮·格兰贝格的说法，当工人休息下来的时候，不进行生产的时候，他们的实践来自何处？安妮·格兰贝格认为，此时实践应该变成一种"理解"。因为理解的意义显然比劳动实践更加丰富。人们对于审美、伦理、礼仪等层面的理解也应该是一种实践，这种实践作为非技艺的实践，它指向的是一种本真的公共生活。

因此，安妮·格兰贝格转口又说，海德格尔的这种劳动共同体概念是如此的狭隘，它对于社会伦理世界来说太过消极了。因为它要么是作为本真的共同体单纯地为了物体而操劳，要么作为非本真的共同体迷失在常人的公共世界之中，而没有伦理责任，这是安妮·格兰贝格所不能接受的。在她看来，劳动共同体的解读会不但让我们错失了社会领域，而且误解了对劳动者正确的揭示方式。在她看来，这种揭示方式不应该是劳动物而应该是语言。

按照她的说法，其实海德格尔的学生阿伦特关于"工作"和"行动"的区分就"是对海德格尔的打了折扣的实践概念的一种修正"③。在阿伦特看来，"工作"作为劳动是一种"技艺"层面的生产，它

---

① ［挪威］奎纳尔·希尔贝克（Gunnar Skirbekk）、童世骏等编：《跨越边界的哲学：挪威哲学文集》（增订版），童世骏、郁振华等译，浙江大学出版社2016年版，第438页。
② ［挪威］奎纳尔·希尔贝克（Gunnar Skirbekk）、童世骏等编：《跨越边界的哲学：挪威哲学文集》（增订版），童世骏、郁振华等译，浙江大学出版社2016年版，第440页。
③ ［挪威］奎纳尔·希尔贝克（Gunnar Skirbekk）、童世骏等编：《跨越边界的哲学：挪威哲学文集》（增订版），童世骏、郁振华等译，浙江大学出版社2016年版，第441页。

所关乎的是生产物，而"行动"作为"实践"，是借助于语言呈现于城邦共同体之中，它指向行动者本身。阿伦特看重的是"行动"而不是"劳动"，如果没有"行动"就没有共同体。这样阿伦特就把海德格尔的前反思层面的劳动者改造为一种具有伦理意味的社会实践者。

（2）劳动共同体忽视了语言层面的东西，将语言视为劳动的附加物。安妮·格兰贝格说，既然海德格尔在《存在与时间》中认为，意义是源自劳动世界而非语言世界，"所有摆脱实际劳作的交流都是闲谈"①。那么，语言要么是关于劳动的语言，要么就是闲谈。可是，"毕竟，我们使用语言的绝大多数情形并非是诸如使用锤子这类情形，而是在某种公共的社会运作里"②。这也就是说，我们社会中的大部分人只是无所事事、漠不关心自身的常人。他们大部分情况下都是以一种闲谈的方式去平均的理解意义世界，大部分时间都不能承担自己的生存"意义"，特别是我们当代的自由主义或者社群主义。因为这两种理论大部分时间都是在闲谈，在谈论如何构建一种正义制度或者何为共同善？而以上这些问题都是和劳动世界无关的。

同时，休伯特·L. 德雷福斯也看到了海德格尔的劳动共同体的缺陷。他既试图为劳动共同体加入社会层面的"技术和实践"③，也试图为其建立一种属于劳动共同体的"语言实践"。他认为语言只是人

---

① ［挪威］奎纳尔·希尔贝克（Gunnar Skirbekk）、童世骏等编：《跨越边界的哲学：挪威哲学文集》（增订版），童世骏、郁振华等译，浙江大学出版社2016年版，第448页。
② ［挪威］奎纳尔·希尔贝克（Gunnar Skirbekk）、童世骏等编：《跨越边界的哲学：挪威哲学文集》（增订版），童世骏、郁振华等译，浙江大学出版社2016年版，第448页。
③ 海德格尔一直强调劳动世界，而把社会世界降低为常人世界，而休伯特·L. 德雷福斯看到了其中的弊端，他试图将社会层面的"技术和实践"问题也变成构成劳动意义世界的东西。这有助于我们将劳动世界推进到熟练的技艺世界，扩大我们对劳动世界的理解内涵。劳动不再只是用工具的劳动，而且包括社会和文化层面的实践劳动。我们不得不说，休伯特·L. 德雷福斯的实用主义将社会和文化层面的东西庸俗化了。

劳动过程的附加物，语言只有"居于语言实践之中才能显明其意义"①，"摆脱了实际劳作活动的交流均是言谈"②。但是，安妮·格兰贝格对此提出尖锐的批评。她说语言如果无法产生劳动世界的意义，而仅仅是一种在劳动中显明的东西，那么"语言实践"在劳动世界中就"没有任何容身之处"。③

可以说，正是《存在与时间》中海德格尔对于语言的模糊定位导致了多元"意义世界"和一元"劳动世界"无法调和的矛盾。一方面，人要么在闲谈之中成为常人，指示出人的"共在"结构；另一方面，人要么在本真语言之中成为劳动物的衍生物，使得人成为可有可无的东西。但是，后期海德格尔注意到了语言问题的窘境。我们从他关于"在通向语言的途中"、"语言是存在的家"等观点就能窥知一二。在海德格尔看来，语言甚至是一种"最简单最艰难的劳—动"（手—工）。④ 语言不再是劳动的衍生物，而是劳动基于语言才能回归意义世界。由于劳动的"所有手的作业都基于思想"。⑤ 思想作为语言的一种类型，它必然是劳动的基础。正是在语言之中，我们的劳动共同体才能有存在论基础。于是，随着"存在论"进入我们的视野，海德格尔中期哲学开始构造他的形而上学的共同体理论：城邦。他认为，我们现实生活中的不同民族共同体只有在形而上学共同体（城邦）之中才能真正区分开来，回归民族自身独特性。城邦作为古希腊的"存在"经验。正是在城邦中，存在自身才能被经验，存在者才能被观察。

---

① Hubert L. Dreyfus, *Being-in-the-world: A Commentary on Heidegger's Being and Time, Division I*, Massachusetts: The MIT Press, 1990. p. 219.

② ［挪威］奎纳尔·希尔贝克（Gunnar Skirbekk）、童世骏等编：《跨越边界的哲学：挪威哲学文集》（增订版），童世骏、郁振华等译，浙江大学出版社2016年版，第448页。

③ ［挪威］奎纳尔·希尔贝克（Gunnar Skirbekk）、童世骏等编：《跨越边界的哲学：挪威哲学文集》（增订版），童世骏、郁振华等译，浙江大学出版社2016年版，第446页。

④ 参见［德］海德格尔《什么叫思想》，孙周兴译，商务印书馆2017年版，第24页。

⑤ ［德］海德格尔：《什么叫思想》，孙周兴译，商务印书馆2017年版，第24页。

第四章

中期共同体思想：城邦共同体

"海德格尔从早期向中期的转变是从世界性经验到历史性经验的转变。"① 这个历史性经验是通过对形而上学史（存在史）的分析而非人（此在）的经验产生的。此时，海德格尔通过对形而上学历史的阐释得出"哲学终结"的结论，认为我们只有把形而上学重新带回开端，才能"为完全不同的他者——元政治（Metapolitik）——做准备"。② 从形而上学的角度看，此时的海德格尔正专注于从"基础存在论"向"元存在论"（Metontologie）的形而上学构建的尝试之中，在这个过程中海德格尔对"特殊存在者"（本真此在）的关注转向了对"存在者整体"（世界敞开）的关注，而这一切都建立在对"空间性"问题的重视之上，这种形而上学的尝试之下，海德格尔的共同体思想转向现实世界，转变为对"城邦"政治共同体的关注。于是，在海德格尔看来，城邦背后的元政治学"作为元—政治的形而上学"③ 是对"此在形而上学"的一种克服，它被海德格尔称作"历史民族的元政治学"④，这个"历史民族的元政治学"核心概念是城邦（Polis）。城邦

---

① 彭富春：《西方海德格尔研究述评（一）》，《哲学动态》2001年第5期。
② 赵敦华主编：《外国哲学·第32辑》，商务印书馆2017年版，第250页。
③ 赵敦华主编：《外国哲学·第32辑》，商务印书馆2017年版，第251页。
④ 赵敦华主编：《外国哲学·第32辑》，商务印书馆2017年版，第259页。

作为形而上学（存在史）的开端，西方的各个"民族共同体"只有在城邦（Polis）中，才能产生自己的历史。真正的"历史"是创造性的，可以保存真理，而"真理的发生"有四种方式：创造艺术、建立国家、祭祀牺牲和思想追问。在此，我们则主要讨论的是"建立国家"这种发生方式，原因有三点：

第一，海德格尔认为，政治家在建立国家的过程之中产生的城邦（Polis）作品是优先于其他三种方式的。因为按照海德格尔的理解，政治家所产生的 Polis（城邦）是古希腊的"本己之物"。它是西方"存在史"的开端，"是奠基与保真这一切的历史的场所"。① 它为其他三种真理发生方式奠基。第二，城邦（Polis）这种政治活动作为一种"知"，不是认知意义上的"知"，而是一种关于"存在的知"。正是在这种"知"之中，"存在从遮蔽的状态带出来"。② 第三，作为人"藏身之地和安身之所"③ 的城邦（Polis），不是我们常规意义上的政治或者城邦，而是指历史的发生"场所"。我们通过 Polis（城邦）概念和"历史民族的元政治学"概念的关联可以发现，其实 Polis（城邦）就是一种元政治学概念，它不但是历史的发生场所，而且和民族休戚相关。正是在政治家创造城邦的过程之中，一个民族共同体的历史才得以建立起来。

第一节 城邦的"形而上学"根基

城邦作为民族共同体的历史境域，其实就是民族共同体中的此一

---

① ［德］马丁·海德格尔：《形而上学导论》（新译本），王庆节译，商务印书馆 2015 年版，第 220 页。
② 肖朗：《海德格尔现象学美学研究》，上海三联书店 2015 年版，第 58 页。
③ ［德］马丁·海德格尔：《形而上学导论》（新译本），王庆节译，商务印书馆 2015 年版，第 176 页。

在（Da-sein）的此（Da）。每个民族共同体只有回归到自身的城邦境域之中，才具有创造性，产生自身的历史。那么我们如何回到这个城邦呢？海德格尔给出了自己的答案：斗争（Polemos）。在他看来，城邦并不是建立在一套宪法或民族国家每个成员之间的"社会契约"之上，而是由领导者的大胆暴力创造性行为建立的。① 这个暴力创制行为被海德格尔表述为"世界与大地的争执的实现过程中"。②

一 斗争

在《存在与时间》中，海德格尔对"斗争"问题就有一番论述。他说"在传达中，在斗争中，天命的力量才解放出来"、"在先行的决心中，使追随和忠实于可重演之事的斗争成为自由的这样一种选择才被首先选择出来"、"必须针对起遮蔽作用的对此在历史的流俗解释作斗争才能博得历史性的生存论存在论建构"③。此时，"斗争"多指和"非本真历史"作斗争，从而构建一种"本真历史"的过程。

但是，随着海德格尔对"斗争"概念的深入阐释，我们对斗争概念的理解愈加深化。一方面，他在《形而上学导论》中借用赫拉克里特"斗争是万物之源"来讨论"人力和自然力的对抗"④。另一方面，在《艺术作品的起源》中，他通过对艺术作品的创建行为的描述，阐释了真理如何在"世界和大地的争执"中现身。

综上，我们得出，海德格尔前期哲学把"斗争"概念当成一种对传统历史的争辩行为，力图"回归历史"。海德格尔中期哲学则把

---

① Tony See, *Community without Identity: The Ontology and Politics of Heidegger*, New York: Atropos Press, 2009, p. 160.
② ［德］海德格尔：《林中路》（修订本），孙周兴译，上海世纪出版社2008年版，第31页。
③ ［德］马丁·海德格尔：《存在与时间》（修订译本），陈嘉映、王庆节译，生活·读书·新知三联书店2012年版，第435、436、426页。
④ 张振华：《斗争与和谐：海德格尔对早期希腊思想的阐释》，商务印书馆2016年版，第242页。

"斗争"概念当成创造传统的创生行为,而去"创生历史"。在这个"回归历史"到"创生历史"的过程中,海德格尔成功地将人的"境域"从"存在者层面"推向了"非存在者"(无—存在)层面。① 这些都可以从《形而上学导论》中,海德格尔对"为什么存在者存在而无反倒不在?"的追问中窥知一二。② 鉴于"斗争"概念的重要性,我们对"斗争"概念有四层论述:

第一,斗争作为一种斗争形而上学,不但源于当时的政治背景与政治思想,而且还源于海德格尔中期哲学对"真理的斗争性"③ 原则的阐释。一方面,与海德格尔交好的哲学家们都有各自的"斗争性"哲学,他们影响着海德格尔。例如:1930 年雅斯贝尔斯在《哲学》一书中为了真理展现的"生存斗争",海德格尔则在二者交往书信中对此书进行了称赞。1932 年恩斯特·云格尔在《劳动者》中强调取消对立面的绝对战斗,海德格尔则称云格尔的《劳动者》属于尼采所讲的"积极虚无主义"。④ 1933 年卡尔·施米特在《政治的概念》中提出"战争支撑了所有政治概念的可能性"⑤,海德格尔则与卡尔·施米特针对赫拉克里特残片 53 中引用的"战争是万物之父"概念进行了探讨。⑥

另一方面,在海德格尔中期哲学中,他将真理阐述为"存在的真

---

① 人的境域作为人的生存场所,其实就是作为澄明的真理本身。一方面,在海德格尔前期哲学中,他认为真理是存在者的去蔽;另一方面,在海德格尔中期哲学中,他认为真理的本质是非真理,即非存在者。于是,我们可以说,海德格尔前期哲学对境域的理解是存在者层面的,而海德格尔中期哲学对境域的理解是非存在者层面的,这个非存在者指的是从"存在者整体"而非"特殊存在者"(此在)层面来把握世界。
② [德]马丁·海德格尔:《形而上学导论》(新译本),王庆节译,商务印书馆 2015 年版,第 1 页。
③ 张振华:《斗争与和谐:海德格尔对早期希腊思想的阐释》,商务印书馆 2016 年版,第 223 页。
④ [德]君特·菲加尔编:《海德格尔与荣格通信集》,张柯译,南京大学出版社 2017 年版,第 209 页。
⑤ 刘小枫:《施密特与政治哲学的现代性》,《浙江学刊》2001 年第 3 期。
⑥ [德]海德格尔:《巴门尼德》,朱清华译,商务印书馆 2018 年版,第 25 页。

理",它是人面对自然时产生创造性的源头。由于海德格尔把真理理解为遮蔽和解蔽二者之间的"斗争"关系,从而使得"世界生成"、"大地制造"。于是,作为遮蔽的"存在真理"(澄明)能够被创建,并被保存在艺术作品中。但是,鉴于艺术作品作为"无中生有"的斗争性的创生产物,它是源自"存在"的。"存在"作为形而上学概念,它促使我们把海德格尔中期哲学称为"斗争的形而上学"①。

第二,"斗争和 Logos 是一回事"②,它是一种反普遍理性的逻格斯(Logos)。因为,在《形而上学导论》中,海德格尔不但说,斗争是"相摩互荡之最高形态的集聚"③,逻格斯是作为采集把相互对立者保持在最高紧张的状态,而且还说"逻格斯本身是一场争斗"。所以,归根结底"斗争"和"逻格斯"(Logos)是一回事。也正如张振华所叙述的,海德格尔虽然在《形而上学导论》中强调人在逻格斯中能和存在相互归属,"但是这一面仍旧淹没在人和存在相互斗争的汹涌大潮之中"④。此时,"斗争"作为和逻格斯关联的东西,是一种对现代性的批判。一方面,它反对我们以命题式的、范畴化的方式去理解逻格斯,将逻格斯看成是一种普遍理性。另一方面,它将逻格斯与斗争相关联,强调一种斗争的理性,使得对立双方不可被普遍理性调和。

---

① "斗争形而上学"被巴姆巴赫的《海德格尔的根——尼采,国家社会主义和希腊人》以及多米尼克·洛苏尔多《海德格尔与战争意识形态》所提及过。另外,按照张振华的理解,虽然称作"斗争的形而上学"过于哗众取宠,但是它也算明确地阐明了海德格尔中期的思想核心(参见[美]C.巴姆巴赫《海德格尔的根——尼采,国家社会主义和希腊人》,张志和译,上海书店出版社 2007 年版,第 201 页)。

② [德]马丁·海德格尔:《形而上学导论》(新译本),王庆节译,商务印书馆 2015 年版,第 69 页。

③ [德]马丁·海德格尔:《形而上学导论》(新译本),王庆节译,商务印书馆 2015 年版,第 151 页。

④ 张振华:《斗争与和谐:海德格尔对早期希腊思想的阐释》,商务印书馆 2016 年版,第 190 页。

第三，斗争具有"开端性的本质"，它可以建立历史的"另一开端"。① 按照海德格尔的说法，正是因为"我们在希腊开端性的运思中经验到了真理的斗争的本质"。② 所以海德格尔才说，"我们必须把我们自己置回到伟大的开端之中"。③ 在开端中，形而上学的历史构建出来，它被海德格尔称为"第一开端"。但是，这个"第一开端"作为对存在者的真理的研究，遗忘了虚无（存在）问题。一方面，随着尼采哲学对虚无问题的追问，"第一开端"在尼采哲学那得到了终结。另一方面，随着"虚无"问题的显现，"虚无"作为存在，它开启了新的哲学，使得哲学史开启"另一开端"。按照海德格尔的解释，"另一开端"是通过"斗争"来完成的。"斗争"作为开端性因素，只有在"斗争"之中才能完成"对全部'存在学'的决断"④，解决存在者对"存在的遗忘"，从而将"存在""庇护入存在者之中"⑤，实现"第一开端"向"另一开端"的过渡。

第四，城邦作为历史的场所，其本质就是斗争。斗争作为"第一开端"向"另一开端"的过渡，其实就是历史的发生。一方面，鉴于海德格尔将历史的发生场所称为"Polis"（城邦），我们就可以得出"Polis 本是一个争执（斗争）的场所"⑥。另一方面，鉴于斗争的开端性，我们又可以推出城邦的本质其实"不是容纳争执，而是制造争执"⑦。这样，我们就把斗争和城邦概念关联到了一起。

总之，海德格尔的"斗争"概念贯穿着海德格尔中期哲学，它不但是诠释出了民族共同体的历史如何通过"斗争"而重新得到开端，

---

① ［德］海德格尔：《巴门尼德》，朱清华译，商务印书馆 2018 年版，第 25 页。
② ［德］海德格尔：《巴门尼德》，朱清华译，商务印书馆 2018 年版，第 25 页。
③ 赵敦华主编：《外国哲学·第 31 辑》，商务印书馆 2016 年版，第 233 页。
④ ［德］马丁·海德格尔：《哲学论稿》，孙周兴译，商务印书馆 2016 年版，第 241 页。
⑤ ［德］马丁·海德格尔：《哲学论稿》，孙周兴译，商务印书馆 2016 年版，第 44 页。
⑥ 韩潮：《海德格尔与伦理学问题》，同济大学出版社 2007 年版，第 299 页。
⑦ 韩潮：《海德格尔与伦理学问题》，同济大学出版社 2007 年版，第 313 页。

而且通过对世界和大地的"斗争"讨论,让真理置入城邦之中。同时,鉴于"斗争"概念的激进性、差异性,直接促发了后当代的激进实践哲学。但实际上,海德格尔对后现代激进的实践哲学也是持否定态度的。因为"除了在这里发现暴力,在那里发现暴政,肆意宣泄他们受形而上学压迫的怨恨情结和受难情结外,就剩下一个空洞的、不知所云的未来神学了"①。于是,在经历了纳粹事件之后,海德格尔开始对"斗争"主题进行反省,使其哲学主题由"斗争"转向"和谐""无用"。"斗争"所暗含的"暴力"也被海德格尔消解为"泰然让之"。以上这些才标志着海德格尔哲学的真正成熟。

二 场所

既然在海德格尔看来,城邦是历史的发生"场所"(Statte),那么"场所"就自然成为我们必须厘清的概念。一方面,海德格尔在《形而上学导论》一书中认为,城邦作为政治家创造的作品,比其他作品更加的根本。它作为人的境域,是人的历史发生的"场所"。每个民族共同体正是在这个历史"场所"之中才能承担自己的天命,开展自己真正的历史。另一方面,海德格尔在《筑·居·思》里试图从筑造出发"产生作为位置的物"②。此物为四重世界提供出一个栖居的"场所",完成对诸空间的接合,从而产生物理空间。由以上两点得出,"场所"概念是和海德格尔哲学中的时空观相关联的,它不但是一个空间概念,而且是和时间相关的。鉴于海德格尔时空观的变化,我们就有必要从海德格尔哲学的三个时期去描绘三种"场所"概念。

(1)在海德格尔早期哲学作品《存在与时间》(1927)中,"场

---

① 韩潮:《海德格尔与伦理学问题》,同济大学出版社2007年版,第38页。
② [德]马丁·海德格尔:《演讲与论文集》,孙周兴译,生活·读书·新知三联书店2005年版,第167页。

所"（Gegend）概念指的是人"在世界之中"的日常空间性。人是通过日常空间性去理解"空间"的。可是在哲学史中，人们对"空间"的理解通常有三种：牛顿的绝对空间、莱布尼茨的关系空间、康德的先验空间。①在牛顿看来，虽然物体在空间中，但是空间本身外在于物体，和物体无关。②在莱布尼茨看来，空间是物体的关系，没有物体就没有空间。③在康德看来，空间是人主观的先天直观形式，而非独立于人心外在的物理的东西。

但是，在海德格尔看来，无论是客观性的绝对空间或关系空间，还是主观性的先验空间，"所有这些理论都是基于形而上学的主客体二分法"的思维假设，而海德格尔"寻求的是二分法本身的条件"：场所。① 他认为人只有在前反思层面的操劳活动中才能形成一切空间理论，而操劳活动总是有其"场所"的。与此同时，"场所"揭示出操劳活动的"去远"和"定向"这两个特征是源于"此在"（本真的人）在世的空间性，而"此在"在世的空间性又是奠基于此在的时间性。因为，"此在""去存在的方式在存在论上只有根据时间性才是可能的"。②

（2）在海德格尔中期哲学作品《形而上学导论》（1935）和《艺术作品的本源》（1935）之中，他以"城邦"为例，揭示出"场所"所带有的真理性和历史性。一方面，海德格尔认为，城邦作为历史的发生场所，是人的境域以及历史的开端。"历史的发生就在于此、源于此、为于此"。③ 他从历史的开端性出发，强调人们应该重新"返回步伐"，回到古希腊的境域之中，依本源而居。另一方面，城邦这

---

① Yoko Arisaka, "On Heidegger's Theory of Space: A Critique of Dreyfus", *Inquiry*, Vol. 38, No. 4, Dec. 1995, p. 457.
② 张浩军：《论海德格尔空间问题之疑难及其解决》，《华侨大学学报》（哲学社会科学版）2008年第1期。
③ [德] 马丁·海德格尔：《形而上学导论》（新译本），王庆节译，商务印书馆2015年版，第176页。

个历史"场所",作为政治家的创造的作品。它是存在者真理的发生方式。正是在真理的发生中,存在者真理"自行设置入作品"(城邦)。① 但是,此时我们要清楚,这时候真理作为存在者真理的发生,还不是最原始的存在的真理。因此,海德格尔还需要继续将真理问题还原,使得真理问题被推进到海德格尔后期哲学。

(3) 在海德格尔后期哲学作品《筑·居·思》(1951) 和《艺术与空间》(1969) 之中。因为,①在《存在与时间》中,海德格尔认识到的"上手器具"是一种有目的性的东西,而目的性总是指向他物,沉沦于其他存在者。②在《艺术作品的本源》中的转折时期,他则认为"艺术作品"是自足的,是指向自身,能使人领会存在的。所以,海德格尔后期哲学便用场所(Statte)与位置(Ort)取代前期哲学中的场所(Gegend)与位置(Place),企图构建一种本真的空间性。② 在他看来,正是人在"倾听"语言时,通过作诗和运思去筑造,为物提供一个"本真空间",才使得人达到"诗意的栖居"。

为此,海德格尔通过对桥的分析,演示了人的栖居过程。一方面,桥作为一个物,自身就是一个位置,它提供出一个场所。物作为一种聚集,聚集了天地人神四重整体,将这四重整体聚集在这个场所之中。另一方面,桥作为物是通过人的筑造(作诗和运思两种筑造方式)才能生成的,人才能栖居,"保存四重整体——拯救大地,接受天空,期待诸神,接纳终有一死者",让四重整体进入环化的"时—游戏—空"之中。③

综上,通过对海德格尔"场所"概念的三重分析发现,海德格尔从最初的侧重于从空间的角度分析场所概念,到中期哲学侧重于从时

---

① [德] 海德格尔:《林中路》(修订本),孙周兴译,上海世纪出版社 2008 年版,第 21 页。
② 赵卫国:《海德格尔前后期空间思想的内在联系》,《人文杂志》2005 年第 1 期。
③ 朗:《海德格尔现象学美学研究》,上海三联书店 2015 年版,第 117 页。

间的角度分析场所概念，最后到将空间和时间放在同等地位，用"时—空"境域作为场所的最终解释方案。这样就可以在海德格尔对场所思想的一步步深化中，显示出他哲学的连贯性，给予那些将海德格尔哲学分段式理解的学者们一个有力的回击。

第二节　城邦

在上一章对共同体的阐释中，我们以"共同体"的内在"共在"结构和外在"历史"境遇进行了描绘，将共同体区分为"本真共同体"和"非本真共同体"，这两种共同体分别被称为"劳动共同体""常人"。此时，海德格尔对共同体的阐释重点在于对"劳动物"的理解之上。这源于海德格尔认为，人和人之间组成的共同体是基于人对劳动物的操劳。可是，随着海德格尔对共同体问题的深入，法国哲学家菲利普·拉古-拉巴特对此提出了自己的看法。他说海德格尔中期哲学用"创作取代了劳动"，打算用一种"艺术共同体"（民族共同体）理论取代劳动共同体理论。①

按照海德格尔自己的说法，他认为不同的民族共同体是由不同的创作作品构建的，每个民族根据自己的创作产生自身的历史，从而为自身历史的开端场所（城邦）服务。这样也就使得，一方面，在海德格尔中期哲学所谈论的共同体内部，人不再是一种寓于劳动物的人，而是一种在创造艺术作品的人。于是，劳动共同体变成了民族共同体（艺术共同体）。另一方面，在海德格尔中期哲学的共同体外部，人不再只是归属于历史，而是归属于历史的场所（城邦）。这样海德格尔

---

① ［法］菲利普·拉古-拉巴特（Philippe Lacoue-Labarthe）：《海德格尔、艺术与政治》，刘汉全译，漓江出版社2014年版，第64页。

就将"劳动共同体"理论推进到了"城邦"理论。

一 作为"历史共同体"的"民族共同体"

在海德格尔中期哲学中,他对共同体在存在者层面的认识掺杂着历史主义成分。他把这种历史主义的共同体称为民族共同体。他认为,一方面,民族共同体不是群众。民族共同体作为本真的共同体,追求斗争。它强调"否定性",否定那种民族共同体中"封闭的构型意志"。① 可是,群众作为非本真的共同体,追求稳定。它只会一味地赞同,害怕"把人撞击到不确定性中去的斗争"。② 但与此同时,海德格尔又给予了一条由"群众"(人民)回归"民族共同体"的道路:大学的认知教育。海德格尔从"为人民服务"概念出发,认为真正的"为人民服务"不是民主意义上的民族大团结或者"虚伪的同志友情"③,而是依据人民的本质性要求,通过"大学认知教育"让其回归自身,保持人自身的独立性。同时,"大学认知教育"作为对"存在"的认知,并不是一种为了"占有知识"而推动文化、科学的教育,而是为了唤醒人的意志、克服群众非本真性的治疗,这样民族共同体才能回归自身,创造自己的历史。

另一方面,民族共同体作为最真实的共同体,是不会放弃个体独一性的。我们知道,在现实生活中,人们往往以共同体的"共同善"对个体的"独一性"进行抹除,而这可以被看作海德格尔排斥常人、群众等"非本真共同体"的原因。在海德格尔看来,每个个体本身是差异性的。他强调的是人在共同体中保持"独一性",以否定"非本真的共同体"对人的扼杀。但是,我们基于海德格尔的"元—政治形而上学"立场知道,其实海德格尔对于个体独一性的理解并不同于自

---

① 赵敦华主编:《外国哲学·第32辑》,商务印书馆2017年版,第269页。
② 赵敦华主编:《外国哲学·第32辑》,商务印书馆2017年版,第278页。
③ 赵敦华主编:《外国哲学·第33辑》,商务印书馆2017年版,第186页。

由主义的那套现实理论。因为，他对人的"独一性"阐释并不是一种普遍的、理性的自由主义的个体，而是少数人的、非理性意义上民族共同体中的个体。

所以，我们可以发现，在海德格尔对民族共同体的阐释中，不但用"个体的独一化"扬弃了社群主义的共同善的一体化的压迫，而且用"具体在世自我"战胜了自由主义那种笛卡尔式的"抽象自我"。他将共同体的问题解构为一个"回归自身"的问题，而不是一个"如何构建"的问题。因为，无论是自由主义还是社群主义都将共同体问题理解错了。①自由主义过于关注如何构建一个联合式的共同体，而不知道共同体本身就是被给予的东西。②社群主义者则将共同善看成是地缘或历史的产物，从而造成相对主义。但是，他们并不知道，其实每个共同体所分享的独特的共同善并不是一种相对主义，而是"存在"造成的必然性结果。所以，休伯特·L.德雷福斯才会解释说，"我们一旦处于特定敞开空间，就会看到要求某种存在论善好至高性的根据……，我们在感觉上就不可能是存在论层面的相对主义者"。①

正是基于民族共同体中个体独一性的立场，海德格尔的共同体理论中就产生了一个致命的缺陷，那就是"精英主义"。无论是《存在与时间》还是《形而上学导论》，他一直都在拒斥理论被平民化。他试图以"此在的决断"、"诗人的创作"等私人的创造行为去排斥大众的公共意见，从而构建自己的"精英主义"，试图让人成为"此在"。一方面，他说只有少数人（思想家、诗人、政治家、祭祀者）才能涉及本质性的"存在"，"存在"并非大众、平民所能及的东西。另一方面，他又说，"没有'阶级'，但有等级。没有'层阶'，但有

---

① 汪民安、郭晓彦主编：《事件哲学》，江苏人民出版社2017年版，第121页。

优越"①。在海德格尔眼中，正是在少数精英主义的创作作品中，存在才能重新被追问，民族共同体才能获得其历史。

与此同时，随着海德格尔的精英主义的立场，他提出了一种德意志民族共同体的优先论。这种优先论源于以下两点：一方面，在地缘层面，德意志民族较其他民族具有优势。它相比其他民族更处于风暴（存在）的位置"中心点"②。"它在美国和俄罗斯的夹击之中的欧洲最中心，经受着最猛烈的夹击，面临最大的风险"③，从而导致"唯独德意志人能够源出地重新诗意创作和讲述存在"④。另一方面，在事实层面，德意志较其他民族具有天赋。德意志民族较其他民族更反对西方现代性。随着德意志民主浪漫主义、历史主义、斗争政治的兴起，"那德意志人……只有他在等待着接受开端之遥远配给昭示"⑤。

在海德格尔眼中，德意志民族共同体相较于其他民族共同体的优先论又是源于自身的差异性的，甚至这种差异性居然还是无法被克服的。一方面，他借用法国和德国的关系，去描绘不同民族共同体之间的差异性所导致相互理解上的困难。他说，虽然两个民族共同体在地理和精神上是相邻的，但是二者"在相互'理解'上竟如此之难"。⑥ 另一方面，他还借用卡托迈尔（Cato maior）的话去阐述不同民族共同体之间的辩护的困难性。卡托迈尔说"作为一个种族的成员面对另一个种族去为自己辩护，何其难也"⑦。

但是，在海德格尔看来，其实不同民族共同体之间的差异性不是

---

① 赵敦华主编：《外国哲学·第32辑》，商务印书馆2017年版，第268页。
② ［德］马丁·海德格尔：《形而上学导论》（新译本），王庆节译，商务印书馆2015年版，第43页。
③ 参见［德］马丁·海德格尔《形而上学导论》（新译本），王庆节译，商务印书馆2015年版，第43页。
④ 赵敦华主编：《外国哲学·第31辑》，商务印书馆2016年版，第201页。
⑤ 赵敦华主编：《外国哲学·第31辑》，商务印书馆2016年版，第279页。
⑥ ［德］海德格尔：《思的经验（1910—1976）》，陈春文译，人民出版社2008年版，第11页。
⑦ 赵敦华主编：《外国哲学·第33辑》，商务印书馆2017年版，第256页。

坏事情，反而可以成为不同民族相互理解的前提。因为，第一，不同民族之间的差异性作为一种斗争禀赋，是城邦作为斗争政治在"存在者层面"的必然性的表现。城邦作为存在者层面的共同体得以产生的条件，使得处于不同具体历史处境的"各个民族创造活动的所有领域循多种路线以不同的速度推进"①。第二，不同民族之间的差异性作为相互理解的前提，是城邦作为斗争政治在"存在层面"的体现。

于是，城邦作为产生"民族共同体"的条件，以及释放"存在"的通道。它必然承担着不同共同体之间的"隐秘交往"的一个功能。②这种"隐秘交往"基于不同民族共同体回归自身的独一性（差异性），是每个民族才从自身的差异性中回归自身产生的城邦场所，进而才能进入"存在"。"存在"作为不同民族共同体共同分享的"共同的历史使命"③，成为共同体相互理解的缘由。所以，我们从海德格尔关于德意志民族共同体的优先性中，并不能排斥各个民族的"相互理解"的可能性。我们要知道，不同民族共同体之间的差异性是源自人在具体历史处境中关联"存在者"的表现，而不同民族共同体之间的相互理解性则是源自"历史性的开端"（城邦）关联"存在"的体现。

如上所述，海德格尔认为城邦是不同民族共同体产生的条件，只有在城邦之中，不同的民族共同体才能拥有共同的使命。不同民族共同体不但能在共同使命之中回归自身，而且还能依据共同的使命去创造自己独特的"历史"。正是基于共同使命，才使得各个民族的自然理解成为可能。那么，两种不同民族共同体之间究竟是如何形成相互理解的呢？海德格尔在1937年《走向理解之路》中，就以"德国和

---

① ［德］海德格尔：《思的经验（1910—1976）》，陈春文译，人民出版社2008年版，第12—13页。
② 赵敦华主编：《外国哲学·第31辑》，商务印书馆2016年版，第216页。
③ ［德］海德格尔：《思的经验（1910—1976）》，陈春文译，人民出版社2008年版，第12页。

法国"之间两个民族共同体的相互理解进行了阐释。他把这种相互理解称为"自然理解"。他对"自然理解"有三层论述：

1. 真正的"自然理解"不是一方对另一方的认知层面的理解，"而是以各个民族真诚的自豪为前提"。① 自豪不是虚荣。自豪是民族共同体对自身本质的坚守的决心，是一种有立场地对自身的回归。

2. 基于事实出发，真正的"自然理解"不是那种相互理解、相互协调或者相互避让的一团和气，而是"交替不定地变换理解着的东西，并由此将其至为本真的东西带到近旁"②。在这种变换理解着的东西（历史给定物③—历史存在者）之中，各个共同体之间才能"相互激发因各自对自身的怀疑而产生的不安"，从而对"共同的历史使命"（拯救西方）忧虑。

3. 真正的"自然理解"不是科学交流，而是"交互自我"的讨论。讨论中每个民族都投入战斗，进行创造性的交谈。这样就可以让每一个民族共同体回到自己的本真处，在讨论中扎根，让"自然理解"生生不息。

综上所述，我们通过对"自然理解"的阐述，可以对"自然理解"的条件和目标有了初步的了解。一方面，各民族共同体之间的真正"自然理解"具有两个条件："一个是彼此倾听的长期意愿，另一个是回归自己的规定性的恒心。第一个是为了避免通过一种非真正理解的暂时结果产生误会和白白地浪费精力。第二个是确信回归自己，

---

① ［德］海德格尔：《思的经验（1910—1976）》，陈春文译，人民出版社 2008 年版，第 12 页。

② ［德］海德格尔：《思的经验（1910—1976）》，陈春文译，人民出版社 2008 年版，第 12 页。

③ 海德格尔说过，"各民族之间真正的自然理解起于并基于这样一个事实：它要在创造性的交替往复的交谈中对它们的历史给定和历史弃留具有完备性的沉思"。这种创造性的交谈，是对历史给定物的变换（［德］海德格尔：《思的经验（1910—1976）》，陈春文译，人民出版社 2008 年版，第 11 页）。

这样才能敞开对他者的自然理解。"① 另一方面,"自然理解"的目标在于,通过对各民族共同体对历史给定物(变换理解着的东西)的创造性的交谈分享共同历史使命:拯救西方。

二 对"民族共同体"的评论

按照拉巴特的观点,他认为"民族共同体"应该是一种"艺术共同体"理论。"艺术共同体"源于"国家唯美主义"。他认为,正是在海德格尔中期哲学用"艺术取代劳动"的过程中,才导致海德格尔在1933年后用"国家唯美主义"(艺术共同体)取代"国家社会主义"(劳动共同体)。② 正如海德格尔所认为的那样,艺术作品是属于少数人的,而劳动物是属于普遍大众的。艺术作品相对于劳动物具有优先性。"国家社会主义"(劳动共同体)只是在为"国家唯美主义"(艺术共同体)提供土壤,为少数人去创造创作环境。

但是,拉巴特和德里达一样,他们又都看到了海德格尔"艺术共同体"(民族共同体)的缺陷。他们都认为海德格尔的"艺术共同体"并未离开传统主体形而上学视域。一方面,德里达认为,海德格尔试图引入"精神"去反对生物种族主义,反而会重新陷入主体。另一方面,拉巴特则认为,"艺术共同体"的国际唯美主义是一种"内在主义"的政治有机论。③ 这种政治有机论把海德格尔的"艺术共同体"看成艺术创作的产物。艺术共同体成为一种生命的,在自身"内在"意志中生成的东西。

---

① [德]海德格尔:《思的经验(1910—1976)》,陈春文译,人民出版社2008年版,第16页。
② 参见[法]菲利普·拉古-拉巴特(Philippe Lacoue-Labarthe)《海德格尔、艺术与政治》,刘汉全译,漓江出版社2014年版,第64页。
③ 参见[法]菲利普·拉古-拉巴特(Philippe Lacoue-Labarthe)《海德格尔、艺术与政治》,刘汉全译,漓江出版社2014年版,第86页。

与此同时，乔治·弗里德则把民族共同体局限于具体历史层面，认为不同"被给予的历史处境"导致了不同的民族共同体的产生。这些民族共同体是绝对差异性，具有不可通约性。但他又解释说，这个"被给予的历史处境"是源自"斗争"的"给予情境"，而这个被"给予情境"源自"事件"（Ereignis）。"事件"作为"存在"本身，会致使绝对差异的民族共同体不可避免地沦为一种历史相对主义。①

综上，无论是基于"民族共同体"的主动创生层面还是被动历史层面，我们都无法解决民族共同体所面对的主体性形而上学的残余以及历史相对主义的诟病。可以说，正是这些哲学理论上的弊端，也间接导致了海德格尔参与政治的失败。不但，他的民族共同体中主体性过强，导致一种政治激进主义的暴力行为。而且，他的民族共同体中历史相对主义过强，导致他的机会主义倾向，投机性的参与纳粹。但是，我们认为其实这些问题的产生归根结底都是缘于，人们总是从现实的历史层面谈论其共同体，而忽视了历史境域（开端）层面的共同体（城邦）思想。城邦作为每个民族共同体的开端，它能消解人的主体性以及历史主义问题。

三 作为"开端共同体"的"城邦"

在海德格尔对城邦（Polis）概念的描绘之中，他从城邦概念所蕴含的政治内涵出发，去讨论城邦。他以《理想国》为切入点，说"没有什么现代的'政治的'概念足以把握 Polis 的本质"②。虽然"政治"（Politics）的词根为：Polis，Polis 一般翻译为城邦、城市。但是，城邦、城市这两个概念并没有充分表达 Polis 的含义，二者综上

---

① 参见汪民安、郭晓彦主编《事件哲学》，江苏人民出版社2017年版，第117页。
② ［德］海德格尔：《巴门尼德》，朱清华译，商务印书馆2018年版，第134页。

很容易将 Polis 沦为与经济、历史学科一般的范畴。海德格尔则认为城邦（Polis）毋宁指示为"场所"比较合理。城邦作为历史的场所，是各个民族共同体的历史的"开端"。我们通过海德格尔对城邦概念的陈述，总结出以下四点：

第一，城邦是一个"元—政治形而上学"概念，和"存在"（遮蔽）关联。它不但是人的"安身之所"①，也是"人的本质处所"②，是"人在其中一直依赖的东西"。③ 在海德格尔眼中，我们只有在沉思城邦之际，人的本质才能被城邦安排给他。④ 人才有可能依据本质的不同而成为高尚者或者卑劣者。但是，海德格尔又认为，"本真的人"其实是无本质的东西，他只能"绝对的从存在自身而来"，而这种人就是"希腊人"。希腊人作为完全"非政治的民族"，他们才能够为城邦概念奠基，奠定和保护这个真理发生的处所。⑤ 也就是说，人越是无本质，人才越能进入城邦的历史境域中，城邦才能真正地赋予人以本质。但是，以上显然不是一个循环解释，而应该是对城邦概念如何关联"存在"的一种阐释。按照海德格尔的说法，城邦作为元—政治形而上学，只有在本真的人那里才能和存在论关联，否则它只是与科学无异的政治科学。

第二，城邦作为"元—政治形而上学"概念，它是制造"斗争"的场所。海德格尔认为，城邦作为形而上学层面的共同体，是在斗争形而上学中建立的，也在斗争形而上学之中瓦解的。按照赫拉克里特的说法"斗争是万物之父"，历史的张力只有在斗争之中才能被拉开。

---

① ［德］马丁·海德格尔：《形而上学导论》（新译本），王庆节译，商务印书馆 2015 年版，第 176 页。
② ［德］海德格尔：《巴门尼德》，朱清华译，商务印书馆 2018 年版，第 132 页。
③ ［德］海德格尔：《巴门尼德》，朱清华译，商务印书馆 2018 年版，第 132 页。
④ 参见 ［德］海德格尔《巴门尼德》，朱清华译，商务印书馆 2018 年版，第 136 页。
⑤ ［德］海德格尔：《巴门尼德》，朱清华译，商务印书馆 2018 年版，第 141 页。

①城邦的本质是斗争,"没有斗争,存在者就会对象化"①。因为,城邦作为元—政治形而上学,它是和存在关联的。存在不但可以通过城邦显示为存在者,存在者也在斗争时才不会"遗忘存在"从而陷入对象化。②斗争所带来的悲剧性是"海德格尔政治观念的内核"。② 他借用雅各布·布克哈对城邦的描述,认为在城邦之中有着"最极端的对立本质"的斗争。③ 人在城邦中不断地上升和坠落,"才产生了'悲剧'的可能性和必然性"④。但是,我们要知道,此时海德格尔对政治的悲剧性描绘是停留于存在者层面,而非存在层面的。存在者政治作为科学式的政治学科,它作为"大众政治"⑤ 产生悲剧性是必然的、命定的,而"存在的政治"作为"少数人"⑥ 的政治,则产生一种创造性,它是可能的、自由的。

第三,城邦作为"元—政治形而上学"的斗争场所,总是关于"存在者整体"的历史性场所,"只能被历史性的经验"。⑦ 海德格尔认为,虽然城邦作为极点(开端),作为"一切存在者围绕着转动的地方"⑧,"和'存在'之间有一种开端性的关联"⑨,但是其本身并不创造或者制作任何存在者,它只是通过政治体制的变换而被历史性的经验而已。

城邦作为斗争性的政治概念,总是有其经验层面的确定的政治体制。但是,这种政治体制又不是封闭的、"稳固的存在",而是"开放的、有历史性的"存在,或者说它"就是那创建、壮大与衰弱的历

---

① 韩潮:《海德格尔与伦理学问题》,同济大学出版社2007年版,第314页。
② 韩潮:《海德格尔与伦理学问题》,同济大学出版社2007年版,第301页。
③ [德] 海德格尔:《巴门尼德》,朱清华译,商务印书馆2018年版,第132页。
④ [德] 海德格尔:《巴门尼德》,朱清华译,商务印书馆2018年版,第133页。
⑤ 大众政治指示的就是我们现在的日常政治哲学,自由主义、社群主义、共和主义。
⑥ 这里的少数人指的是:诗人、思想家、政治家、祭祀者,四者分别对应四种真理的发生方式:艺术、运思、建国、牺牲。
⑦ 韩潮:《海德格尔与伦理学问题》,同济大学出版社2007年版,第297—298页。
⑧ [德] 海德格尔:《巴门尼德》,朱清华译,商务印书馆2018年版,第131页。
⑨ [德] 海德格尔:《巴门尼德》,朱清华译,商务印书馆2018年版,第132页。

史世界本身"。① 也就是说，开放的政治体制只有在作为"历史性"开端的城邦中，才可能是自由主义或者社群主义，激进主义或者是保守主义，否则它只是"历史学"意义上的固定的东西。正是在城邦中，城邦才能有其真正的政治体制。随着政体体制的不断生成或者瓦解，城邦的历史性才能真正的开端。

第四，城邦作为斗争性的历史场所，"由于 Polis 总是让存在者整体以这样或那样的方式进入它的关联的无蔽之域"②，它总是和真理休戚相关。海德格尔在 1942—1943 年的《巴门尼德》中就说过，城邦和现代的国家、罗马 Respublica 的区别就如同古希腊真理（Altheia）和现代真理本质、罗马的正确性真理的区别，"Polis 的本质就是建立在 Altheia 的本质基础上的"③。这个城邦"是将存在者的无蔽状态聚集于自身的处所"，它"总是让存在者整体以这样那样的方式进入它的关联的无蔽之域"。④ 可是，无蔽的活动总是和遮蔽活动都处于关联之中。正如海德格尔在对柏拉图《理想国》中的解读那样，《理想国》作为城邦的对话，它以战士厄尔的神话（Mythos）故事结尾。这个神话描绘了在厄尔死后，他成为携带"冥府"消息给现世的信使，而冥府是遮蔽的场所。鉴于"'遮蔽'是支配性词汇"，于是遮蔽成为无蔽（现世）的条件。⑤ 正是在无蔽和遮蔽的相互对立组成的原始斗争中，民族才能不再执着于无蔽的、现成的东西从而能思考被遮蔽的"存在"，开启每个民族自身的历史。

综上所述，我们得出，城邦作为一种形而上学的共同体，它和真理（存在）密切相关。它不但是制造斗争的场所，而且只能通过历史性而被经验到。可是，虽然海德格尔的城邦具有本真性、真理性、斗

---

① 韩潮：《海德格尔与伦理学问题》，同济大学出版社 2007 年版，第 299 页。
② ［德］海德格尔：《巴门尼德》，朱清华译，商务印书馆 2018 年版，第 132 页。
③ ［德］海德格尔：《巴门尼德》，朱清华译，商务印书馆 2018 年版，第 131 页。
④ ［德］海德格尔：《巴门尼德》，朱清华译，商务印书馆 2018 年版，第 132 页。
⑤ ［德］海德格尔：《巴门尼德》，朱清华译，商务印书馆 2018 年版，第 33 页。

争性、历史性的这些特质，但是，我们发现其实海德格尔城邦概念的最终落脚点是在"真理的斗争性"上。一方面，正是"真理斗争性"特质直接导致了海德格尔对"政治"的特殊性理解。他将城邦看成既不是当代的"政治学科"式的政治，也不是古代的"城邦德性"式的政治，而是一种"元政治学"。这种"元政治学"作为海德格尔式的"斗争性"的政治概念，它扬弃了古典德性政治中压抑性和现代现实政治中的功利性。另一方面，正是在海德格尔中期哲学对政治的"斗争性"理解基础之上，才促使其参与、赞同纳粹暴政。因为，海德格尔斗争性的"元政治学"是和纳粹国家社会主义的暴力政治的气质相吻合的。所以，海德格尔在《形而上学导论》中理所当然地赞扬纳粹运动的"内在真理与伟大"①。

同时，海德格尔在对"元政治学"的斗争性阐释中，主要将斗争性体现于Phusis（自然法）和Nomos（人为法、礼法）二者的斗争之上。在通常的理解之中，Phusis作为自然法，Nomos作为人为礼法，二者是相冲突的。但是，海德格尔认为，自然法和人为礼法之间的关系是斗争性的。可是，斗争不是冲突。冲突是战胜、消灭对手，而斗争是双方相互依存，"没有对手就没有斗争"②。海德格尔从索福克斯的《安提戈涅》出发，一改《安提戈涅》中赞扬正义行为贬低胆大妄为行为的做法，而不被伦理学上的善恶问题所左右。他认为城邦的耸立不是因为人的正义行为，而是在于人性的"冒险性"。正是人冒着不正义之险，去打破固有的人为礼法（规则、传统），才能完成城邦"伟大的创建"③。人性的这种冒险性就被海德格尔称为"暴力行事"（Deinon），它本身是源自存在本身的"超强力量"。一方面，在

---

① ［德］马丁·海德格尔：《形而上学导论》（新译本），王庆节译，商务印书馆2015年版，第228页。
② 韩潮：《海德格尔与伦理学问题》，同济大学出版社2007年版，第319页。
③ 韩潮：《海德格尔与伦理学问题》，同济大学出版社2007年版，第311页。

现实中,人的"暴力行事"在"存在"的"超强力量"面前必然粉身碎骨,注定成为悲剧。另一方面,"存在"又需要人为"存在"准备一个通道,以便"存在"的"超强的力量能够发动起来"。① 这也就使得,"从 Nomos 的破碎开始,到人的破碎为 Phusis(存在)所用为止"②。人为礼法与自然法二者之间的"对立性"被消解为"斗争性",它们都进入了"存在自身"的发生之中,从而使得城邦作为历史境域,不断地被创建和毁灭。

可以说,海德格尔对于自然法与人为礼法之间的"斗争性"观点,其实又是和前苏格拉底思想家们的看法是一致的。例如:①赫西俄德就称人为礼法是"神(自然法=神法)赋予人的礼物"③。②赫拉克利特也认为人为礼法源自自然法。前苏格拉底思想家们在保持人为礼法和自然法之间的斗争张力中,排斥着二者的相克保证着二者的相生。但是,随着形而上学思想的泛滥,"西方世界的自然和礼法之争丧失了原初的生生不息的生命力"④。人们总以形而上学的工具理性思维对待二者关系,要么以哲学(自然法)反对人为礼法,拯救衰弱的城邦,要么以人为礼法对抗自然,重塑混沌的规则。这样就使得自然法与人为礼法之间斗争关系丧失,让政治成为一种一体化的、压抑性的意识形态,而失去其本来的那种多元的、开放性的面目,而城邦这个元政治形而上学概念就是对政治的多元性、开放性最好的解释。

四 对"城邦"的评论

如果说,托尼·西伊对海德格尔共同体的"政治共同体"定位,

---

① 韩潮:《海德格尔与伦理学问题》,同济大学出版社 2007 年版,第 321 页。
② 韩潮:《海德格尔与伦理学问题》,同济大学出版社 2007 年版,第 321 页。
③ 孙磊:《自然与礼法:古希腊政治哲学研究》,上海人民出版社 2015 年版,第 3 页。
④ 孙磊:《自然与礼法:古希腊政治哲学研究》,上海人民出版社 2015 年版,第 2 页。

是基于政治。那么,"城邦"共同体的思想关涉也自然是涉及政治问题的。但是,托尼·西伊对于政治共同体的描绘和"城邦"是不一样的。托尼·西伊的理论基础是"政治存在论",而本书对城邦的描绘则是基于"元政治形而上学"。在我们看来,二者是有区别和联系的。站在托尼·西伊的视野下,我们的城邦理论过于狭隘,还是在形而上学视域下讨论政治问题,并不符合海德格尔的"存在论"关涉。可是,站在本书的视野下,托尼·西伊对"政治共同体"的描绘则又显得有夸大之嫌疑。他的"政治共同体"虽然和"存在论"相关联,但却不一定符合海德格尔理解的"政治"本意。

当然,"城邦"概念是一个政治性的概念,那它必然和政治家相关。可是,按照海德格尔的表述,他对政治家建立的"国家"是否就是"城邦"是持含糊态度的。一方面,鉴于四种真理的发生方式有:艺术家作诗、宗教家牺牲、思想家运思和政治家建国。另一方面,鉴于海德格尔在《形而上学导论》一书中认为"只有通过诗歌中的文字工作,庙宇和雕像中的石头的工作,思想中的文字工作,城邦(Polis)作为历史场所作品,才能使得一切作品得以建立和保存",且整段话都没有提及政治家。[1] 于是,有学者就根据以上两点推出,既然政治家没有出现在此处,那么政治家肯定就是建立城邦的唯一源头。政治家建立的"国家"作品就应该是城邦。

但是,依据格雷戈里·舒弗雷德(Gregory Schufreider)在《论海德格尔共同体》("Heidegger on Comminity")一文的说法。他认为,他们误解了海德格尔对于城邦的理解。海德格尔并没有赋予政治家特殊的地位,以至于政治家能够独自地创建城邦,且城邦也并非现代意义上的"国家"。因为,第一,正是依循《存在与时间》中海德格尔

---

[1] Gregory Schufreider, "Heidegger on Comminity", *Man & World*, Vol. 14, No. 1, Mar. 1981.

说"在传达中，在斗争中，天命的力量才解放出来""天命来标识共同体的演历、民族的演历"①，格雷戈里·舒弗雷德才根据"天命和共同体的关系"来质疑政治家能独自创造城邦的可能性。他认为城邦作为共同体形成的历史场所，是不同创作者的交流和斗争之中才能被创造的。在城邦的形成过程之中，诗人能作诗为城邦做贡献，政治家能建国为城邦做贡献，思想家能运思为城邦做贡献，祭祀者能牺牲为城邦做贡献。城邦成为承担着不同创作者（政治家、诗人、思想家、祭祀者）的不同道路所汇集的场所。第二，海德格尔在《形而上学导论》《巴门尼德》书中，一直就将城邦当成非国家类的东西，是各类民族共同体的历史场所。在这个历史场所之中，每个民族才能完成自己的使命。由此可见，城邦不是国家，而是现实共同体得以产生的条件。

同时，格雷戈里·舒弗雷德认为，城邦作为共同体得以产生的条件，"是在斗争中才能形成共同命运的场所"②。鉴于海德格尔在《存在与时间》中认为，"在传达中，在斗争中，天命的力量才解放出来"。于是，格雷戈里·舒弗雷德企图将"斗争"和"传达"交流关联在一起。他说，正是在城邦中，不同的创作者领袖（政治家、诗人、思想家、祭祀者）通过交流达到团结，使得不同人之间的不同观点相互斗争，让一切差异斗争在紧张气氛中得到维持，从而让城邦得以建立。但是，我们要知道这种"交流"不是指让政治家和诗人去争论从而化解对立，而是让政治家、诗人的作品的汇集在一起，保持双方的倾听（交流）态度，从而使得不同创作者在交流中保持自己的观点而不放弃差异性。海德格尔认为，正是在这种差异性的保持中，反

---

① ［德］马丁·海德格尔：《存在与时间》（修订译本），陈嘉映、王庆节译，生活·读书·新知三联书店 2012 年版，第 435 页。

② Gregory Schufreider, "Heidegger on Comminity", *Man & World*, Vol. 14, No. 1, Mar. 1981.

证了"交流"的可能性。于是,海德格尔在 1937 年《走向理解之路》一文中才会说"交流"作为"讨论是让每一方愈回到自己的最本真处愈好"①,使得每个本真性民族走向自身不可通约性的独特创作路线。可是,按照弗兰克·莎罗（Frank Schalow）的看法,这种在城邦中产生的自由的交流,看上去是一种自由言论,但是实际上"他者的声音之所以能够获得回应,是因为在城邦中为其准备了某种讨论的场所,而城邦也许会是某种审查制度的意识形态,这也是导致海德格尔加入纳粹的根源"。②

但是,按照韩潮在《海德格尔与伦理学问题》中所质疑的。他认为海德格尔正如荀子所说"蔽于天而不知人"。海德格尔用城邦概念阐释索福克斯的时候,缺乏"戏剧性要素"③,过于关注于"人和存在"的关系,而没有"关心过人类角色的不同以及由此带来的影响"。④ 此时,城邦作为"存在的政治",总是关注人和存在的关系,而缺乏对人和人、民族与民族关系的探讨。由此可见,海德格尔最终还是囿于"存在",而缺乏在现实"人群的分与合这一层面贯彻他的存在政治的理念"。⑤ 他始终在前理论层面（存在层面）徘徊,以至于无法真正为现实做理论贡献。可是,刘小枫在《海德格尔与中国》一书中直接就反驳了韩潮的观点。他认为"这无异说,如果海德格尔不忽视'戏剧性要素',那么,他贯彻其'存在政治的理念'会更成功"⑥。可是,实际上哲学无法被"还原"为政治。刘小枫直接批判韩潮的观点,说韩潮一面赞扬海德格尔对人成为"存在大势"所需的

---

① ［德］海德格尔:《思的经验（1910—1976）》,陈春文译,人民出版社 2008 年版,第 15 页。
② 刘小枫、陈少明主编:《海德格尔的政治时刻》,华夏出版社 2009 年版,第 78 页。
③ 韩潮:《海德格尔与伦理学问题》,同济大学出版社 2007 年版,第 323 页。
④ 韩潮:《海德格尔与伦理学问题》,同济大学出版社 2007 年版,第 323 页。
⑤ 韩潮:《海德格尔与伦理学问题》,同济大学出版社 2007 年版,第 323 页。
⑥ 刘小枫:《海德格尔与中国》,华东师范大学出版社 2017 年版,第 73 页。

缺口的洞见，一面"又对这种哲学的'创制'行为有一种天性上的不适"①。

于是最终，海德格尔在经历了纳粹事件后，看到了"存在"对人的暴力性僭越的可能性，从而力图改造"城邦"概念，使其深化到更深的存在论层面的共同体："家园共同体"。他认为，一方面，城邦作为"存在史"的开端，是历史的场所，但却不是"存在史"本身。另一方面，城邦作为作品，虽然可以保存"存在者的真理"，但却不是"存在的真理"本身。这都源于他还是站在"存在者"层面去对"存在"进行间接性的思考，而没有直接思考"存在"本身。

于是，存在"必须更本源地被经验到"②，只有将西方语言那种"表象思维"转变为"诗性思维"，以泰然让之的态度对待"存在"，守护"存在"，才能从海德格尔中期哲学的"元—政治形而上学"转向后期哲学的"语言存在论"。"城邦"才能从"语言"中生成，其暴力性在语言的诗意中消退。这样，人便能在真正倾听"存在"，寻找"存在"的过程中，从"无家可归"→"思乡"→"归家"，最终回归"存在之家"（家园共同体）中。

---

① 刘小枫：《海德格尔与中国》，华东师范大学出版社2017年版，第75页。
② 彭富春：《论海德格尔》，人民出版社2012年版，第81页。

第五章

后期共同体思想：家园共同体

在上一章对城邦的讨论中，我们重点从城邦的"斗争"特征出发对民族共同体理论进行了讨论。民族共同体之间的斗争性作为不同民族共同体之间的差异性的根源，是民族共同体自身对"他者"问题的深化。海德格尔认为，民族共同体只有在与"他者"的"斗争"中才能回归自身。斗争不但可以保持自身的独立性，而且可以保持对"他者"理解的可能性。但是，由于海德格尔过于强调"斗争性"维度，反而使得自身理论陷入一种极端破坏之中，而缺乏一种柔和性。这导致海德格尔在面对纳粹问题时（在海德格尔运用他者元政治学理论进行实践的时候），显示出的天然的暴力性倾向。它源于为"存在"对一切"存在者"的暴力。

于是，海德格尔后期哲学继续柔化（无化）。"他不但在1943年与1944年关于赫拉克利特的授课中为斗争（Polemos）概念加入了'爱'和'和谐'的阐释"①，1944/1945年《对泰然让之的探讨》中

---

① 张振华：《斗争与和谐：海德格尔对早期希腊思想的阐释》，商务印书馆2016年版，第243页。

让表象的思从"泰然让之"进入"寥廓的等待"①,而且在 1945 年,他"引用了庄子与惠子关于'无用的必然性'"②来柔化自己的对物的理解,通过上面三个文本,海德格尔让"存在"的发生更加的轻柔、寂静。他把人从暴力的"创作者"变成寂静的"守护者",将人携带的"存在者"层面的工具性、创作性等一切带有暴力性的气息全部驱除,企图构建出"一个等待与无用的民族"③,从而为作为"存在之家"的"家园共同体"的到来提供到场空间。

第一节 家园共同体的"存在论"根基

我们知道,海德格尔后期哲学主要讨论的是语言的问题,他把语言当成存在的家。人作为守护者,他在倾听存在的语言召唤中让世界走向物、物走向世界,使得世界与物相互贯通,实现物物化、世界世界化。此时,人在语言中也回归自身的"家园",使得人与存在相互激发、相互归属。"归属"作为"共属"逻辑,是对当代因果逻辑的一种解构。在海德格尔眼中,抽象的因果逻辑是单线的。它作为一种计数化的逻辑,让一切都在计数中出现。"计数不断损耗着数字,本身乃是一种持续不断的自我消耗。"④但是,现实生活实际是双向的,它应该是一种"共属"的双向逻辑,能够不断地生成。综上,鉴于我们在对海德格尔"家园"概念的阐述中借用了"语言"指令和"共

---

① [德] 海德格尔:《思的经验(1910—1976)》,陈春文译,人民出版社 2008 年版,第 46 页。

② 夏可君:《一个等待与无用的民族:庄子与海德格尔的第二次转向》,北京大学出版社 2017 年版,第 10 页。

③ 参见夏可君《一个等待与无用的民族:庄子与海德格尔的第二次转向》,北京大学出版社 2017 年版。

④ [德] 海德格尔:《路标》,孙周兴译,商务印书馆 2013 年版,第 360 页。

属"逻辑。于是，我们开始对"共属"概念和"语言"概念两个核心概念进行讨论。

一 共属

随着海德格尔中期哲学中"斗争"概念与纳粹暴力的关联性，海德格尔企图将"斗争"转变为"共属"。"斗争"是世界和大地之间的斗争，而"共属"则是"天地人神"四元相互映射游戏。"共属"作为家园共同体（天地人神）的存在论基础具有以下三点特性：

首先，海德格尔的"共属"是一种"同一性"，它是"作为共属性的同一性"[①]。从"同一性"问题出发，一方面，同一性不是同一律。按照我们常规性的理解，同一性是在同一律中被经验到的。同一律表述为：A＝A，虽然它告诉我们二物之间的"等同性"，但是它掩盖了在同一律中"A 是 A，即每个 A 都是同一的"[②] 的"同一者"内涵。我们要知道"等同性"不是"同一者"，"等同性"要求两方，而"同一者"则有一个就足够了。另一方面，"同一性"都显示于统一性之中。同一律作为"A 是 A"，它的意思不光是说每个 A 都是同一的，而且它还说出了"每个 A 都是在与其自身同一的"[③] 那种关系。这种关系就是"存在者如何存在"，这种"如何"的关系就是"统一性"。可以说，这种"统一性"决定着西方传统思想的本质。正是在"同一性"的呼求中"存在者之存在"才以"统一性"特征表现出来。那么同一性到底是什么？海德格尔把"同一性解释为

[①] 王俊：《重建世界形而上学：从胡塞尔到罗姆巴赫》，浙江大学出版社 2015 年版，第 247 页。

[②] ［德］马丁·海德格尔：《同一与差异》，孙周兴、陈小文、余明锋译，商务印书馆 2011 年版，第 28—29 页。

[③] 参见 ［德］马丁·海德格尔《同一与差异》，孙周兴、陈小文、余明锋译，商务印书馆 2011 年版，第 29 页。

共属性"①，他认为同一性不是存在的特征，而是存在是同一性的特征。

海德格尔以巴门尼德的"存在和思想的同一"为例，他认为"巴门尼德对同一的体验和后来的形而上学家具有根本性的区别"②，巴门尼德把同一性提高到了第一的位置。虽然，从西方传统思想的角度来看，人们通常把作为同一性的"共属性"误解为是归附于存在的东西，从而使得"共属"中的"属"只能从"共"的秩序中得到规定。这种"共"的统一性将"属""安排到一种多样性的统一中去"。"共属"此时被表象为联系，成为"一方与另一方的必然联系"③。但是，从海德格尔的角度看，他赞同巴门尼德的观点，不是"共属性"归属于存在，而是存在属于"共属性"。"共属"中的"共"应该是从"属"中得到规定的，"属"作为相互归属，它是"从'属'那里来经验这种'共'"④。这本身其实不是一种文字游戏，而是一种对表象思维的排斥，对传统形而上学的解构。只有这样，人才能"从把人作为理性动物的流行观念中跳出来"⑤，"跳到对存在的归属之中"⑥，使得"人与存在相互归属"。一方面，人倾听"存在"。另一方面，"存在"通过人作为"在场"而到场。因此，同一性不是同一律，也不是统一性，而是一种共属性，只有在这种"共属性的同一性"中，人

---

① [德] 马丁·海德格尔：《同一与差异》，孙周兴、陈小文、余明锋译，商务印书馆2011年版，第32页。

② 马琳：《海德格尔论东西方对话》，中国人民大学出版社2010年版，第265页。

③ [德] 马丁·海德格尔：《同一与差异》，孙周兴、陈小文、余明锋译，商务印书馆2011年版，第33页。

④ [德] 马丁·海德格尔：《同一与差异》，孙周兴、陈小文、余明锋译，商务印书馆2011年版，第34页。

⑤ [德] 马丁·海德格尔：《同一与差异》，孙周兴、陈小文、余明锋译，商务印书馆2011年版，第37页。

⑥ [德] 马丁·海德格尔：《同一与差异》，孙周兴、陈小文、余明锋译，商务印书馆2011年版，第37页。

和存在才能相互归属，回归"孕育万物的先验境域"。①

其次，"共属"作为共属性的同一性，具有历史性特征，是差异性的根源。在海德格尔看来，同一性展开就是历史的展开，历史展开之后就表现为各种存在者的差异性。晚期的海德格尔哲学，它不仅仅是停留于存在论差异之上，"而是从差异之中发现一种共属性，这种共属性首先表现为差异化活动"②，这种差异活动就是历史活动本身。海德格尔说，"同一并非相同"③，差异的东西也并不会在同一性中消失，反而在同一性中差异性才能显现出来。由于，存在赋予每个思想家不同的禀赋，使得他们不能"交流"，而只能通过和开端的"同一性""对话"，重新开启那个在第一开端历史中未被思的东西，从而才能成就属于自己的差异性、独特的历史。这就是使得我们在思考差异性的时候，必然和历史性关联在一起。每个思想家在与"作为历史性开端的古希腊思想"的对话中，同一性才可能显示为差异性。

最后，"共属"作为差异的同一性，它是本有（Ereignis）的游戏。一方面，海德格尔在《同一与差异》中明确指出，"共属"作为同一性，源于"让共属"（本有—Ereignis）。"本有"作为后期海德格尔哲学对"存在"的表述，它的意思是相互激荡的发生事件。海德格尔认为，人只有在这种发生事件中，无家可归的人才能保持"在家"状态，回归境域，思考那个未被思考的真理（存在）。此时，真理作为存在的运作，被思考为遮蔽和解蔽的"游戏"。人只有在这种显隐之间、遮蔽—解蔽之中，作为"差异性"的万物才能显现出来。另一方面，在《物》的文章中，物作为聚集，它将语言的四元素（天地人神）聚集于自身，这时候差异性是四元素"居留于从它们自身而来

---

① 潘可礼：《社会空间论》，中央编译出版社2013年版，第180页。
② 王俊：《重建世界形而上学：从胡塞尔到罗姆巴赫》，浙江大学出版社2015年版，第249页。
③ ［德］马丁·海德格尔：《同一与差异》，孙周兴、陈小文、余明锋译，商务印书馆2011年版，第51页。

统一的四重整体的纯一性",从而"共属一体"。每一方都以自己的方式映射自身以及其他三方,使得四方回归本己。这个映射叫作"映射游戏"。这个映射游戏被称为本有的运作。综上所述,无论是从真理中遮蔽与解蔽的游戏出发,还是从语言的聚集游戏出发,"共属性"作为"本—有的一个所有物"①,都是关于差异物如何被同一的运作方式。

二 语言

在前期海德格尔哲学中,我们把共同体的一个外在理论特征看成是历史性,而随着对历史性概念的深入,我们将"历史性"概念推进到"场所"概念。城邦作为"历史场所"为民族共同体提供场所。民族共同体只有在场所之中,才可能建立属于自己的外在历史。但是在海德格尔后期哲学中,海德格尔将"场所"概念推进到"语言"概念,语言作为筑造建立一个"位置",为四重整体提供一个"场所"。

在后期海德格尔哲学的论述中,它的主题是语言,孙周兴就把海德格尔后期哲学表述为"语言存在论"。在海德格尔看来,在我们日常使用语言的过程中,往往是将语言当成命题,使用范畴去表述内容。这样就会导致,表述内容的僵化。范畴作为概念是静止的,而我们的日常生活是动态的。海德格尔认为我们应该重塑一种新的语言,这种语言应该是关乎那个动态的"存在",而非静态的"存在者"。这种语言被其称为"道说"。它作为存在的语言,是存在自身的动态运作。接着,海德格尔又说:"语言是存在的家。"语言作为存在的境域,它是人得以进入存在的通道。人通过倾听语言的道说,从而进入境域,领会存在。鉴于语言的重要性,海德格尔语言的理解有四重论述:

---

① [德]马丁·海德格尔:《同一与差异》,孙周兴、陈小文、余明锋译,商务印书馆2011年版,第45页。

第一，语言作为道说，不是传统形而上学的语言观。传统形而上学被海德格尔解释为：存在—神学—逻辑学。他认为传统形而上学始终被逻辑所决定。人们"按照逻辑的模本"来对语言进行构想。① 但是，海德格尔对此提出了批评，他认为我们要理解逻辑，首先就应该去理解逻辑的源初现象：Logos（道说），而不是逻辑思维。按照海德格尔的说法，Logos 作为语言的道说，并不是传统形而上学在逻辑意义上的语言观。因为，传统形而上学的逻辑意义上的语言观是以形而上学为基础的，而形而上学所研究的是"是什么"，而非"如何是"。从这个问题阈出发，人们会将语言当成和其他存在者一样的东西，只是成为"人表达思想的工具和手段"。② 但是，海德格尔认为，"人和语言的关系必须重新被思考"③。因为，在实际生活中，并非人在运用语言，而是语言自身说话，从而"在言说中开辟出人"。④

按照海德格尔的理解，传统形而上学语言观首先被表述为一种"S 是 P"意义上的符合逻辑上的语言观。这种语言观作为语言科学，它追问的是概念和表象的符合，是一套普遍有效的"符合体系"，从而应用于人的交流。在人和人的交流中，形而上学语言观将 Logos 的"显示意义"下降为"符号体系"，从而使语言从 Logos 下降为符号。随着符号化的深入发展，符号变成语法，语法变成命题。语言在这条技术化的道路上越走越窄，趋于静态。此时，人也由"会说话的动物"变成"理性的动物"。"存在"也被概念化，成为抽象的词语。

第二，语言作为道说，是存在的语言。海德格尔说"语言是存在的家"，语言不是存在者层面的东西，而是存在层面的东西。于是，

---

① ［德］彼得·特拉夫尼：《海德格尔导论》，张振华、杨小刚译，同济大学出版社 2012 年版，第 101 页。
② 王颖斌：《海德格尔和语言的新形象》，人民出版社 2015 年版，第 9 页。
③ 彭富春：《论海德格尔》，人民出版社 2012 年版，第 84 页。
④ 陈春文：《海德格尔：语言的言说与物的分延》，《兰州大学学报》（社会科学版）2003 年第 1 期。

我们并不能从语言学中寻找到它的本质，而只能从存在出发。同时，存在作为一种二重性，它是存在和存在者之间的差异的二重性。海德格尔认为，这种存在论差异的二重性被现代人遗忘了，人们只有通过和古希腊人进行对话才能返回，而这个返回的过程被其称为"返回步伐"。这样，正是在"返回步伐"中，语言作为存在的运作，它就返回到存在本源之中了。此时，鉴于它具有了言说存在的能力，海德格尔对其重新命名，称为道说（Sagen）。

海德格尔认为，首先，道说（Sagen）并不是说话（Sprechen）。说话是对一个事情（存在者）的描述，而道说是显示、指引，是关于存在的道说。它将存在者带入敞开域。其次，"道说将事物带给我们"[①]，而说话只是描述事物。最后，从语音的角度来说，如果说"说话"是有声的，那么"道说"就是无声的（沉默）。海德格尔由此将道说的"无声"特性描述为"宁静的排钟"。道说的"宁静"特征不同于"说话"的有声性，它本身并非在场，而是可以将物带向在场。道说的"排钟"特征又和"存在"的自身颤动特征吻合，能敞开"存在"。可以说，道说作为"宁静的排钟"是一种悖论式的表达。宁静作为无声，排钟作为有声，二者在道说中达到了一种悖论式的融合。它不但将未被道说的存在从已被言说物中显示出来，而且又将万物召唤入存在。

第三，语言作为道说，可以为万物提供居所，不是人说语言，而是语言说人。在我们一般的理解中。语言总是被人表达出来的，人们在相互交谈之中说出自己的想法，从而达到交流的目的。但是，海德格尔认为，我们交流的前提应该是"倾听"。你只有在听到声音后才能说话，否则话语就是无本之源。于是，他说，语言不是人的工具，而应该是人的前提。语言在说人，而不是人在说语言。他认为，"人

[①] 肖朗：《海德格尔现象学美学研究》，上海三联书店2015年版，第70页。

说话，只是由于他应和于语言"①。由于语言自身的道说（言说）向人允诺自身的本性，从而使得人这个言说者可以倾听语言自身说的话（道说），进入道说的显示之中。同时，道说作为 Logos，它是一种聚集，将天地人神世界聚集起来。人在倾听道说，才使得人和世界关联在一起，二者在语言中"栖居"。

可是，"语言破碎处无物存在"，语言能为万物提供居所。他认为，正是在语言的聚集功能之中，词语和物才关联在一起。在我们日常的理解中："首先有物，然后才有表现物的词语。"② 但是，这样的理解方案只是把语言当成存在者层面的物罢了，失去了对于语言本身的探讨。海德格尔则颠倒了这种日常认识，他觉得是先有词语，才有物。词语不应该是人的嘴巴的产物或者交流工具，而是将各种存在者带出来的东西。因为，①语言不是现成物，它和存在是关联的。②存在者才可以被词语命名，而词语本身是不可被命名的。词语的命名功能将事物"召唤到词语之中""给予事物名称"③。在名称之中，人才能认识这个事物，否则事物无名称将不能显现。所以，人只有在语言中，才能让"存在"显示为"存在者"，我们才能对物命名。

第四，语言作为道说，它具有两种本真的道说方式：诗和思。海德格尔认为，在现实生活之中，人是时刻处于无家可归的状态的。人只有通过倾听语言才能栖居于语言，从而居住在存在的近处，扎根"大地"，归属于天地人神四重世界。那么如何栖居、扎根？海德格尔给出了自己的独特答案。他认为是人只有通过"筑造"，才能得到真正的栖居。他说，作诗和运思都是筑造，它们是人应和于语言而产生的两种本真道说方式：诗、思。

---

① ［德］海德格尔：《在通向语言的途中》，孙周兴译，商务印书馆 2013 年版，第 27 页。
② 王颖斌：《海德格尔和语言的新形象》，人民出版社 2015 年版，第 175 页。
③ 王颖斌：《海德格尔和语言的新形象》，人民出版社 2015 年版，第 176 页。

一方面，诗（Dichtung）作为语言的本质，它不是诗歌（Poesie）作品，而是一种创造活动。海德格尔认为，这种诗意的创造活动是对真理的创建。既然"真理"总是"存在的真理"，那么这种诗意的创造必然和存在关联了起来。同时，"作诗即是度量"①，它在度量中对"神"（存在）这个尺度进行采取尺度。在采取尺度之中，存在者从遮蔽进入显现进入自己的本质，从而万物被构造出来。

另一方面，思作为语言的发生场所，它不是逻辑性的反思（Relflexion），而是"比诗更为深层"②的"自身思义"（Besinnung）。"自身思义"是对存在问题的思考方式，而不是形而上学的思考方式。自身思义乃是对"存在真理"的追问，对存在的思念（Andenken）。因为，存在给予出一个自身性领域，这个领域作为一个发生性领域，"只有当然自身进入一种居有过程得以发生的开放时间—空间时，人才被归本于自身"③。于是，人通过"自身反思"才能回返自身。在自身思义中，人不但"全神贯注于不可穷尽的值得追问之物"④，对物持"泰然任之"态度，而且对神秘（存在的神秘面）持"虚怀敞开"态度，对存在的神秘予以接纳。海德格尔认为，只有在"思"中，存在才能进入人。

综上，海德格尔最后得出结论，他说"诗"和"思"是同源的，二者作为道说可以在语言中被经验到。按照孙周兴对"诗"与"思"的解释，诗则更注重存在的开显部分，是存在者对存在的闪现，而思更注重存在的隐蔽部分，是对存在的不显现面的回归。人只有进入两种道说方式的近邻关系，才能学会思想，进入语言境域（Da），达到

---

① [德] 马丁·海德格尔：《演讲与论文集》，孙周兴译，生活·读书·新知三联书店 2005 年版，第 205 页。
② 王颖斌：《海德格尔和语言的新形象》，人民出版社 2015 年版，第 236 页。
③ [德] 马丁·海德格尔：《哲学论稿》，孙周兴译，商务印书馆 2016 年版，第 63 页。
④ [德] 马丁·海德格尔：《演讲与论文集》，孙周兴译，生活·读书·新知三联书店 2005 年版，第 67 页。

诗意栖居。

第二节 家园共同体

在之前对于现实共同体的描绘中，我们根据海德格尔不同时期的对物的不同理解，赋予了不同的现实共同体的不同内涵。前期海德格尔将物理解为劳动物，我们则构造出一种劳动共同体。中期海德格尔将物理解为艺术物，我们则构造出一种艺术共同体（民族共同体）。此时，我们站在后期海德格尔哲学的视野下，必然根据海德格尔对无用物的理解，构造一种"等待与无用的民族共同体"。同时，因为，物化是通过世界化才能达到的，而这种"无用物"的理解本身和"天地人神"世界的源初境域相关联，而前期和中期海德格尔哲学都囿于物和世界概念所携带的"人工性"，使得海德格尔的"共同体"思想也带有一种"人工性"，所以，海德格尔最终抛弃了"人工性"残余，走向一种"无用"的源初境域中，建立自己的"无用与等待的民族共同体"。

与此同时，"世界"概念也不再是前中期所描绘的"'在世存在'中的世界和'大地和世界'意义上的世界"①，而是"天地人神"意义上的语言世界。它不同于"此在"的"一元共在的生存世界"，或者"大地和世界"的"二元斗争的开端世界"，而是"天地人神"的"四元共属的源初世界"。在这个四元世界中，每一元作为镜子各自映射对方三元。这个映射作为"世界游戏"②，是"世界与物相互传送"③，四

---

① 彭富春：《论海德格尔》，人民出版社2012年版，第102页。
② [德]海德格尔：《在通向语言的途中》，孙周兴译，商务印书馆2013年版，第210页。
③ [德]海德格尔：《在通向语言的途中》，孙周兴译，商务印书馆2013年版，第17页。

元进入既差异又同一的共属性中，而这些都是在语言之家园中发生的。于是，此时，这个"世界游戏"作为天地人神的源初运作，在语言之家的召唤中构成了一种"家园共同体"。

一 作为"存在者共同体"的"等待与无用的民族共同体"

在后期海德格尔对于共同体在"存在者层面"的理解中，依旧延续着对民族共同体概念的探讨，依旧用"物"的概念去理解"民族共同体"，企图用"人和物"的关系取代"人和人"的关系。前期的"物"概念是一种劳动物，他建立了自己的劳动的民族共同体。中期的"物"是一种创作物，他建立了创作的民族共同体。后期的"物"概念是一种无用物（以"无"为用）[①]，他则建立了"无用"的民族共同体。这种无用物的概念同时是和后期海德格尔的语言问题相关联的。语言作为存在的家，它是存在的"阴"的一面，更多地指向存在的"无"性。正是语言的呼唤中物的无用性才得以被人理解，而这个"无用性"是建立在海德格尔对庄子的兴趣之上的，所以，海德格尔才会在《乡间路上的谈话》中引用了《庄子·外物》中的对话，"若要跟人谈论有用之物，他必须首先认识无用之物"（知无用而始可与言用矣）、"由此即可明见无用之物的必然性了"（然则无用之为用也亦明矣）[②]。

同时，在海德格尔看来，这个"无用的共同体"又应该是一种"等待的共同体"。因为，在后期海德格尔对物的物性的讨论过程中，他强调的是语言概念。他认为，人在倾听语言的召唤中，物的物性才被人理解。这种对语言的倾听，作为一种对物性的泰然任之，就是一

[①] "无用"海德格尔表示为"虚化"（Vereignung 或译为"归本"），源自庄子的无用之思，就是夏可君说的"以无为用"，彭富春说的"无之无化"，靳希平说的"虚的部分"。

[②] ［德］海德格尔：《乡间路上的谈话》，孙周兴译，商务印书馆 2018 年版，第 239 页。

种等待。在等待中，一方面，它不是等待"某种东西，也不是无所等待"，而是"等待所应答的那个东西"①。另一方面，它是一种"守护意义上的等待"②，是对存在的真理的守护。所以，正如夏可君所描绘的，后期海德格尔的民族的共同体应该是"一个等待与无用的民族"共同体。

夏可君说，海德格尔在《在俄罗斯战俘营里一个年轻人和一个年长者之间的夜谈》里提出了自己的民族共同体观念：等待与无用的民族共同体。海德格尔说"民族必须首先等待"、"终究会成为一个等待民族"，然后又说"等待的民族甚至必定是完全无用的"、"不会产生任何切实的东西"。③那么，这个民族共同体到底在"等待"什么？

海德格尔回答，"等待"不是期待，用期待去把握"等待"就相当于"用筛子来汲水"④，而期待总是"仓促的"，它总是粘连了一个期待者。它期待的是一种"有用之物"。"有用"作为一个工具理性概念，它又促使民族共同体成为"理性"共同体。但是，其实"等待"作为纯粹等待，它什么也没等待。当然，它也不是等待"虚无"本身。按照海德格尔的说法，"等待可以被称—命为泰然让之"⑤。它是守护"无用之物"，让"无用之物"到来的东西。他认为，只有"无用之物"的到来才能"让"民族共同体本质保存于等待中。

换句话说，正是在等待之中，一方面，我们才成为"无用之物"

---

① ［德］海德格尔：《乡间路上的谈话》，孙周兴译，商务印书馆2018年版，第214页。
② ［德］海德格尔：《乡间路上的谈话》，孙周兴译，商务印书馆2018年版，第215页。
③ ［德］海德格尔：《乡间路上的谈话》，孙周兴译，商务印书馆2018年版，第231—233页。
④ ［德］海德格尔：《乡间路上的谈话》，孙周兴译，商务印书馆2018年版，第218页。
⑤ ［德］海德格尔：《思的经验（1910—1976）》，陈春文译，人民出版社2008年版，第46页。

的入口，对事物"泰然让之"，"给予每个事物一种准许进入"①，并进入我们所归属的地方：天地人神。另一方面，我们作为等待者，他等待着自己的本质到来。于是，我们可以说，海德格尔的意思是，我们作为民族共同体是在等待着，等待成为一个无用的民族。但是，海德格尔又说，这个无用的民族本身的本质又是不需要其他民族"承认"的。因为，①"承认的问题"、"他人是否听到"的问题对于"等待与无用的民族共同体"来说是无关紧要的，他们绝没有多余的事件去和其他民族比较一番。②这个等待与无用的民族对于其他民族来说肯定又是完全无用的。②所以，鉴于我们这个"等待与无用的民族共同体"的特殊性，我们有必要对它进行一番整体性的考察。

第一，"等待与无用的民族共同体"既不是种族主义，也不是国际主义。因为"等待与无用的民族共同体"作为非主体性的共同体，它反对一种建立在主体性之上的共同体。种族主义和国际主义就是主体性共同体的典型。一方面，种族主义作为生物学意义上的共同体，它坚持自然赋予的天性，会导向一种民族国际主义倾向（如纳粹的民族国际社会主义）。它不但以一种地缘政治的态度对待民族共同体，而且以主体的方式将"一切都显现为客观之物"，"并且声称自己就是根据"③。按照海德格尔的说法，种族主义作为绝对之物，会导致世界的荒芜化、抽象化，一切都以"有用"为唯一的标准。另一方面，国际主义和种族主义是一回事，它和种族主义的关系就是"山脉之于个别的山"④，它只是由各种种族主义统一起来的东西，依旧是由种族

---

① ［德］海德格尔：《乡间路上的谈话》，孙周兴译，商务印书馆2018年版，第226页。
② 参见［德］海德格尔《乡间路上的谈话》，孙周兴译，商务印书馆2018年版，第232页。
③ ［德］海德格尔：《乡间路上的谈话》，孙周兴译，商务印书馆2018年版，第234页。
④ ［德］海德格尔：《乡间路上的谈话》，孙周兴译，商务印书馆2018年版，第235页。

主义的主体性决定的。海德格尔认为，无论是种族主义还是国际主义都是在从事使得"世界荒芜化"的行当，它们从主体性出发，太愿意用仓促以及狂妄的"意志"去对待世界。

第二，"等待与无用的民族共同体"是由"诗人和思者"组成的民族共同体。因为，基于后期海德格尔对于语言问题的关注，他不再认为政治家和宗教者在共同体中具有的优先性①，而是认为只有诗人和思者才具有优先性。诗人和思者可以倾听语言，"栖居于语言之中说话"，从而产生两种道说方式：诗与思。在这两种道说方式中人进入澄明（存在的真理）之境。所以，海德格尔才会说"作诗者和运思者无非是最高贵方式等待的人"②。我们要知道，中期海德格尔所谈论的共同体更多的还是含义"存在者"残留，企图将存在真理设置入"存在者"中。后期海德格尔哲学的共同体理论则更多的是在"存在论层面"谈论，企图让人倾听语言的道说，让存在真理发生。后者比前者更具根本性，使得"存在"更加被"虚化"。

第三，"等待与无用的民族共同体"提出了一种新的思维方式：泰然任之。它不同于前面海德格尔以真理（意义）的"敞开"为用。他认为"只有'退让'才有'敞开'"，只有将真理退让到"无"，"以无为用"，从而使得"物的意义就不是作为有用性，而是作为无用性"。③ 物才具有不再被作为客体而被控制的可能。同时，等待作为泰然任之，本身是人对物的一种泰然任之的态度，只有在这

---

① 中期海德格尔哲学基于对存在真理的发生的方式的追问，他叙述了四种存在者真理的发生方式：艺术、思想家追问、建国、牺牲，但是随着后期海德格尔哲学对于人如何进入存在的真理的追问，他的哲学主题又变成语言。此时，他认为只有语言才能让真理发生，无论是艺术还是思想家追问、建国、牺牲，其实都是"语言"（诗、思）引发的。

② ［德］海德格尔：《乡间路上的谈话》，孙周兴译，商务印书馆2018年版，第231页。

③ 彭富春：《什么是物的意义？——庄子、海德格尔与我们的对话》，《哲学研究》2002年第3期。

个态度中人才能"让物作为物自身存在"①。此时,人不再执着于对物产生一种工具性的态度,否定那个遮蔽物自身的技术性思维。物不再成为人服务的工具,而是以自身为目的的,使得物自身聚集"四元世界"。

二 对"等待与无用的民族共同体"的评论

夏可君基于"海德格尔与庄子的联系"写了《一个等待与无用的民族》一书。他认为,纳粹的"血与土"的"自然"种族主义的大屠杀,促使海德格尔更为彻底地思考了"种族和自然的关系","通过自然的诗意元素性"、"最终转向了自然的无用与寥廓的泰然让之,才使之走出西方的灾难"。②海德格尔说"开端已经没有开端!"、"开端还尚未开始"③。由于德国不可避免地战败,海德格尔对于另一开端的幻想破灭了。于是,海德格尔开始发生第二次转向。夏可君通过七重转译,描述海德格尔正是在庄子的无用思想的影响下改变了自己的哲学表达范式,进入"第二次转向"。正是借用庄子的无用之思,海德格尔才走出纳粹种族共同体,走向了新的"等待和无用民族共同体"。

从存在论的角度来说,按照夏可君的分析,他说对海德格尔"等待和无用民族共同体"的存在论阐释是一种"无执的存有论"。它克服了中期海德格尔哲学中的"有执的存有论",从而也克服了中期民族共同体的"争斗"性倾向,从而走向了一种"泰然让之"的哲学姿态。④但是,我们又不能把"等待与无用的共同体"中的"等待"

---

① 彭富春:《什么是物的意义?——庄子、海德格尔与我们的对话》,《哲学研究》2002年第3期。
② 夏可君:《一个等待与无用的民族:庄子与海德格尔的第二次转向》,北京大学出版社2017年版,第27页。
③ 夏可君:《一个等待与无用的民族:庄子与海德格尔的第二次转向》,北京大学出版社2017年版,第102—103页。
④ 夏可君:《一个等待与无用的民族:庄子与海德格尔的第二次转向》,北京大学出版社2017年版,第256页。

的让予和"无用"分开来。因为，我们在面对"等待和无用民族共同体"的无用性的自然性（存在）时，只有以等待式的泰然让之态度，才能激发各自的自然性，让各自的自然性之间有着再生的余地。否则，我们将会面对海德格尔可能以无用为借口来逃避纳粹的意识形态，放弃生命的权利，并与强权合谋的指责。

另外，按照让－吕克·南希对夏可君的评论，他认为夏可君所提出的海德格尔"第二转向"的说法是"难以为继"的。一方面，他认为甚至"我们可以从20年代起就发现这点"①，海德格尔所有哲学都是对整个西方"有用"的"谋制"现代性的一种拒斥，体现了一种"无用"哲学的特质。另一方面，鉴于海德格尔的希腊—犹太—基督教传统，其实"无用的问题是以非常鲜明的方式出现在基督教当中"②。最后，让－吕克·南希甚至以自己亲身阅读《庄子》的经历拒斥夏可君对海德格尔"第二次转向"的解读。他说，他并不知道庄子在讲什么，庄子对于自己这个西方人来说就是一个异质空间。③

可是，当我们去了解让－吕克·南希自己提出的共同体理论（"共通体"）时，我们会发现，让－吕克·南希的共通体所强调的"共与"概念，其实就是对"等待和无用民族共同体"中"让予"概念的模仿。二者都强调了只有通过思考"事物与事物"之间的"与"（"共与"、"让予"）结构，才能让事物之间的分离或接近产生。由此可见，东西文化的差异之大，我们要构建一个共同体是何其之难！

当然，海德格尔也看到了"东西方文化"的差异性问题。于是，他才会在《在通向语言的途中》中同日本人进行不同文化之间的探

---

① 夏可君：《一个等待与无用的民族：庄子与海德格尔的第二次转向》，北京大学出版社2017年版，第264页。
② 夏可君：《一个等待与无用的民族：庄子与海德格尔的第二次转向》，北京大学出版社2017年版，第266页。
③ 参见夏可君《一个等待与无用的民族：庄子与海德格尔的第二次转向》，北京大学出版社2017年版，第266页。

讨。他说"尤其对东亚民族和欧洲民族来说,语言本质始终是全然不同的东西"①、"欧洲人也许就栖居在与东亚人完全不同的一个家中"、"一种从家到家的对话就几乎还是不可能的"。② 海德格尔对于不同文化之间的对话的不可能性的理解是和他对于"家园共同体"的理解有关的。家园共同体作为一个"让发生"概念,是对城邦概念的深化。正是在"家园共同体"的发生中城邦才能产生,城邦的不同导致文化不同。之前,我们总是在家园共同体(西方)中探讨不同的民族共同体,而此时我们从不同家园共同体去探讨不同文化,这些只有基于对"家园共同体"的深入理解才能实现。

三 作为"存在论共同体"的"家园共同体"

经过前面的描述,我们知道,海德格尔前期哲学中的现实共同体是"劳动共同体",作为人的现实境域,是"个人"日常实践的规则源头。海德格尔中期哲学中的形而上学共同体是"城邦",作为历史境域,是"民族共同体"的历史根源。但其实以上二者都是存在论共同体(家园共同体)不同层面的体现,二者只有在家园共同体之中才能依次生成(家园共同体→城邦共同体→劳动共同体),二者的形而上学根基也只有在存在论中才能得到保证(语言存在论→元一政治形而上学→此在形而上学)。此处,我们则依循海德格尔后期哲学的语言境域,提出他在存在论层面的共同体:家园共同体。这个家园共同体作为语言境遇,是"世界"语言的根源。此时的海德格尔表现出了一种思想的连贯性:世界语言→民族历史→个人实践。

---

① [德]海德格尔:《在通向语言的途中》,孙周兴译,商务印书馆2013年版,第110页。
② [德]海德格尔:《在通向语言的途中》,孙周兴译,商务印书馆2013年版,第90页。

第五章 后期共同体思想：家园共同体

在海德格尔眼中，"家园共同体"和"Ereignis"（本有）是有着密切的联系，甚至就是 Ereginis。它比"劳动共同体"、"城邦"更符合"存在论共同体"这个称号。他认为，Ereignis 作为"本有事件"，是让万物成其自身的"大写事件"，正是在这个"大写事件"中，人的世界（天地人神四重世界）才被给予我们。正如乔治·弗里德所说："把一个特定的意义世界给予我们、将我们挪入此一意义世界之中进而也让此世界成为我们之本己世界的就是 Ereignis，是 es gibt，即（大写）事件。"① 正是在"Ereignis"这个家园共同体的语言境域之中，西方文化才得以产生，西方"存在史"才能开端。

那么，既然家园共同体和 Ereignis 相关，那它必然和海德格尔所思考的存在论差异相关。按照张柯的说法，海德格尔初期对"存在论差异"的阐释容易被对象化，从而导致"存在"（Ereignis）被思为存在者。于是，海德格尔若需要将自己的思想讲清楚就必须抛弃存在论差异二重性思想，而进入一种四重性思想。海德格尔才能用一种四重的域性思想克服二重的"线性的先验之思"，使得"'存在论差异'变成'林中空地'"。他的思想道路才正如其自己所说从"'存在论差异'→'四重性'→'世界—四重一体'之单纯"。② 这就使得"存在"被语言分解为"四元"，在四元映射游戏中，组建起了海德格尔的存在论共同体：家园共同体。这个家园共同体拥有四个元素：天地人神。海德格尔对于"天地人神"有以下论述：

天空：作为存在者存在展现的展现之所，是自行敞开的，使得存在者丰富，是"日月运行，群信闪耀，是周而复始的季节……天穹的湛蓝深远"。

---

① 汪民安、郭晓彦主编：《事件哲学》，江苏人民出版社 2017 年版，第 129 页。
② 张柯：《论海德格尔"四重一体"思想的起源——基于〈黑皮笔记〉（GA97）的文本分析》，《社会科学》2017 年第 6 期。

大地：作为存在者存在的居所，是自行隐匿的，庇护存在者的东西，是"承受筑造，滋养果实……庇护着植物和动物"。

人：作为终有一死者，能庇护存在，是存在的现身，是"无之圣殿，死亡乃是存在之庇所"①。

神：作为大地和天空"争执"的"发生"之所，指引人走向存在，是"暗示神性使者"。

海德格尔认为，以上四者虽然每一方的存在方式都不一样，但是每说到一方就会想到其他三方，四者共属一体成为纯一性。其实"此纯一性就是存在本身，唯有在此四元的共属和纯一性，存在才得以显现"②。这个四重整体不但每一方犹如镜子般"相互映射"耦合在一起，而且在映射后会进入"相互转让"其本质，使得四者能够运作起来，这种"纯一性"运作就被他称为"映射游戏"，而这个四重世界的映射游戏乃是居有的圆舞。

按照海德格尔的说法，既然"圆舞"是"起环绕作用的圆环"，"居有""使四方进入它们的纯一性的光芒之中"③，那么，作为"世界世界化"的"居有的圆舞"自然就是"圆环在闪烁"④。同时，既然在"圆环"的"环化"中世界被聚集起来于"逗留物"中，四方进入"纯一性的柔和之中"⑤ 即"统一性"，从而"纯一性"的"世界世界化"使得"统一性"的"物物化"得以发生。那么，海德格

---

① [德] 马丁·海德格尔：《演讲与论文集》，孙周兴译，生活·读书·新知三联书店2005年版，第187页。
② 李卓：《海德格尔晚期天、地、神、人四重奏思想探究》，《黑龙江社会科学》2004年第1期。
③ [德] 马丁·海德格尔：《演讲与论文集》，孙周兴译，生活·读书·新知三联书店2005年版，第189页。
④ [德] 马丁·海德格尔：《演讲与论文集》，孙周兴译，生活·读书·新知三联书店2005年版，第189页。
⑤ [德] 马丁·海德格尔：《演讲与论文集》，孙周兴译，生活·读书·新知三联书店2005年版，第191页。

尔才自然可以通过对"桥"这个"逗留物"的分析,达到"拯救大地,接受天空,期待诸神,接纳终有一死者"的四重世界的解释。由此,我们可知"天地人神"作为一种共同体理论,必然是一种存在论层面的共同体。它既有一元"纯一性",又有四元的"统一性"。在这种共同体之中,人栖居在四重整体中,人和世界的互通互融,并在逗留物那里实现了对四重世界的保护。

通过上面对家园共同体(天地人神)的初步描绘,我们可以得出以下结论。首先,"天地人神"不是一种宇宙论的或者存在者层面的共同体。因为,海德格尔并不把这四元共同体看成是存在者层面的东西。他认为天地人神作为一种四元共同体,是一种非存在者或者存在意义上的东西,而是一种天地人神的"四化"运作,即境域。另外,他也不把天地人神看成是"宇宙论"的世界概念。"天地人神"并不是"一种不变的、超文化的结构",并不是任何"可能的世界中都能被发现"① 的东西,而是既遮蔽又显示的可能性。

其次,"天地人神"共同体具有语言性,"语言说出了四元"②。由上可知,天地人神的四重整体的运作是一种映射游戏,产生了物物化和世界世界化。在物物化中,物展开世界、实现世界。在世界化中,世界作为"光辉"、"金子",它庇护物、赐予物。这就表示,世界和物不是相互并存,而是"世界与物相互贯通"③。海德格尔又说,物化和世界化"二者横贯一个'中间'(Mitte)。在这个'中间'中两者才是一体的"④。而这个"中间"作为二者的亲密性,是在"区一

---

① [德]彼得·特拉夫尼:《海德格尔导论》,张振华、杨小刚译,同济大学出版社2012年版,第145—146页。
② 彭富春:《论海德格尔》,人民出版社2012年版,第102页。
③ 参见[德]海德格尔《在通向语言的途中》,孙周兴译,商务印书馆2013年版,第16页。
④ [德]海德格尔:《在通向语言的途中》,孙周兴译,商务印书馆2013年版,第16页。

分"中完成的。区分作为分解的统一者，它"分解世界入于其世界化，分解物入于其物化"①，从而使得世界与物相互贯通与传送。最后，海德格尔又把作为"指令"的"区—分"归结于语言的"令"（呼唤）。由此，我们得出，正是语言说话（呼唤、令）导致了世界世界化、物物化的发生，天地人神才真正地运作起来。

最后，"天地人神"具有家园性，是一种关于家的"家园共同体"。①鉴于海德格尔说过"语言是存在的家"、"人栖居在大地上"等关于家的论述。他特别在《筑·居·思》中直接否认了栖居是"占用某个住宿地"②。他认为人的栖居应该是一种保护，保护天地人神这个存在之家。②无论是前期海德格尔提出的"不在家"状态，还是中期哲学中的人"无家可归"，或者后期哲学中的"家宅天使"，都揭示了海德格尔对"家"的关注。

但是，正如海德格尔对真理的论述中引用老子的话"知其白，守起黑"，《存在与时间》《形而上学导论》中的"无家"概念更注重真理的"阳"的一面，而《林中路》《返乡/致亲人》中的"家宅""大地"更注重真理"阴"的一面。③于是，海德格尔才会在《返乡/致亲人》中提出"家宅天使"和"年岁天使"概念，前者作为"大地""为民众设置他们的历史空间"，后者作为"世界""为季节的时间设置空间"④，二者是"人类生存的原本空间和时间"⑤。海德格尔强

---

① ［德］海德格尔：《在通向语言的途中》，孙周兴译，商务印书馆2013年版，第17页。
② ［德］马丁·海德格尔：《演讲与论文集》，孙周兴译，生活·读书·新知三联书店2005年版，第153页。
③ 张祥龙：《"家"的歧异——海德格尔"家"哲理的阐发和评析》，《同济大学学报》（社会科学版）2016年第1期。
④ ［德］海德格尔：《荷尔德林诗的阐释》，孙周兴译，商务印书馆2000年版，第15页。
⑤ 张祥龙：《"家"的歧异——海德格尔"家"哲理的阐发和评析》，《同济大学学报》（社会科学版）2016年第1期。

调,正是在"大地"(家宅天使)和"世界"(年岁天使)的问候①中,才"使得明朗者闪耀"②。"明朗者使一切都成为家乡的"③,把一切都保存在本质中。张祥龙也对此作出了评论,他认为明朗者作为"黑暗中的光明"或"藏在黑暗里的光明"④,其实是一种广义上的家,这个家其实就是存在(Ereignis)。所以,综上,海德格尔的"天地人神"必然是一种"家园共同体",而且和 Ereignis 密切相关。

四 对"家园共同体"的评论

(1)依循家园共同体内在结构视角:海德格尔的家园共同体以"存在关系"取代"社会关系",绝对语言取代交往语言,造成"本体"对现实的僭越。从存在论基础看,海德格尔的天地人神作为"家园共同体"它是存在层面的共同体,忽视了存在者层面的东西。张祥龙说,虽然海德格尔的家里有"炉灶"(大地),可却没有"家人"。海德格尔"一直躲避、忽视让家有真正生命力和获得时空间的非个体的家人关系,简言之,就是家得家庭形态"⑤,并把"家庭形态"认为是常人般的"非本真状态"而予以拒绝。但是,海德格尔并没有看到,其实"存在者层面"家庭形态应该是"存在层面"的"家园共同体"的源头。因为诗人和思想家是可以通过家庭来汲取灵感重返存

---

① "大地和世界的问候",体现了海德格尔从《艺术作品的本源》中注重世界和大地的"争执"转向柔化的过程。如果说"争执"注重存在者的开启,那么"问候"就更注重存在者的保存(家)。
② [德]海德格尔:《荷尔德林诗的阐释》,孙周兴译,商务印书馆 2000 年版,第 15 页。
③ [德]海德格尔:《荷尔德林诗的阐释》,孙周兴译,商务印书馆 2000 年版,第 16 页。
④ 张祥龙:《"家"的歧异——海德格尔"家"哲理的阐发和评析》,《同济大学学报》(社会科学版)2016 年第 1 期。
⑤ 张祥龙:《"家"的歧异——海德格尔"家"哲理的阐发和评析》,《同济大学学报》(社会科学版)2016 年第 1 期。

在之家的。

通过对家庭的描述，我们发现海德格尔的"家园共同体"概念是有缺陷的，而这个缺陷源于以下两方面。一方面，海德格尔囿于西方"个人中心主义"的精英主义思维模式，总是企图将少数人从"天地人神"的平等模式中割离开来。另一方面，海德格尔总是从"存在"的层面去理解共同体，从而将共同体中的"他人"问题和"存在"问题相结合。使得"人和人"的社会关系被"人和存在"的存在论关系所取代。

从语言的角度看，按照哈贝马斯的理解，海德格尔的天地人神作为语言性的共同体，它还是陷于"先验哲学范围"。海德格尔错误地将"语言创造意义的潜力抬高到绝对的高度"，从而使我们的生活世界内部只遵循先验的语言规则，缺乏人和人之间的真实交往，使"主体间性问题因此也就变得毫无意义"①。哈贝马斯认为，海德格尔哲学只有转向一种交往范式，一方面将主体建立在语言构建的世界中，另一方面将语言建立的"生活世界的立足点在于语言共同体中的交往实践"，才能在实践中不断地检验生活世界。此时，生活世界作为交往行为的源泉和交往行为结果，正是在实践的"循环的过程"中，才能让"先验主体消失得无影无踪"。②

（2）依循家园共同体的外部视角：从东西文化交流的角度看，按照马琳的说法，海德格尔对于不同"家与家之间的对话"是有过思考的，但缺乏清晰透彻的阐释。③首先，海德格尔在对荷尔德林诗的阐释中提出了一种"异乡的漫游"，认为德国民族共同体只有碰到"异己"的古希腊民族时才能"返乡"。他说，人本质上是没有居家的，

---

① ［德］于尔根·哈贝马斯：《后形而上学思想》，曹卫东、付德根译，译林出版社2012年版，第41页。
② ［德］于尔根·哈贝马斯：《后形而上学思想》，曹卫东、付德根译，译林出版社2012年版，第42页。
③ 马琳：《海德格尔论东西方对话》，中国人民大学出版社2010年版，第285页。

是"大地上的异乡者"。① 人在"异乡"中才能"思念""家乡",才不得不去把握自己的"本己之物",诗意栖居于自己的"家乡"(家园共同体)。② 与此同时,正如他在《通向交谈之路》一文所述,只有在德国民族和法国民族之间的创造性的交谈之中,二者才能回到"本己之物",进入其各自的历史使命,从而拯救西方。综上,鉴于海德格尔对于"异域"的探讨,有些学者就把这些论述当成海德格尔跨文化的理论构建。③ 但是,海德格尔所理解的"异域"是希腊而不是非西方文化,他们忽视了海德格尔探讨这些问题的"西方—世界历史性"框架。④

其次,海德格尔在经历了"老子道德经的翻译"、"与日本人的交谈"后,认为东西方文化交流的最大困难在于语言,语言的困难是不可逾越的。⑤ 他甚至说"欧洲人也许就栖居在与东亚人完全不同的一个家中"。⑥ 虽然如此,海德格尔对东西方文化交流还是表现出极大的兴趣。①他认为东西方文化现在共同面对的是同样肤浅的技术世界,这为双方不可避免的对话的语境。②他认为即使西方要和东方对话,那也应该建立在"与古希腊对话"为基础之上才可行。⑦ 于是,我们得出,海德格尔对东西方交流所持有的两种观点,一种是相对主义(东西语言不同,二者绝对不可通约),另一种是普遍主义(借助技术全球化,东方可借西方回归自己的传统,双方拥有共同的关切

---

① [德]海德格尔:《在通向语言的途中》,孙周兴译,商务印书馆2013年版,第84页。
② 参见[德]海德格尔《荷尔德林诗的阐释》,孙周兴译,商务印书馆2000年版,第111页。
③ 参见马琳《海德格尔论东西方对话》,中国人民大学出版社2010年版,第16页。
④ 参见马琳《海德格尔论东西方对话》,中国人民大学出版社2010年版,第135页。
⑤ 参见马琳《海德格尔论东西方对话》,中国人民大学出版社2010年版,第206页。
⑥ [德]海德格尔:《在通向语言的途中》,孙周兴译,商务印书馆2013年版,第90页。
⑦ 参见马琳《海德格尔论东西方对话》,中国人民大学出版社2010年版,第112页。

点）。① 但是，在马琳看来，我们应该从海德格尔自身所面对的双重视域出发。一方面，人们现在面对的困境是：存在被遗忘、技术统治地球。因此，西方哲学的首要任务应该是与古希腊交涉，开启另一开端。另一方面，由于东方不能纳入西方的存在史之中，海德格尔只能做"思想实验"，挪用那些契合于其兴趣的东方思想。

最后，基于我们对海德格尔哲学中不同民族交流的可能性，以及不同文化交流的可能性的理解，我们就更深刻地了解了"家园共同体"概念。在海德格尔的理解中，一方面，不同民族之间的交流可能性是源于同一独特的"家园共同体"，这个"家园共同体"的独特性源自自身"存在史"开端性（如西方"家园共同体"的存在史的开端性是希腊人建造的：Polis）。正是在同一"家园共同体"中，这个民族才能在和其他民族交流中，回归自身，保持自身独异性。另一方面，在不同的"家园共同体"之中，产生不同的文化，不同的"存在史"。不同文化之间是不可交流的。因为西方的"家园共同体"包含"天地人神"四大元素，而东方的"家园共同体"可能只有"天地人"三大元素。西方把"存在"看成主题，而东方可能把"道"看成主题。所以，不同文化之间的交流是不可能实现的，家与家之间的对话无法形成，海德格尔对不同文化所持有的存在论也是绝对差异的。

---

① 参见马琳《海德格尔论东西方对话》，中国人民大学出版社2010年版，第279页。

第六章

海德格尔共同体思想的贡献及不足

在前面三章对海德格尔共同体思想的阐释中，我们对劳动共同体、城邦、家园共同体进行了初步的了解，并勾勒出了海德格尔的共同体理论的整体蓝图，这为现代社会的"归家之途"提供了可能路径。我们不但可以从他的共同体思想中区分出"本真性共同体与非本真性共同体"（前期思想）、"历史性共同体与开端性共同体"（中期思想），而且还能从"存在论层面和存在者层面来区分共同体"（后期思想）的层次。基于此，我们需要透视海德格尔的共同体思想的整体性，因为只有这样我们才不会在探讨海德格尔共同体思想的时候出现概念上的错乱，将本真层面的共同体误认为非本真的共同体，存在论的共同体误解为存在者的共同体，从而为我们真正把握海德格尔的共同体思想指明方向。此时，我们不但以看到海德格尔共同体思想自身的边界，而且可以自觉利用其思想为当代共同体理论做出一定思想贡献。例如：（1）海德格尔的劳动共同体思想影响了当代人工智能哲学的发展；美国实用主义哲学家休伯特·L. 德雷福斯借用海德格尔的人与物的操劳关系，对人工智能的认知主义进行了批判，使得人工智能由认知式的符号主义转向具身式的行为主义。（2）海德格尔对城邦共同体的理解促进了当代政治哲学的发展；在当代政治哲学界，海德格尔政治形象呈现出多元化阐释,无论是社群主义者泰勒、后自由主义者罗蒂,抑或是共和主义者阿伦特与哈贝马斯,都或多或少受到海德格尔哲学思想与政治理论的影响,特别是阿伦特基于海德格尔对政治的敞开性理解关注"公共领域问题"。(3)海德格尔对家园共同体的追求间接掀起了中国学界一股对"家哲学"的关注;以张祥龙、孙向晨为代表的中国学者关注到海德格尔注重"个体化"的"存在之家"而忽视"亲亲式"的"血脉之家",进而呼吁以儒家"亲亲"补充西方"个体",重建"家"在现代世界的意义。鉴于篇幅的原因我们无法对此一一展开论述。

实际上,对海德格尔深邃哲学思想与荒诞政治事件的关注,促使本书将问题聚焦于"哲学理论与政治实践之间",而理论与实践之间的张力则通过对"存在"(Ereignis)的理解得以获得解读。在海德格尔看来"存在"作为存在者的敞开境域,是人与物、人与人以及人与世界共同存在的基础,它是先于理论与实践区分的源始概念。因而,一切事物在存在论层面本是共属一体的而非分离的状态。然而,在笛卡尔式认知主体二分思维的驱动下,原本融为一体的生活世界被区分出主体与客体,进而造成了世界内部冲突状态。为此,如何弥合主体与客体之间的分歧,以及如何将"存在"理解为"共在"进而成为万物"共生"的基础?成为本书的写作初衷。本书以"共同体"为主题,通过问题缘起、理论定位、历史梳理、现实意义四个维度的考察来对这些问题进行深入的阐述。

第一,本书第一章作为本成果的"问题缘起"部分,对主体形而上学的现代性批判构成了海德格尔共同体思想的起点。在传统形而上学视域下,对主体的实体化理解,致使主体与他者之间关系分离。为此,海德格尔从人类"在世生存"的实际生命体验出发,重构一种新型的"此在形而上学"体系超越"主体形而上学",以"共在"生存结构弥合自我与他者的裂隙,实现共同体的初步构建。然而,正是在海德格尔的影响下，当代思想家们基于后形而上学立场，通过构建他者哲学、关系理性，完成了哲学由"理论哲学"向"实践哲学"的范式转向。

第二，本书第二章作为本成果的"理论定位"，对海德格尔共同体思想的理论渊源、政治实践及理论定位进行追溯，以此厘清本研究的边界。在对莱布尼茨"单子学说"与胡塞尔"交互主体"理论的继承与批判中，海德格尔构造了其独特的"存在论共同体"理论；从海德格尔的政治动机、政治行为、政治结果以及政治反思中描绘出"共同体"的贯穿作用；基于共同体的发展历程，以传统共同体（家庭）与现代共同体（自由联合体）为例，对海德格尔共同体思想作出合理定位。

第三，本书第三章到第五章作为本成果的"历史梳理"，从海德格尔不同时期的思想主题出发，历时性的梳理其不同类型的共同体思想。第三章基于早期《存在与时间》中海德格尔对物的操劳关系的实践性理解，将存在者层面的共同体阐释为劳动共同体；第四章则从中期《形而上学导论》对历史场所的讨论出发，探讨元形而上学层面的共同体：城邦（Polis）；第五章从后期《在通向语言的途中》中对语言作为存在之家的理解，构建存在论层面的共同体"家园"（Heimat）。

第四，本书第六章作为本成果的"现实意义"，对海德格尔共同体思想在当代实践哲学的影响与发展进行了简要讨论。

第一节　海德格尔的共同体思想

在海德格尔的哲学中，他首先面对的是传统西方哲学的"二元对立思维"困境。在他看来，传统西方哲学的"二元对立思维"是一种非本真状态思维，而自己的"诗性思维"则称为本真状态思维。他从人的生存境域出发去克服人的周围境遇，从而走向一种"本真状态"。于是，这样就使得一直困扰在当代自由主义和社群主义之间关于"个人"和"共同体"孰优先的问题被"本真状态"所消解。在海德格尔看来，虽然我们现实的世界是由非本真的个人和共同体组成的，缺乏本真性，但是海德格尔的本真性概念克服了以上问题。按照靳希平的说法，海德格尔关注的是"虚"的意义世界，而不是"实"的现实世界，他关注的是人在诗性思维下意义世界的展开。①

于是，此时个人与共同体之间的问题被海德格尔转换了。二者的问题不在纠结个人与共同体孰优先，而在于关注如何通过"精神修养"回归"本真状态"。这个"本真状态"作为一种"虚"理，它又必然导致和我们现实的生活拉开距离，使得我们理解起来容易出现困难。此时，"虚"的世界作为人的意义世界，虽然不是彼岸世界，但更似彼岸世界。这也就不难理解为何总有人把他当成神学家了。

因此，我们鉴于海德格尔对"虚"的世界的关注，以及本书对海德格尔的"共同体"问题。我们在此暂且将他的共同体理论称为一种"虚"的共同体，是"存在论共同体"（家园共同体）。它是不同于自由主义或者社群主义上所谈论的"实"的共同体的。因为"实"的共同体作为一般意义上的共同体，是"存在者层面"的共同体，而"虚"的共同体作为意义共同体，更关注存在论层面。

一 海德格尔共同体思想的总体概括

虽然我们根据海德格尔对"虚"的意义世界的关注提出一种"存在论共同体"，但是我们不能由此就得出他缺乏对现实的关怀，其实他只是试图用存在论层面的共同体去改造了现实层面的共同体，使得

---

① 感谢靳希平老师与我探讨海德格尔哲学的相关问题。

第六章 海德格尔共同体思想的贡献及不足

当代的存在者层面的共同体理论拥有了存在论根基。在海德格尔对共同体的描述中，他认为我们如今的共同体思想更多的是偏离了存在论根基，而导致其理论失去原本的丰富意义。他认为，西方人的共同体视野依旧受限于其形而上学根基，只有抛弃传统形而上学，重建存在论，才能让我们的共同体思想不再陷入虚无主义，回归其丰富多彩的意义。

于是，我们有必要根据海德格尔三个时期的共同体思想总结出一种最终意义上的"存在论共同体"。虽然它依旧可以被称为"家园共同体"，但是它比之前的从后期思想探讨"家园共同体"的含义丰富了许多。因为这章对"存在论共同体"的总结最终是试图把海德格尔三个时期的共同体理论综合在了一起，为此我们总结出以下三点：

首先，在海德格尔的理解中，共同体只有在存在论的基础上建立才有"意义"，否则就是一种虚假的东西。正是由于他对于"存在论"问题的深入，导致了"存在"的转变：存在→存有→本有（Ereignis）。由于"存在"的转变，海德格尔共同体理论的"存在论"根基也就越来越深（此在形而上学→元一政治形而上学→语言存在论）。因为，随着存在论从"存在的意义"到"存有的历史"再到"本有的语言"的讨论，现实的共同体理论也从"劳动共同体"，变成"民族共同体"，再到"等待与无用的民族共同体"。

当代共同体理论则更多的是直接从现实的"存在者"问题出发，遗忘了"存在"问题，从而导致现实世界对意义世界的扼杀。此时，共同体不再是赋予物以"物性"的通道，反而成为现实物的附属品。在海德格尔眼中，其实"物性"就是存在。他认为只有在物性中，"物才展开世界，世界才赐予物"。[①] 也就是说，我们可以推出，物本

---

① 参见［德］海德格尔《在通向语言的途中》，孙周兴译，商务印书馆2013年版，第16页。

身所携带的是一种由天地人神四元世界组成的存在论意义上的共同体关怀，这种共同体关怀其实就是在最根本意义的存在论层面上的共同体。它是一切共同体的根源，一切共同体的"家"。我们在此把它称为"家园共同体"，而我们前面所提到的现实层面的共同体（劳动共同体、民族共同体、等待与无用的民族共同体）都是源自它。在海德格尔眼中，现代哲学仍然在形而上学的传统之中。因为他们没有重新审视形而上学问题，放弃了对存在论问题的思考。海德格尔则基于对存在论问题的深化逃脱了传统形而上学，进入后形而上学，使得"共同体"的差异性特征不再被传统形而上学的"同一性"特征所抑制。

其次，共同体作为存在论意义上的共同体，它是一种绝对"差异性"的共同体，是一种无"同一性"的开放型的共同体。正是基于此，海德格尔才说"当且仅当经验到人生达在的这种原出性的独一性时，真的共同体才能基础坚实地从土地中长成"①。因此，我们有必要从差异性出发总结一下海德格尔三个时期所"经验"到的差异共同体理论。

（1）从海德格尔早期的劳动共同体理论中出发，他从人的"有限性"去探讨人的"死亡"问题，认为正是人对"死亡问题"的关注才使得人可以从常人中解脱，在对人自身"不可能性的可能性承认"② 中才使得本真的共同体的形成成为可能。同样按照布朗肖的解释，人只有通过对"他人死亡"的接触，才能真正地感受到自己并不是罗尔斯所说的"占有主体"。个人自身并不完全占有、接管自身，而是受到他人死亡的限制。"正是在我和他人的死亡的接近中打开了共同体的可能性。"③ 人们对死亡问题的关注，甚至把海德格尔的共同

---

① 赵敦华主编：《外国哲学·第31辑》，商务印书馆2016年版，第240页。
② Tony See, *Community without Identity*: *The Ontology and Politics of Heidegger*, New York: Atropos Press, 2009, p. 141.
③ Tony See, *Community without Identity*: *The Ontology and Politics of Heidegger*, New York: Atropos Press, 2009, p. 143.

体是一种"死亡共同体"理论,从而把死亡问题导向了社区共同体中的"临终关怀"问题。但是,我们在此更关注海德格尔对"共在操持必然是一种对劳动物操劳的操持"的说法,将海德格尔的共同体理解为"劳动共同体"。由于每个人都有自己特殊的历史处境,这导致了每个人实践的"差异性"。

(2)从中期海德格尔哲学中的民族共同体看,海德格尔是从人的历史开端的场所(Polis 政治的原初概念)出发去探讨如何拯救西方的问题。海德格尔试图告诉"我们必须将自身置回到开端"①,把古希腊式的开端"保护在它的开端性中"②,才能保证自身历史的开放性。其实他所说的并不是去激活古希腊,而是"重新激活我们的人民和他们的使命"。③ 这样,我们就可以通过少数人诗意创造的不同的作品为历史场所(Polis)做贡献,让西方历史重新展开其伟大的开端。按照海德格尔的说法,Polis(城邦)作为原始的政治概念,"它和地理无关,它是本体论的场所,在这里,有创造力的人聚集在一起"④,正是不同的创作者的诗意创作产生不同的作品,使得不同的民族共同体得以建立,从而使得能容纳差异性的 Polis(城邦)才能建立起来。

(3)从后期海德格尔哲学中的"等待与无用的共同体"出发,海德格尔关注于语言问题的探讨。一方面,他认为"科学无思",技术语言的工具性误解了语言真正的运作方式:诗与思。思虽然和诗亲密,但是海德格尔认为思更加具有原发性,思始终高于诗。思作为思维方式,思的不同才导致整个文化土壤的不同。海德格尔企图用物的泰然任之的思取代物的集置的工具的思。另一方面,他认为,鉴于东西方语言的差异性,人对存在的倾听内容不一样,使得二者文化才具

---

① 赵敦华主编:《外国哲学·第31辑》,商务印书馆2016年版,第263页。
② 赵敦华主编:《外国哲学·第31辑》,商务印书馆2016年版,第285页。
③ 赵敦华主编:《外国哲学·第31辑》,商务印书馆2016年版,第285页。
④ Tony See, *Community without Identity: The Ontology and Politics of Heidegger*, New York: Atropos Press, 2009, p.156.

有绝对的不可通约性。东方并不像西方一样把人视为世界的中心。由此，海德格尔把语言当成共同体回归自身的一条道路，既在"对物泰然任之的思"中克服技术之思，也在倾听存在指令中"作诗"从而开辟不同道路，使得每个类型的语言共同体都拥有自己特殊的历史文化。例如：西方的语言是形而上学思想的语言，"因而永远刻有本体论—神学—逻辑学的印迹"①。于是海德格尔才会说"'我们的'语言，不仅仅只是我们的母语，也是我们的历史的语言"②。

我们通过对海德格尔三个时期的共同体理论的描述发现，他的共同体理论彰显了一种绝对的差异性在里面。一方面，海德格尔三个时期的存在者层面的共同体理论是差异性的。前期劳动共同体中每个人处境的差异性。中期不同的民族共同体创作的差异性。后期不同等待与无用的共同体倾听存在的不同指令的差异性。另一方面，海德格尔三个时期的形而上学层面的共同体也是差异性的。他对历史、城邦、语言的描述就是一种形而上学的预设。这三者作为展开存在问题的境域，是一种开放型的形而上学，而不是传统意义的"同一性"的形而上学。它们可以包容一切差异性。

最后，共同体作为存在论意义上绝对差异的共同体，它具有家、国家、死亡（历史）三重人文关怀。第一，海德格尔后期谈论的家的概念是"语言家园"，语言同时是存在之家亦是人之家。一方面，语言作为存在的家，能够显现的存在；另一方面，语言作为人的家，人通过语言才能建立自己的存在的居所。此时，人作为世界性的人它可以思念家乡，回到自己的家园。第二，海德格尔中期谈论的国家概念是"Polis场所"。它作为民族共同体的元政治学，是人倾听存在的语言而去创造自己独特历史的政治场所。人只有在 Polis（城邦）场所

---

① 马琳：《海德格尔论东西方对话》，中国人民大学出版社2010年版，第72页。
② 马琳：《海德格尔论东西方对话》，中国人民大学出版社2010年版，第71页。

中，才能恢复自己民族的意志，建立每个民族共同体自己独特的作品，从而"再一次地提出存在问题"[1]，使得西方的各个民族共同体重新连接到伟大的希腊开端中，为西方政治做贡献。第三，海德格尔早期所关注的死亡概念是对于历史性的肯定。海德格尔告诉我们，人不是在物理时间中生存的人，而是在历史中生存的人。物理时间是无限的，而人是有限的。人会死亡，他有自己的历史。人只有经历死亡才能进入自己的本真状态，才能成为拥有自己历史传统的人。

虽然，海德格尔以上关于人的家、国家、死亡的关怀超出了我们常规性的理解。家中没有家人，国家中没有公民，死亡不是终结。但是，这丝毫不影响海德格尔从后形而上学的角度解构这些概念，从而重新开启一种理解模式。我们要知道，海德格尔并没有将个人、国家、家园三种存在意义分离式的去理解，而是把个人、国家、家园三者的意义当成一体化。他认为，共同体只有成为本真的民族共同体，才能使人进入"个人、国家、家园"的"意义"连续体中，展示"存在之家"的人文关怀。

综上，我们通过对海德格尔三个时期的共同体理论的三个层面的论述得出，海德格尔的"共同体"思想是一种"基于存在论的、具有绝对差异性特征的、关于存在之家的人文关怀的家园共同体"。这个家园共同体最终在现实层面被海德格尔主要理解为"劳动共同体"；在形而上学层面主要体现为"城邦"。大体来说，海德格尔的共同体思想是基于特定的哲学特征、政治背景以及时代需要发展出现的特定哲学理论形态，是共同体历史发展的必然结果。由于海德格尔重视存在论问题，其共同体便可初步定义为"存在论共同体"。相比于传统一元封闭的共同体与现代多元开放的共同体，海德格尔的"存在论共同体"更多的是从"共在的生存结构"出发，为二者的产生奠定基

---

[1] 赵敦华主编：《外国哲学·第32辑》，商务印书馆2017年版，第244页。

础。一方面，海德格尔的共同体思想既包括存在论层面，也包括存在者层面。前者作为内核物，关注的是作为个体生存结构的"存在"，目的是获得人的生存意义。而后者作为衍生物，关注的是个体在世生存的现实"存在者"，目的是展示人的生存可能性。在二者的交互理解中，海德格尔的共同体理论的内在结构与外在表现才能凸显出来。另一方面，海德格尔共同体思想整体上是一种"实践共同体"，以"人与物"的劳动共同体、"人与人"的政治共同体（城邦）、"人与世界"的伦理共同体（家）为三重结构组建起来。在海德格尔那里，不同关系模式构建起的共同体拥有不同的本质特征与基本规律。正是从"存在论内核"—"内外结构"—"具体关系"三方面全面分析海德格尔的共同体思想，这为理解当代共同体思想传承中的海德格尔提供理论基础，并为当代哲学中的人工智能—政治哲学—伦理学的发展赋予反思空间，进而为个体时代如何构建一种合理的共同体生活描绘图景。

二 海德格尔共同体思想的限度

由此，我们可以根据上面对海德格尔共同体理论三个层面的论述，去论述他共同体理论的限度。

第一，囿于海德格尔在谈论共同体问题的存在论语境，我们就不能从传统形而上学视野出发去谈论他的共同体理论，否则其哲学容易被误解为一种新的"本质主义"。阿多尔诺就在《否定的辩证法》中误解了海德格尔，并将其批判为是一种"隐性的本质主义"。[①] 他说海德格尔对传统形而上学的"实体之物的本体论化"战胜了传统形而上学，从而取得了对"别的不怎么狡猾的本体论的胜利"[②]，这反倒

---

① 张一兵：《海德格尔：隐性本质主义——读阿多诺的〈否定的辩证法〉》，《江苏社会科学》2001年第2期。
② [德] 阿多尔诺：《否定的辩证法》，张峰译，重庆出版社1993年版，第114页。

第六章 海德格尔共同体思想的贡献及不足

"更专制的拒斥对于绝对存在的怀疑"①。一方面,鉴于海德格尔的"存在物的出现依赖于存在的命运"②,阿多尔诺甚至称海德格尔的存在论是一种"存在的神话",这种神话将"无意义性当成意义来赞美"③,将人的厄运美化成一种命运。另一方面,鉴于海德格尔对于《存在与时间》中本真历史性的本体论预设,"历史学把历史固定在非历史的领域"④,使得现实的历史成为非历史的东西。但其实海德格尔对于共同体的存在论层面的思考是一种开放型的思考,他谈论的存在论作为后形而上学意义上的存在论,并不具有传统形而上学所携带的压抑性、无意义性、抽象性特征,而应该是一种开放性、意义性、具体性的人的生存境域。于是,我们不得不说,阿多尔诺误解了海德格尔的存在论,他将海德格尔的存在论误解为传统形而上学层面的东西。

第二,鉴于海德格尔的共同体始终是一种差异性的共同体,不同共同体之间是不可通约的,于是我们就不能将不同共同体之间的独特性调和为一种普世性标准。在此,海德格尔正是坚持用一种"无理性调和"的差异共同体理论来否定常规意义上"理性调和"的普世共同体。他的差异性的共同体所坚持的差异性绝对"不会意味着某种包容的多元主义"⑤。但与此同时,如休伯特·L.德雷福斯所意识到的,海德格尔会因共同体的差异性陷入某种"伦理和政治上的相对主义",甚至会被认为具有神秘主义倾向。⑥

于是,休伯特·L.德雷福斯对此批评作出了辩护。他为海德格尔辩护说:"我们一旦处于某特定敞开空间,就会看到要求某一存在论

---

① [德]阿多尔诺:《否定的辩证法》,张峰译,重庆出版社1993年版,第115页。
② [德]阿多尔诺:《否定的辩证法》,张峰译,重庆出版社1993年版,第117页。
③ [德]阿多尔诺:《否定的辩证法》,张峰译,重庆出版社1993年版,第117页。
④ [德]阿多尔诺:《否定的辩证法》,张峰译,重庆出版社1993年版,第129页。
⑤ 汪民安、郭晓彦主编:《事件哲学》,江苏人民出版社2017年版,第117页。
⑥ 汪民安、郭晓彦主编:《事件哲学》,江苏人民出版社2017年版,第121页。

善好至高性的根据……我们在感觉上就不可能是存在论层面上的相对主义者",这就导致每个规定共同体的存在论上的"善"都不能称为凌驾于一切共同体之上成为每个共同体的普世性准则。① 在现实实践中,他认为我们"只能被给予给特定历史中的意义世界"。② 我们多数人都有自己特定的生活场域与生活习惯,我们的行为都是按照被给予的善来行动的,从而并不会受到相对主义的牵绊。这种相对主义的牵绊作为笛卡尔式的牵绊,是一种笛卡尔式的"我思主体"的假象产物。它一旦进入生活世界就会被海德格尔的"沉浸在世界之中的自我"所取代,从而让海德格尔从相对主义中摆脱出来。

第三,鉴于海德格尔的共同体具有非常规意义上的"存在之家"的人文关怀,那么我们就不能从传统的人道主义出发去解读海德格尔的人道主义。因为按照传统人道主义的看法,海德格尔的哲学是一种缺爱的哲学。海德格尔并不探究人和人的经验性联结,"人际之间的友爱和信任的思想"被抛弃。③ 所以法国哲学家吕克·费里才会和法国哲学家让-吕克·南希、拉古·拉巴特、阿兰·雷诺、伊曼奴尔·法伊耶一道对海德格尔的反人文主义批判。吕克·费里在其新书《政治哲学》的序言中提出了一种"爱的人道主义"观点,以现代意义上的"爱的人道主义"去反对海德格尔的古典意义上的人道主义。他说人道主义"不再像以前那样围绕民族和革命",而应该是围绕爱。④ "爱"作为西方人文主义的形而上学基础,对人的尊严具有重要的支撑意义。

但是,我们不得不说这些法国哲学家还是误解了,或者故意曲解

---

① 汪民安、郭晓彦主编:《事件哲学》,江苏人民出版社2017年版,第121页。
② 汪民安、郭晓彦主编:《事件哲学》,江苏人民出版社2017年版,第121页。
③ 靳希平、毛竹:《〈存在与时间〉的"缺爱现象"——兼论〈黑皮本〉的'直白称谓'》,《世界哲学》2016年第5期。
④ [法]吕克·费里:《两种人文主义——〈政治哲学〉中译本序言》,邓皓琛译,《哲学分析》2015年第4期。

了海德格尔哲学的观点。他们没有看到海德格尔人道主义所具有的基础性。因为,所有的人道主义只有在海德格尔人道主义哲学的视野中才具有存在的可能性。他的人道主义作为一种对人的关怀,是一种将人"虚化"的理论。在海德格尔看来,人只有被"虚化"后才是真正的人道主义。这种"虚"的人道主义是现代一切"实"的人道主义的根基。按照海德格尔的理解,只要现代"实"的人道主义还是站在传统形而上学的视野中,那么这个人道主义就都是虚假的、非本真的,把人的一切敉平为"同一性",使得人道主义成为一种暴力,从而造成人与人之间永无停息的战争。

第二节 海德格尔共同体思想的现实贡献及其理论不足

海德格尔作为20世纪伟大的哲学家,他的影响力是毋庸置疑的。一方面,他的学生名满天下,如阿伦特、马尔库塞、伽达默尔、萨特、列维纳斯等;另一方面,受海德格尔影响的哲学家也不计其数,如罗蒂、德里达、德勒兹、阿甘本、吕克·南希等。因此,海德格尔对于"共同体"问题的论述也应该值得我们注意,因为,他的思想不但超越了自由主义—社群主义理解共同体理解的"同一性"视域,而且为后现代生命政治中的"差异性"层面的共同体理论奠定了基础,所以,托尼·西伊才会说"海德格尔指出的一种无同一性的共同体概念,这一概念为后人尝试重新思考共同体埋下了伏笔"[①]。

按照他的观点,他排除了人们对于海德格尔哲学通常的三种立

[①] Tony See, *Community without Identity: The Ontology and Politics of Heidegger*, New York: Atropos Press, 2009, p.10.

场：国家社会主义哲学、非政治的哲学、机会主义哲学，而提出了自己的第四种立场，他认为海德格尔的对于政治和哲学的理论态度是并列前行的。他说"海德格尔的思想既不是法西斯主义也不是非政治"，而是一个政治开放的哲学家，"他试图为当时统治的极权主义的政治制度提供一种治疗的方案"，而这种治疗方案无非就是指向他的"无同一性的共同体"，这种共同体理论是一种没有将对方的差异性减少为一种同一性的共同体理论。①

虽然海德格尔总在存在论层面谈论共同体理论，但是我们不能说海德格尔缺乏对当代政治哲学的一种政治关怀。因为在他的文章中也偶尔充斥着对自由主义、社群主义的一些评论。一方面，我们可以借助这些评论去理解海德格尔存在论层面的共同体；另一方面，我们也可以借助海德格尔对自由主义、社群主义的评论形成新的视角。

一 海德格尔对自由主义、社群主义的批判

靳希平认为，海德格尔没有政治哲学，海德格尔在政治上的反犹源于浪漫主义。②浪漫主义反对现代性，是对犹太人计算理性的反动。王庆节也曾指出，海德格尔所谈论的共同体和当代政治哲学是不一样的，它不同于自由主义、社群主义的共同体概念。③托尼·西伊则认为海德格尔哲学蕴含政治思想，他"既不是法西斯主义，也不是非政治主义，而是一个政治开放的哲学家"，在政治上具有非压迫性诉求。④ 以上三位学者从海德格尔反对当代政治、不同于当代政

---

① Tony See, *Community without Identity: The Ontology and Politics of Heidegger*, New York: Atropos Press, 2009, p. 14.
② 靳希平老师在讲座中以及和本人的会后交流中曾阐述过"海德格尔无政治哲学"的观点。
③ 感谢王庆节老师和我交流"海德格尔的共同体问题"。
④ Tony See, *Community without Identity: The Ontology and Politics of Heidegger*, New York: Atropos Press, 2009, p. 14.

治、包容当代政治的三个角度对海德格尔的政治关怀予以了自己的看法。那么这些观点到底合不合理？我们只能通过对海德格尔文本的分析才能明晰这点。

一方面，海德格尔在 1935 年《形而上学导论》中直接指出，由于技术世界对自身精神性的东西的驱除，使得世界的"精神的涣散、衰竭和对精神的挤压和曲解"增长，世界陷入晦暗化，其表现为：诸神逃遁、地球毁灭、人类大众化、平庸之辈处于优越地位。[①] 鉴于海德格尔中期哲学对于诗性创作力的追求，于是我们把海德格尔的"精神"解读为诗人、思想家、政治家、宗教者的"创造能力"。海德格尔说"在美国与俄国，所有的这一切都正在以相同的、无差别的方式毫无节制地蔓延滋生，日益强化""无差别的平均状态的盛行""摧毁一切品位，摧毁一切世间精神事物"。[②] 在海德格尔的理解中，美国的自由主义和俄国的社会主义是一丘之貉，他们都用形而上学的思维方式去对待"精神"，使得精神被曲解。"第一，精神被曲解为智能，这是决定性的曲解；第二，精神假冒为智能，沦为为其他事物服务的工具，使得精神可以教授也可以学习；第三，由于精神被曲解为工具性，使得诗歌、艺术、国家事务、宗教等精神性的活动被统一规划，陷入僵化；第四，精神被曲解为智能，智能称为服务于目标的工具，工具及其产品又被误认为是文化领域的东西。"[③] 在海德格尔看来，在这条精神的曲解之路中，自由主义和社会主义的传统形而上学内核成为最重要的推手。

另一方面，海德格尔在 1949 年《不莱梅和弗莱堡演讲》一书中

[①] 参见［德］马丁·海德格尔《形而上学导论》（新译本），王庆节译，商务印书馆 2015 年版，第 51 页。

[②] ［德］马丁·海德格尔：《形而上学导论》（新译本），王庆节译，商务印书馆 2015 年版，第 52 页。

[③] 参见［德］马丁·海德格尔《形而上学导论》（新译本），王庆节译，商务印书馆 2015 年版，第 52—55 页。

的《危险》一文中指出，美国自由主义和俄国社会主义的两大世界强国围绕统治地球的斗争揭示出，人类思想遗忘了存在的本质，使得"世界作为存在之本质的保真拒不给出自己"①，世界的拒不给予被海德格尔定义为"遮蔽"。海德格尔认为"遮蔽就是每一种存在方式之支配地位的本质源泉和本质来源"②，"遮蔽状态恰恰提供了一种无蔽状态"③，使得世界敞开成为可能。与此同时，鉴于后期海德格尔"弃绝存在"的主题，他不再认为美国自由主义和俄罗斯社会主义的"形而上学"世界观有损于真理的发生。反而，在海德格尔看来，真理"本质本身就发生为被遗忘状态"，美国的自由主义和俄罗斯的社会主义的技术作为遮蔽着的真理发生。④ 它虽然是一种危险，"但哪里有危险，哪里也生救渡"，"危险本身就是救渡"。⑤ 此时美国的自由主义和俄罗斯的社会主义反而成为一种可以被海德格尔所包容的东西了。

于是我们根据海德格尔不同时期主题的变化，从中期哲学的"克服形而上学"转向后期哲学的"弃绝存在"主题，海德格尔对于"自由主义"和"社会主义"的态度也是有所转变的。他从最初的完全否认，到后来的予以接受。因此我们可以说，虽然靳希平、王庆节和托尼·西伊三位学者对海德格尔政治哲学的看法不一，但是他们并没有对错之分。因为他们只是抓住了海德格尔政治哲学的一个时期或者一个方面去探讨自己的观点。靳希平更多的是从海德格尔中期哲学

---

① [德]海德格尔：《不莱梅和弗莱堡演讲》，孙周兴、张灯译，商务印书馆2018年版，第63页。
② [德]海德格尔：《不莱梅和弗莱堡演讲》，孙周兴、张灯译，商务印书馆2018年版，第62页。
③ [德]海德格尔：《不莱梅和弗莱堡演讲》，孙周兴、张灯译，商务印书馆2018年版，第61页。
④ [德]海德格尔：《不莱梅和弗莱堡演讲》，孙周兴、张灯译，商务印书馆2018年版，第63页。
⑤ [德]海德格尔：《不莱梅和弗莱堡演讲》，孙周兴、张灯译，商务印书馆2018年版，第88页。

第六章 海德格尔共同体思想的贡献及不足

的形而上学批判出发,将海德格尔哲学定义为无政治哲学的浪漫主义;王庆节更多地从海德格尔的存在论层面出发,将海德格尔的政治哲学区分于当代政治哲学;托尼·西伊更多地从海德格尔人文关怀出发,强调海德格尔政治的开放性,对无压抑性政治地强调。

那么究竟海德格尔对于自由主义、社群主义持什么论调呢?接下来我们可以从海德格尔自己的文本中略窥一二。

自由主义在海德格尔看来是"天真幼稚和廉价热情"的。① 一方面,他们"天真"地陶醉于大全性和普遍性的教育,而缺乏真正的原创性。他们"对原创性的寻求,早已经作为无价值的雕虫小技"。② 他们把技术层面的东西视为原创性的源头和方向,把原创性沦为一种技术的创新,使得个体的独一性沦为自由主义的个体性。另一方面,自由主义以它廉价的方式看待人的限制,"只看到了'依赖性'"③ 在人"物层面"的生存限制,而没有看到人自身的有限性与无根性。

社群主义(共同体主义)在海德格尔看来则是"缺乏形而上学空间"的。海德格尔追问:"在一个众人迷醉于共同体并且把共同体作为一切的基础的时代——哪里还有'形而上学'的空间?"④ 一方面,海德格尔认为虽然人们现在用"共同体主义""辱骂理智主义"和自由主义,批判"民族、国家、科学、权利等完全偶然且低劣的概念",但是他们不知道其实自己还是在用"实证主义"那套来谈论"共同体"。社群主义其实还只是一种主体理论。人"作为社会的我们,也只有人保持为主体之际,用社群主义反对个人主义,才有某种意义"⑤。另一方面,共同体主义不能对"存在授权",使得存在展示为

---

① 赵敦华主编:《外国哲学·第33辑》,商务印书馆2017年版,第178页。
② 赵敦华主编:《外国哲学·第31辑》,商务印书馆2016年版,第213页。
③ 赵敦华主编:《外国哲学·第31辑》,商务印书馆2016年版,第213页。
④ 赵敦华主编:《外国哲学·第33辑》,商务印书馆2017年版,第181页。
⑤ [德]海德格尔:《林中路》(修订本),孙周兴译,上海世纪出版社2008年版,第81页。

存在者。海德格尔说"最真实的共同体是不会放弃个体的"①"独一性"的,而共同体主义会使得人们各自放弃个人的"独一性","被挤压为共同体之'个体性'"。② 它沉浸于共同体内部"人和人之间的交往"和"人与人之间的团结"的问题,使得人在共同体主义之中不再具有创造性,从而对存在的认知消失。人不再能成为存在的展示场所,存在不再显现为存在者。

二 海德格尔对于自由主义、社群主义批判的不足

可以说,一方面,鉴于海德格尔囿于其哲学的时代精神背景,他并不能真正地把握各种政治流派。另一方面,由于他的看法还是仅仅停留在存在论层面,使得他无法打开视野,反而将人这个活生生的生命视为存在的看护者,使得人为存在服务,而这显然是和日常生活相抵触的。这也无怪乎人们都批评海德格尔用"存在"对人实行暴力,缺乏存在者层面的关怀。于是,我们得出海德格尔对自由主义、社群主义的评论是有缺陷的。

第一,按照自由主义的观点,他们会把海德格尔的批评看成是无关紧要的。一方面,他们会说海德格尔不符合启蒙理性的普全性思维,而过于强调一种精英主义的思维方式,甚至是一种蒙昧主义。另一方面,他们会说海德格尔对精神性的强调脱离了"物"的基础性的维度。如果人们连物层面的温饱都解决不了,那么何谈精神。可以说,正是哲学家在不同的场合,面对不同的人群,造就了二者不同的观点。自由主义者罗尔斯面对的是启蒙的大众,他则根据公共理性组建一个由非冲突的利益联结起来的联合共同体,而海德格尔所面对的是反启蒙的德国人,他则根据"斗争性Logos"构建一个民族共同体。

---

① 赵敦华主编:《外国哲学·第33辑》,商务印书馆2017年版,第172页。
② 赵敦华主编:《外国哲学·第31辑》,商务印书馆2016年版,第216页。

第六章 海德格尔共同体思想的贡献及不足

于是，我们甚至可以设想一下二者的跨时空对话。①海德格尔会批判罗尔斯的"自由选择的主体"是非本真的人，认为罗尔斯依旧是一种笛卡尔式的自我，不但是一种普遍主义，而且是一种抽象的主观主义。因为，海德格尔认为，实际上"我们并不是理性而抽象地选择我们的生活原则的"①，我们总有自己的公共生活背景，我们总是"'在世界之中在'的自我"②。罗尔斯则会反驳海德格尔"此在"（本真的人）过于关注形而上学层面，从而忽视了现实层面，这就导致海德格尔容易以"存在"为理由而"残酷"地对待人的生命，出现对"犹太人屠杀事件"的冷漠态度。这显然不符合一个哲学家应有的人文关怀。

②海德格尔会批判罗尔斯的公共理性"乃是思想最冥顽的敌人"③，他认为思想才是哲学终结后留给我们的东西。因为理性将一切置于"光明"之下，却没有看到"光明"背后的"黑暗"。思想则"比理性化过程之势不可挡的狂乱和控制论的摄人心魄的魔力要清醒些"④。因为它看到了真理遮蔽的一面，它的任务是对未被思过的"澄明"（自身遮蔽的澄明）的思考。罗尔斯则会反驳说，如果没有理性去调和差异，那么每一个共同体的传统"必然要反对另一种传统，必然要反对他者"⑤，共同体之间的矛盾将会永远持续下去。他认为只有站在自由主义的角度，以一种多元主义的包容态度对待不同种类的共同体才能将此矛盾化解。

但是，其实以上二者的观点是由于出发点不同而导致结果的不

---

① 汪民安、郭晓彦主编：《事件哲学》，江苏人民出版社2017年版，第118页。
② 汪民安、郭晓彦主编：《事件哲学》，江苏人民出版社2017年版，第119页。
③ [德]海德格尔：《林中路》（修订本），孙周兴译，上海世纪出版社2008年版，第241页。
④ [德]海德格尔：《面向思的事情》，孙周兴、陈小文译，商务印书馆1996年版，第75页。
⑤ 汪民安、郭晓彦主编：《事件哲学》，江苏人民出版社2017年版，第121页。

同，海德格尔所强调的绝对差异性的共同体是一种开端性、存在论层面的东西。他只是告诉我们，人的生存的背景是由存在论层面的共同体构造的，至于你在现实层面去干什么是你自己的事情。现实生活中，你可以选择成为常人，也可以成为本真的共同体。罗尔斯所强调的差异性的共同体则是一种目的论的、存在者层面的东西。他关注的是这个现实的共同体最终能带给我们什么东西？至于你自身所携带的公共背景限制不重要。于是，我们得出海德格尔对于自由主义的批评是无效的，自由主义者面对的是客观世界，而海德格尔面对的是基础性的原初世界。自由主义完全可以反驳海德格尔，说他是一种相对主义者或"视角主义"①。

第二，按照社群主义的观点，他们会认为海德格尔的批评过于极端。一方面，社群主义会认为海德格尔的还原主义太强了，共同体理论走得太深，最终脱离了现实。海德格尔总是强调共同体的存在论维度，试图将一种开放的存在论和共同体结合，从而容易造成存在论对共同体的暴力。但是，每个共同体既有存在论层面的诉求，也有存在者层面的诉求。就像人一样，他既要吃饭，也要寻求意义。虽然，按照海德格尔的说法，共同体只有进入存在论境域才能摆脱一切存在者层面的"压抑"。但是，社群主义告诉我们，摆脱"压抑"并意味着否认"现实"。按照桑德尔的说法，共同体中的人作为构成性的自我，"每个人都需要认同自己的公民身份和拥有相应的公民美德"②，否则他就不是公民。

另一方面，社群主义会说海德格尔共同体过于空洞，连人与人之间的交往都无法达成，会造成伦理上的缺乏。这都鉴于海德格尔对于个人的独一性的追求，因为他总是把共同体中的个人看成是绝对差异

---

① 塞尔在《现象学的幻象》文中批判海德格尔为一种视角主义者，但是其实塞尔误解了基础存在论的意思，基础存在论是一切的基础，而不是各种可能性的一种。
② 姚大志：《正义与善——社群主义研究》，人民出版社2014年版，第51页。

的个人。他认为每个人都应该保持其独立性,而不是被共同体压抑为一种共同体中的个体性。但是我们知道对社群主义来说,海德格尔独一性的、精英主义的人过于抽象化。他不但脱离了各种现实的身份,而且是难以通过"精神修炼"达到的。虽然海德格尔所强调的"精神修炼"① 在存在论层面看似是一种最低程度的伦理学诉求,但是放到现实层面,他又容易转化为一种最高程度的伦理学。海德格尔那种将人"虚无化"所带来的原初伦理学。它作为所有伦理学的基础,虽然它在存在者层面看似什么都没有,是最低程度的东西,但是鉴于它的存在论层面超越一切存在者,它又成为了最高的东西。故社群主义不得不感叹海德格尔绝对差异的共同体的遥不可及,甚至批判海德格尔为一种"虚无主义"。

于是我们可以总结,海德格尔对社群主义的批评是过于激烈了。可是无论是社群主义还是海德格尔,他们对于人在共同体中的义务和责任的强调是一致性的。他们都认为我们每个人都拥有自己的义务,只是社群主义强调人的角色义务,而海德格尔强调人对存在负有的义务。但海德格尔作为一个完善论者,他必然会认为社群主义"把男人和女人锁在特定的角色里,就会否认它们的完整人性"②。

三 海德格尔共同体思想的贡献

海德格尔对共同体问题论述一定是和当代共同体理论区分开来的。当代共同体理论更多的是将共同体限制在"存在者"层面,去谈论人的自由、人的身份,而海德格尔则更多的是将共同体限制在"存在论"层面,去谈论人的天命、人的历史性。我们可以通过对存在

---

① 张振华在《"精神修炼"视角下的海德格尔后期哲学》中借用"精神修炼"的观点透视海德格尔哲学,他强调精神修炼作为一种自我转化,是世界和主体交互的方式(参见张振华《"精神修炼"视角下的海德格尔后期哲学》,《哲学研究》2017年第9期)。
② [美]迈克尔·布林特:《悲剧与拒绝:西方政治思想中的差异政治》,庞金友译,社会科学文献出版社2015年版,第183页。

论—方法论—伦理学的现象学视野出发,去解释海德格尔的"存在论共同体"。首先,在海德格尔视野中,他谈论的存在论是一种"诗性存在论",而不是"哲学本体论"。海德格尔更强调前苏格拉底的思想家们的诗意的表达方式,而不是苏格拉底之后的哲学的表达。其次,在海德格尔的眼中,归属于古典哲学的"前制度"的"元—政治形而上学"比现代"制度"式的"政治形而上学"更加的源始,它是当代政治的源泉。最后,在现实层面,海德格尔更强调"前反思"层面的沉浸操劳,而非近代理性主体的"反思"的技艺实践。

于是,我们可以通过对"存在论共同体"的前反思、前制度、诗意的三层描绘,将他的共同体理论贡献分为三点。

第一,海德格尔给我们当代共同体理论指出了一条重新构造新的共同体的必要性。他站在现代性批判的视角下,批判传统形而上学的"同一性暴力",重构一种新的形而上学:存在论,从而为自己的共同体理论奠定基础。一方面,正是基于存在论作为一种差异特质的存在论,之后的哲学家(德勒兹、利奥塔)思考差异哲学才成为可能。另一方面,正是在海德格尔存在论视域中,后现代学者吕克·南希、布朗肖、巴耶塔才能抛开当代自由主义和社群主义的共同体理论,建构了属于自己的"文学共通体"理论。在他们看来,当代政治哲学的共同体只是一种管理上的和经济上的东西,而并不具有真正的伦理性。此时,我们要么把"他人"当成主体,要么是客体,这样只会将"他人"还原为一种"行政机器"。[①]当一切都被还原为认知层面的东西,便没有人再理解共同体的真正含义:"共通"。吕克·南希所说"共通"不是"共同"。"共同"是将他人攸平为自我的一个复本,而"共通"是一种坚持"区分"的"与",只有它才能开启认真对待他

---

① [英]乌尔里希·哈泽(Vllrich Haase)、[英]威廉·拉奇(William Large):《导读布朗肖》,潘梦阳译,重庆大学出版社2014年版,第126页。

第六章 海德格尔共同体思想的贡献及不足

人的态度。

第二,海德格尔的共同体为我们开启认真对待他人的道路。海德格尔告诉我们,共同体的基础不是"共同"性,而是"共在"。按照西方传统主体的理性的、普遍性的思维方式,共同体只是一种拥有普遍"共同"性的共同者的联合体。海德格尔则阐述了一种"诗性思维"。它并不是普遍性的思维方式,而是一种关于"存在"的特殊思维方式。在海德格尔的心目中,人只有按照诗性思维思考才能和存在关联,成为此在(本真此在),每个此在都是"独一性"的。于是,由"此在"和"此在"组成的共同体应该并非由同一性而是差异性构成的。传统理性思维中蕴含的"共同"性总把"他者"、"差异性"抹平为"同一性",这种同一性在当代社群主义那里表现为"身份认同"。但是,海德格尔则认为"身份认同"本身是没有必要的,因为我们原本就和他人"共在","共在"则把"他者"保持于自身的差异性之中。所以,他的学生列维纳斯才会在海德格尔的基础之上提出一种"他者伦理学",来强调"他人面孔"在存在论层面的不可还原的伦理性。

同时,我们也正是在对"他者"的"差异性"的理解中,才不会忽视那种由每个人的能力差异而导致的社会"不平等"现象。虽然在自由主义看来,我们每个人都具有自由言论的权利,但是恰恰是言论自由反而"把我们言语立场的不平等性掩盖起来"。① 在海德格尔眼中,自由主义作为追求普世性价值的派别,他们所追求的平等只是表面上的平等,这种平等用普世性排除了特殊性,使得"他者"变成一个与自我无差别的相同者。此时,"他人"不再具有他异性,每个人也不再具有被神所选择的那种命运性或者特殊性。一方面,这样的

---

① [英]乌尔里希·哈泽(Vllrich Haase)、[英]威廉·拉奇(William Large):《导读布朗肖》,潘梦阳译,重庆大学出版社 2014 年版,第 146 页。

"他人"由于被"共同"性所对待,从而导致他的创新能力被抹杀。另一方面,由于个人命运感的失效反而导致民族主义的倾向性愈加明显,使人容易受民族主义的蛊惑。但是,按照龙晶的说法,西方的民族主义倾向反而是西方各个民族回归自身家园的途径。他认为也许正是在全球"民族主义"的兴起中,"天下大同"的理想反而可能通过这种"返乡"而达成。①

第三,海德格尔的共同体理论作为一种回归人的存在论家园的"虚"的共同体理论,它为我们的所有"实"的共同体理论提供了基础。在海德格尔的存在论或真理观中,他都执着于为人类寻找家园。这个家园最后被表述为语言的家园。他认为人只有在"倾听"语言召唤的二重命令时,才能使得存在(真理)发生"世界化"和"物化",人才能回归家园。此时,语言作为人的存在的居所,赋予人存在论意义上的家园:天地人神。正是在这个家园共同体之中,海德格尔的共同体思想才具有丰富的意义。

虽然自由主义和社群主义的共同体理论把语言错误地认为是一种交流,从而促使他们陷入无止境的交流和团结之中,但是,海德格尔认为人与人之间的交流或团结正是基于人对于语言的倾听才能产生的。人在倾听中才能保持差异性,这种差异状态的疏异感被人经验为"无家可归"。他认为,正是在人的"无家可归"中,人和人的真正团结才成为可能。所以,我们就不难得出,海德格尔抓住了我们交往社会中的核心问题,他将"交流"基于倾听,使得人与人之间的真诚交往成为可能。他的共同体思想作为一种"虚"的理论内涵,反而使得自由主义、社群主义谈论的"实"的共同体理论成为可能。他们都可以被解释为海德格尔共同体思想某种唯独的阐释。如果说自由主义看到了海德格尔式共同体理论在多元层面的思考,那么社群主义则看

---

① 感谢龙晶老师和我探讨"民族主义"的问题。

到了海德格尔式共同体理论在伦理维度的思考。

四 海德格尔共同体思想的不足

虽然海德格尔看到了当代共同体理论的各自不足，但是他的共同体理论缺陷也很明显，因为他并没有对当代共同体理论真正地构成实质性的批判。我们充其量把他的哲学理论看成哲学家在存在论层面的一种洞见或者历史主义的一种乡愁而已。他那些给当代共同体理论指出的"倾听语言"、"守护存在"的拯救行为也顶多是一种私人性的看法罢了，而并不具有公共性。因为海德格尔所指出的拯救行为只有少数人才能理解，这些少数人只是思想家、诗人、政治家、宗教者。

第一，当海德格尔以一种存在论层面的共同体理论反对当代存在者层面的共同体理论的时候，虽然他貌似解除了"他者"在存在者层面被同一化的危险，但是他并没有消除"他者"被存在论层面被同一化的危险。即使，海德格尔认为自己的存在论是一种差异的存在论，每个人进入这个存在论都会释放自身的潜能，那海德格尔也忽视了现实人所携带的身体限制。人的生命本身不止包含存在层面的东西，也包含存在者层面的东西。每个人只有在吃饱喝足之后，才会考虑释放自身的潜能。在海德格尔对存在论的理解之中，他遵循的是一种"世界存在论"，虽然摆脱世界被图像化的危险，但是他没有看到"世界存在论"对于人的身体的限制。正是由于他缺乏一种对身体的思考，从而导致了他用"世界存在论"对于身体问题的僭越，使得他在面对"他人"问题的时候处于被动地位，造成"存在"对他人的大屠杀。

于是，海德格尔甚至基于犹太人的无国家性、强大的计算理性就把犹太民族视为"无根"的民族，并以民族共同体的扎根性为理由，

"将犹太民族视为一种对民族共同体的一种威胁"①。这种以存在论层面的"命定"共同体来否定存在者层面的"非命定"的共同体理论，不得不说是一种对于生命的僭越。海德格尔依旧以一种传统西方形而上学的思维去对待自己的存在论，最终还是导致了一种对人的"同一性的大屠杀"。这些都是由于海德格尔缺乏一种对人的存在者层面的真正的关怀所导致的，他总是过于关注存在论层面的东西，将人视为存在论的敞开域，而将对人的存在者层面的关怀视为"萨特式的生存概念"或者"传统的人道主义概念"，予以批判。殊不知，这只是一种"得鱼忘筌"的做法。

第二，正如施特劳斯所说，海德格尔是一位激进的历史主义者。他并没有抛弃自己的历史主义的观点，这导致他"在1933年让最激进的历史主义屈服于命运的摆布，服从于国家最不明智、最不节制的那一部分"②。施特劳斯对于海德格尔的解读是有道理的。因为海德格尔对于历史性的解读过于从被动层面出发，强调人对于存在的被动接受性。他总认为，人的历史性就是对存在的展示，人的生命只有在对存在的敞开中才获得意义。他过于强调人与存在的关系，从而忽视了人与人之间的意义。在海德格尔对共同体的论述中，人对他人的敞开是一种虚假性的敞开，其最终只是为了更好地对存在敞开，从而忽视了现实的他人。海德格尔以一种命定式的历史观将他人问题完全置于存在的准绳之下。

正如之前所说，龙晶认为也许正是通过极端的民族主义，通过历史主义的"返乡"，反而能够发现各个民族的源头是一致性的，从而达到"天下大同"的愿望。可是，我们则更赞同施特劳斯的看法，极

---

① 参见［美］C.巴姆巴赫《海德格尔的根——尼采，国家社会主义和希腊人》，张志和译，上海书店出版社2007年版，第97页。
② ［法］卡罗勒·维德马耶尔（Carole Widmaier）:《政治哲学终结了吗？：汉娜·阿伦特VS列奥·施特劳斯》，杨嘉彦译，华东师范大学出版社2016年版，第69页。

端民族主义可能会导致"存在"对人的暴力，产生"纳粹民族主义"的种族屠杀，这是很可怕的。如果，我们的"天下大同"是通过"纳粹民族主义"的那种返乡式的方式达到的，那么我们宁愿不要。

第三，虽然海德格尔告诉我们需要等待，等待他者的出现，等待我和他者的对立，等待我和他者的"共在"，但是他过于消极保守，忽视了人的实践能动性。这就使得，海德格尔所理解的"存在论共同体"概念容易成为空中楼阁。那他的共同体理论的出现并不会对这个世界起到什么积极的作用，没有它这个世界也不会更差，有了它这个世界也并不会更好。正因为海德格尔共同体理论在实践层面的孱弱性，我们有理由提出质疑海德格尔共同体理论对现实的意义。海德格尔对于共同体问题的理解也许更容易沦为一种对于现实的逃避理论。他对于境域问题的关注，对于存在论的关注，都和现实概念脱节。一方面，他不但改造了传统的共同体概念，使得人们理解共同体问题出现困难；另一方面，他出现了对共同体的解构过多，而建构不足的缺陷。人们在对海德格尔对于共同体的理解中，也许会获得耳目一新的感觉，但是一旦涉及具体问题就显得捉襟见肘。

参考文献

一 经典文献

《马克思恩格斯选集》第 1 卷，人民出版社 2012 年版。

《德意志意识形态》（节选本），人民出版社 2018 年版。

二 中文专著

《论语·大学·中庸》，陈晓芬、徐儒宗译注，中华书局 2020 年版。

《牛津简明英语词典（英语版）》，外语教学与研究出版社 2004 年版。

《西方哲学原著选读》（上卷），北京大学哲学系外国哲学史教研室编译，商务印书馆 1981 年版。

《周易》，杨天才、张善文译注，中华书局 2021 年版。

陈嘉映：《海德格尔哲学概论》，商务印书馆 2014 年版。

段德智：《莱布尼茨哲学研究》，人民出版社 2011 年版。

韩潮：《海德格尔与伦理学问题》，同济大学出版社 2007 年版。

柯小刚：《思想的起兴》，同济大学出版社 2007 年版。

刘小枫、陈少明主编：《海德格尔的政治时刻》，华夏出版社 2009 年版。

刘小枫：《海德格尔与中国》，华东师范大学出版社 2017 年版。

马琳：《海德格尔论东西方对话》，中国人民大学出版社2010年版。

倪梁康等编著：《现象学与社会理论，第四辑，中国现象学与哲学评论》，上海译文出版社2001年版。

潘可礼：《社会空间论》，中央编译出版社2013年版。

彭富春：《论海德格尔》，人民出版社2012年版。

孙磊：《自然与礼法：古希腊政治哲学研究》，上海人民出版社2015年版。

孙向晨：《面对他者：莱维纳斯哲学思想研究》，上海三联书店2015年版。

孙正聿：《哲学的目光》，吉林人民出版社2007年版。

孙周兴：《我们时代的思想姿态》，东方出版社2001年版。

汪民安、郭晓彦主编：《事件哲学》，江苏人民出版社2017年版。

王昊宁：《观念存在论——胡塞尔〈笛卡尔式的沉思〉解读》，人民出版社2012年版。

王昊宁：《胡塞尔与形而上学》，人民出版社2017年版。

王昊宁：《逻各斯与现代西方哲学》，中国社会科学出版社2018年版。

王俊：《重建世界形而上学：从胡塞尔到罗姆巴赫》，浙江大学出版社2015年版。

王南湜：《辩证法：从理论逻辑到实践智慧》，武汉大学出版社2011年版。

王为理：《人之问：思与禅的一种诠释与对话》，上海三联书店2001年版。

王小章：《从"自由或共同体"到"自由的共同体"：马克思的现代性批判与重构》，中国人民大学出版社2014年版。

王颖斌：《海德格尔和语言的新形象》，人民出版社2015年版。

夏可君：《一个等待与无用的民族：庄子与海德格尔的第二次转向》，北京大学出版社2017年版。

肖朗：《海德格尔现象学美学研究》，上海三联书店 2015 年版。

笑思：《家哲学——西方人的盲点》，商务印书馆 2010 年版。

谢地坤主编：《现代欧洲大陆哲学（上）》（第七卷），江苏人民出版社 2005 年版。

杨大春：《语言·身体·他者：当代法国哲学的三大主题》，生活·读书·新知三联书店 2007 年版。

杨国荣：《人类行动与实践智慧》，生活·读书·新知三联书店 2013 年版。

杨晓畅：《罗尔斯后期正义理论研究》，上海世纪出版社 2014 年版。

姚大志：《正义与善——社群主义研究》，人民出版社 2014 年版。

俞可平：《社群主义》，东方出版社 2015 年版。

张世英：《哲学导论》，北京大学出版社 2016 年版。

张文喜：《颠覆形而上学：马克思和海德格尔之论》，中国社会科学出版社 2004 年版。

张振华：《斗争与和谐：海德格尔对早期希腊思想的阐释》，商务印书馆 2016 年版。

赵敦华主编：《外国哲学·第 27 辑》，商务印书馆 2014 年版。

赵敦华主编：《外国哲学·第 31 辑》，商务印书馆 2016 年版。

赵敦华主编：《外国哲学·第 32 辑》，商务印书馆 2017 年版。

赵敦华主编：《外国哲学·第 33 辑》，商务印书馆 2017 年版。

赵汀阳：《第一哲学的支点》，生活·读书·新知三联书店 2017 年版。

周穗明：《当代西方政治哲学》，江苏人民出版社 2016 年版。

朱刚：《多元与无端：列维纳斯对西方哲学中一元开端论的解构》，江苏人民出版社 2016 年版。

三 中文译著

［澳］芭芭拉·波尔特（Barbara Bolt）：《海德格尔眼中的艺术》，章

辉译，重庆大学出版社 2016 年版。

［德］阿克塞尔·霍耐特：《物化：承认理论探析》，罗名珍译，华东师范大学出版社 2018 年版。

［德］比梅尔：《海德格尔》，刘鑫、刘英译，商务印书馆 1996 年版。

［德］彼得·特拉夫尼：《海德格尔导论》，张振华、杨小刚译，同济大学出版社 2012 年版。

［德］哈贝马斯：《公共领域的结构转型》，曹卫东、王晓珏、刘北城、宋伟杰译，学林出版社 1999 年版。

［德］于尔根·哈贝马斯：《后形而上学思想》，曹卫东、付德根译，译林出版社 2012 年版。

［德］尤尔根·哈贝马斯：《交往行为理论　第 1 卷》，曹卫东译，上海人民出版社 2021 年版。

［德］海德格尔：《巴门尼德》，朱清华译，商务印书馆 2018 年版。

［德］海德格尔：《不莱梅和弗莱堡演讲》，孙周兴、张灯译，商务印书馆 2018 年版。

［德］马丁·海德格尔：《从莱布尼茨出发的逻辑学的形而上学始基》，赵卫国译，西北大学出版社 2015 年版。

［德］海德格尔：《存在论：实际性的解释学（1923 年夏季学期讲座）》，何卫平译，人民出版社 2009 年版。

［德］马丁·海德格尔：《存在与时间》（修订译本），陈嘉映、王庆节译，生活·读书·新知三联书店 2012 年版。

［德］海德格尔：《荷尔德林诗的阐释》，孙周兴译，商务印书馆 2000 年版。

［德］海德格尔：《林中路》（修订本），孙周兴译，上海世纪出版社 2008 年版。

［德］海德格尔：《路标》，孙周兴译，商务印书馆 2013 年版。

［德］海德格尔：《面向思的事情》，孙周兴、陈小文译，商务印书馆

1996 年版。

［德］海德格尔：《尼采》（上卷），孙周兴译，商务印书馆 2010 年版。

［德］海德格尔：《尼采》（下卷），孙周兴译，商务印书馆 2011 年版。

［德］海德格尔：《康德与形而上学疑难》，王庆节译，商务印书馆 2018 年版。

［德］海德格尔：《什么叫思想》，孙周兴译，商务印书馆 2017 年版。

［德］海德格尔：《思的经验（1910—1976）》，陈春文译，人民出版社 2008 年版。

［德］马丁·海德格尔：《同一与差异》，孙周兴、陈小文、余明锋译，商务印书馆 2011 年版。

［德］海德格尔：《乡间路上的谈话》，孙周兴译，商务印书馆 2018 年版。

［德］马丁·海德格尔：《形而上学导论》（新译本），王庆节译，商务印书馆 2015 年版。

［德］马丁·海德格尔：《形式显示的现象学——海德格尔早期弗莱堡著作选》，孙周兴编译，陕西人民教育出版社 2016 年版。

［德］马丁·海德格尔：《演讲与论文集》，孙周兴译，生活·读书·新知三联书店 2005 年版。

［德］海德格尔：《在通向语言的途中》，孙周兴译，商务印书馆 2013 年版。

［德］马丁·海德格尔：《哲学论稿》，孙周兴译，商务印书馆 2016 年版。

［德］韩炳哲：《他者的消失》，吴琼译，中信出版社 2019 年版。

［德］黑格尔：《小逻辑》，贺麟译，商务印书馆 2008 年版。

［德］亨利希·肖尔兹：《简明逻辑史》，张家龙译，商务印书馆 1977

年版。

［德］胡塞尔：《第一哲学》（下卷），王炳文译，商务印书馆 2017 年版。

［德］埃德蒙德·胡塞尔：《欧洲科学危机和超验现象学》，张庆熊译，上海译文出版社 1988 年版。

［德］君特·菲加尔编：《海德格尔与荣格通信集》，张柯译，南京大学出版社 2017 年版。

［德］卡尔·洛维特：《海德格尔——贫困时代的思想家：哲学在 20 世纪的地位》，彭超译，西北大学出版社 2015 年版。

［德］康德：《道德形而上学奠基》，杨云飞译，人民出版社 2013 年版。

［德］马克斯·韦伯：《经济与社会》（第一卷），阎克文译，上海世纪出版社 2010 年版。

［德］马克斯·韦伯：《新教伦理与资本主义精神》，康乐、简惠美译，广西师范大学出版社 2007 年版。

［德］尼采：《查拉图斯特拉如是说》，钱春绮译，生活·读书·新知三联书店 2007 年版。

［德］斐迪南·滕尼斯：《共同体与社会》，林荣远译，商务印书馆 1999 年版。

［德］瓦尔特·比默尔、［瑞士］汉斯·萨纳尔编：《海德格尔与雅斯贝尔斯往复书简（1920—1963 年）》，李雪涛译，上海人民出版社 2012 年版。

［德］维克托·法里亚斯：《海德格尔与纳粹主义》，郑永慧、张寿铭、吴绍宜译，时事出版社 2000 年版。

［德］阿多尔诺：《否定的辩证法》，张峰译，重庆出版社 1993 年版。

［法］阿兰·巴迪欧（Alain Badiou）、［法］芭芭拉·卡桑（Barbara Cassin）：《海德格尔：纳粹主义、女人和哲学》，刘冰菁译，重庆大学出版社 2016 年版。

［法］雅克·德里达：《论精神：海德格尔与问题》，朱刚译，上海译文出版社 2014 年版。

［法］笛卡尔：《第一哲学沉思集》，庞景仁译，商务印书馆 2011 年版。

［法］卡罗勒·维德马耶尔（Carole Widmaier）：《政治哲学终结了吗?：汉娜·阿伦特 VS 列奥·施特劳斯》，杨嘉彦译，华东师范大学出版社 2016 年版。

［法］菲利普·拉古-拉巴特（Philippe Lacoue-Labarthe）：《海德格尔、艺术与政治》，刘汉全译，漓江出版社 2014 年版。

［法］伊曼纽尔·列维纳斯：《总体与无限：论外在性》，朱刚译，北京大学出版社 2016 年版。

［法］卢梭：《社会契约论》，李平沤译，商务印书馆 2015 年版。

［法］莫里斯·梅洛-庞蒂：《符号》，姜志辉译，商务印书馆 2003 年版。

［法］莫里斯·梅洛-庞蒂：《知觉现象学》，姜志辉译，商务印书馆 2001 年版。

［法］莫里斯·布朗肖（Maurice Blanchot）：《不可言明的共通体》，夏可君、蔚光吉译，重庆大学出版社 2016 年版。

［法］莫里斯·梅洛-庞蒂：《可见的与不可见的》，罗国祥译，商务印书馆 2008 年版。

［法］让-吕克·南希：《无用的共通体》，郭建玲、张建华、夏可君译，河南大学出版社 2016 年版。

［法］让-皮埃尔·韦尔南：《希腊思想的起源》，秦海鹰译，北京大学出版社 2012 年版。

［法］萨特：《存在与虚无》（修订译本），陈宣良等译，生活·读书·新知三联书店 2019 年版。

［法］萨特：《他人就是地狱：萨特自由选择论集》，关群德等译，天

津人民出版社 2007 年版。

［法］埃米尔·涂尔干：《社会分工论》，渠东译，生活·读书·新知三联书店 2000 年版。

［古希腊］柏拉图：《理想国》，郭斌和、张竹明译，商务印书馆 2018 年版。

［古希腊］亚里士多德：《尼各马可伦理学》，廖申白译，商务印书馆 2003 年版。

［古希腊］亚里士多德：《政治学》，吴寿彭译，商务印书馆 1997 年版。

［古希腊］伊壁鸠鲁、［古罗马］卢克来修：《自然与快乐：伊壁鸠鲁的哲学》，包利民等译，中国社会科学出版社 2004 年版。

［荷兰］斯宾诺莎：《伦理学》，贺麟译，商务印书馆 2008 年版。

［美］C. 巴姆巴赫：《海德格尔的根——尼采，国家社会主义和希腊人》，张志和译，上海书店出版社 2007 年版。

［美］查尔斯·吉尼翁（Charles B. Guignon）编：《剑桥海德格尔研究指南》（第二版），李旭、张东锋译，北京师范大学出版社 2018 年版。

［美］理查德·罗蒂：《偶然、反讽与团结》，徐文瑞译，商务印书馆 2003 年版。

［美］约翰·罗尔斯：《正义论》（修订版），何怀宏、何包钢、廖申白译，中国社会科学出版社 2016 年版。

［美］迈克尔·J. 桑德尔：《自由主义与正义的局限》，万俊人等译，商务印书馆 2011 年版。

［美］迈克尔·布林特：《悲剧与拒绝：西方政治思想中的差异政治》，庞金友译，社会科学文献出版社 2015 年版。

［美］乔治·斯坦纳：《海德格尔》（修订版），李河、刘继译，浙江大学出版社 2012 年版。

［美］休伯特·德雷福斯：《计算机不能做什么：人工智能的极限》，宁春岩译，生活·读书·新知三联书店1986年版。

［美］休伯特·L.德雷福斯（Hubert L. Dreyfus）：《在世：评海德格尔的〈存在与时间〉第一篇》，朱松峰译，浙江大学出版社2018年版。

［美］约瑟夫·科克尔曼斯：《海德格尔的〈存在与时间〉》，陈小文、李超杰、刘宗坤译，商务印书馆1996年版。

［挪威］奎纳尔·希尔贝克（Gunnar Skirbekk）、童世骏等编：《跨越边界的哲学：挪威哲学文集》（增订版），童世骏、郁振华等译，浙江大学出版社2016年版。

［新西兰］迈克尔·彼得斯：《后结构主义、政治与教育》，邵燕楠译，北京师范大学出版社2018年版。

［印］阿马蒂亚·森（Amartya Sen）：《身份与暴力：命运的幻象》，李风华等译，中国人民大学出版社2015年版。

［英］以赛亚·伯林：《自由论》（《自由四论》扩充版），胡传胜译，译林出版社2003年版。

［英］雷蒙·威廉斯：《关键词：文化与社会的词汇》，刘建基译，生活·读书·新知三联书店2005年版。

［英］迈克尔·英伍德：《海德格尔》，刘华文译，译林出版社2013年版。

［英］齐格蒙特·鲍曼：《共同体》，欧阳景根译，江苏人民出版社2003年版。

［英］乌尔里希·哈泽（Vllrich Haase）、［英］威廉·拉奇（William Large）：《导读布朗肖》，潘梦阳译，重庆大学出版社2014年版。

四 中文期刊

常建：《反形而上学还是后形而上学》，《文史哲》2002年第6期。

陈春文：《海德格尔：语言的言说与物的分延》，《兰州大学学报》（社会科学版）2003年第1期。

陈嘉映：《纠缠与疏朗——海德格尔的阿伦特牵连和纳粹牵连》，《开放时代》2000年第7期。

陈立胜：《"自我"与"他人"：现象学我本学的建构与解构》，《中山大学学报》（社会科学版）1996年第2期。

崔文芊、王绍源：《论莱布尼茨的数理逻辑成就及成因》，《江西社会科学》2013年第6期。

方向红：《海德格尔的"本真的历史性"是本真的吗？——海德格尔早期时间现象学研究献疑》，《江苏社会科学》2011年第2期。

高清海：《形而上学与人的本性》，《求是学刊》2003年第1期。

郭台辉：《共同体：一种想象出来的安全感——鲍曼对共同体主义的批评》，《现代哲学》2007年第5期。

蒋永康：《德语文献中的Gemeinschaft》，《社会》1984年第4期。

靳希平、毛竹：《〈存在与时间〉的"缺爱现象"——兼论〈黑皮本〉的"直白称谓"》，《世界哲学》2016年第5期。

李章印、严登庸：《海德格尔〈黑皮书〉是反犹的吗?》，《社会科学》2016年第5期。

李卓：《海德格尔晚期天、地、神、人四重奏思想探究》，《黑龙江社会科学》2004年第1期。

刘敬鲁：《论海德格尔对传统形而上学人学的批判》，《哲学研究》1997年第9期。

刘开会：《评海德格尔对传统形而上学的批判》，《西北师大学报》（社会科学版）2003年第3期。

刘小枫：《施密特与政治哲学的现代性》，《浙江学刊》2001年第3期。

倪梁康：《海德格尔与胡塞尔关系史外篇：反犹主义与纳粹问题》，

《现代哲学》2016年第4期。

彭富春：《什么是物的意义？——庄子、海德格尔与我们的对话》，《哲学研究》2002年第3期。

彭富春：《西方海德格尔研究述评（一）》，《哲学动态》2001年第5期。

田道敏：《亚里士多德"城邦优先于个体论"的共同体主义阐释》，《江西社会科学》2015年第5期。

田海平：《"实践智慧"与智慧的实践》，《中国社会科学》2018年第3期。

王立：《共同体之辨》，《人文杂志》2013年第9期。

王路：《亚里士多德逻辑的现代意义》，《世界哲学》2005年第1期。

王南湜：《回归生活世界意味着什么》，《学术研究》2001年第10期。

王庆丰：《资本形而上学的三副面孔》，《哲学动态》2017年第8期。

吴晓云：《他人问题的转移：梅洛-庞蒂与马克思主义》，《湖北大学学报》（哲学社会科学版）2010年第3期。

夏莹：《哲学对政治的僭越：当代生命政治的隐形支点》，《南京社会科学》2017年第7期。

杨国荣：《论实践智慧》，《中国社会科学》2012年第4期。

杨玉昌：《意志、悲观主义与人的迷失——叔本华意志哲学的人学思想探析》，《云南大学学报》（社会科学版）2017年第3期。

姚大志：《正义与罗尔斯的共同体》，《思想战线》2010年第4期。

叶秀山：《海德格尔"案件"之反思》，《开放时代》1998年第1期。

尹兆坤：《范畴直观与形式显示——胡塞尔和海德格尔前期现象学方法的异同》，《现代哲学》2013年第1期。

俞吾金：《形而上学发展史上的三次翻转——海德格尔形而上学之思的启迪》，《中国社会科学》2009年第6期。

张东锋：《逻辑学的形而上学基础——海德格尔关于莱布尼兹判断与

真理学说的存在论阐释》,《浙江学刊》2013年第3期。

张浩军:《论海德格尔空间问题之疑难及其解决》,《华侨大学学报》（哲学社会科学版）2008年第1期。

张柯:《论海德格尔"四重一体"思想的起源——基于〈黑皮笔记〉（GA97）的文本分析》,《社会科学》2017年第6期。

张柯、张荣:《德国古典哲学的奠基之路——论海德格尔对莱布尼茨的"发现"与"定位"及其意义》,《哲学研究》2016年第8期。

张汝伦:《海德格尔:在哲学和政治之间》,《开放时代》1998年第6期。

张汝伦:《海德格尔的实践哲学》,《哲学研究》2013年第4期。

张世英:《我们—自我—他人》,《河南社会科学》2010年第1期。

张祥龙:《"家"的歧异——海德格尔"家"哲理的阐发和评析》,《同济大学学报》（社会科学版）2016年第1期。

张祥龙:《海德格尔的形式显示方法和〈存在与时间〉》,《中国高校社会科学》2014年第1期。

张一兵:《海德格尔:隐性本质主义——读阿多诺的〈否定的辩证法〉》,《江苏社会科学》2001年第2期。

张振华:《"精神修炼"视角下的海德格尔后期哲学》,《哲学研究》2017年第9期。

赵卫国:《海德格尔前后期空间思想的内在联系》,《人文杂志》2005年第1期。

周森林:《形而上学思维方式的理论根源》,《山东科技大学学报》（社会科学版）2001年第3期。

朱松峰:《胡塞尔与海德格尔的一个比较——以"原初动机"为视角》,《云南大学学报》（社会科学版）2009年第3期。

[法]吕克·费里:《两种人文主义——〈政治哲学〉中译本序言》,邓皓琛译,《哲学分析》2015年第4期。

五 学位论文

韩升:《查尔斯·泰勒对共同体生活的追求》,博士学位论文,复旦大学,2008年。

董雪:《海德格尔形式显示思想研究》,博士学位论文,吉林大学,2015年。

六 学术论文

李金辉:《从"实体"到"间性":一种"间性存在论"的哲学形态》,中国自然辩证法研究会2013年学术论文集。

七 中文报纸

陈勇:《海德格尔哲学在美国》,《中国社会科学报》2014年4月16日第584期。

王宏健:《海德格尔论虚无主义问题》,《中国社会科学报》2017年8月29日。

八 外文专著

Heidegger, *Basic Writings*, Trans. David Farrell Krell, Francisco: Harper Collins, 2008.

Heidegger, *Being and Time*, Trans. Joan Stambaugh, New York: State University of New York Press, 2010.

Heidegger, *Being and Truth*, Trans. Gregory Fried and Richard Polt, Bloomington: Indiana University Press, 2010.

Heidegger, *Contribution to Philosophy*, Trans. Richard Rojcewicz and Daniela Vallega-Neu, Bloomington: Indiana University Press, 2012.

Heidegger, *Early Greek Thinking*, Trans. David Farrell Krell and Frank

A. Capuzzl, San Francisco: Harper Collins, 1984.

Heidegger, *On the Way to Language*, Trans. Peter D. Hertz, Australia: Harper Collins, 1982.

Heidegger, *Poetry, Language, Thought*, Trans. Albert Hofstadter, New York: Harper Perennial Modern Classics, 2001.

Heidegger, *The History of Beyng*, Trans. William McNeill and Jeffrey Powell, Bloomington: Indiana University Press, 2015.

Heidegger, *What Is Called Thinking?* Trans. J. Glenn Gray, New York: Harper Perennial, 1976.

Hubert L. Dreyfus, *Being-in-the-world: A Commentary on Heidegger's Being and Time, Division I*, Massachusetts: The MIT Press, 1990.

Tony See, *Community Without Identity: The Ontology and Politics of Heidegger*, New York: Atropos Press, 2009.

九 外文期刊

Edgar C. Boedeker Jr., "Individual and Community in Early Heidegger Suiting Dasman Manself Dasein", *An Interdisciplinary Journal of Philosophy*, Vol. 44, No. 1, Mar. 2001.

Gregory Schufreider, "Heidegger on Comminity", *Man & World*, Vol. 14, No. 1, Mar. 1981.

Majid Yar, "Arendt's Heideggerianism: Contours of a 'Postmetaphysical' Political Theory?", *Cultural Values*. Vol. 4, No. 1, Jan. 2000.

Stuart Elden, "Rethinking the Polis Implications of Heidegger's Questioning the Political", *Political Geography*, Vol. 19, No. 4, May 2000.

W. R. Newell, "Heidegger on Freedom and Community: Some Political Implications of His Early Thought", *The American Political Science Review*, Vol. 78, No. 3, Sep. 1984.

Yoko Arisaka, "On Heidegger's Theory of Space: A Critique of Dreyfus", *Inquiry*, Vol. 38, No. 4, Dec. 1995.

十 外文学位论文

Wang, Qingjie, From Being-with to Ereignis: Heidegger's Theory of Community, Tulane University, Ph. D. dissertation, MIT, 1994.

后　　记

本书是我 2019 年博士学位论文《海德格尔共同体思想研究》的最终研究成果。经过四年间陆陆续续的修改与沉淀，增删了部分内容，这让本书内容更加完整，结构更加紧凑。在这段时间，我不但对海德格尔的思想有了更深的了解，而且对共同体的认知产生了新的想法。我尝试着不再只是做一个海德格尔共同体思想的复述者，而是试图成为一个思想的参与者，直面时代危机，重建共同体生活。

博士论文只是基于文本初步完成了对海德格尔前、中、后三个时期对共同体的理解，而该书则试图深入到共同体思想史，并直面当代哲学的发展，把视线从海德格尔思想内部转移至海德格尔思想外部，实现纵向与横向、逻辑与历史、理论与实践的统一。本书试图解答以下问题：①海德格尔如何以"存在论"取代"传统形而上学"，成就了当代哲学的"后形而上转向"；②海德格尔的"共在"的生存结构为"传统共同体"与"现代共同体"的产生如何奠定基础；③"存在"如何作为"共在"指引着人与物的生存方式、人与人的生活情感以及人与世界的生命智慧，为万物"共生"提供源源不断的能量。然而，本书的研究可以说是初步探索，还有大量的研究工作有待后期继续深入开展，书中尚且存在的不足，恳望同行批评指正。

最后，特别感谢我的导师王立老师、王昊宁老师对我的论文的指导，以及生活上的指引，也感谢我的妻子王亚对我工作上的包容，感谢此书的责任编辑中国社会科学出版社刘艳女士为出版此书付出的心血。本书的形成如上，从毕业到工作，再到娶妻生子，人生事件的不断出场，让滚烫的人生不断前行，从而为这段时光留下了旅途的印记，而书籍的出版则为我的学生时代画上了完整的句号。

胡　平

2023 年 12 月 4 日于成都